~~BRIGITTA~~

Robert H. Hopcke

Zufälle gibt es nicht

Robert H. Hopcke

Zufälle gibt es nicht

Synchronizität –
Die verborgene Ordnung unseres Lebens

Aus dem Englischen von
Renate Weitbrecht und
Ursel Schäfer

Limes

Die Originalausgabe erschien 1997 unter dem Titel
There Are No Accidents. Synchronicity and the Stories of Our Lives
bei Riverhead Books, New York.

Die Deutsche Bibliothek – CIP-Einheitsaufnahme

Hopcke, Robert H.: Zufälle gibt es nicht :
Synchronizität – die verborgene Ordnung unseres Lebens /
Robert H. Hopcke. Aus dem Engl. von Renate Weitbrecht
und Ursel Schäfer. – München : Limes, 1997
Einheitssacht.: There are no accidents <dt.>
ISBN 3-8090-3009-0

1 2 3 4 5 00 99 98 97

Satz: Dr. Ulrich Mihr GmbH, Tübingen
Druck und Bindung: Wiener Verlag, Himberg

ISBN 3-8090-3009-0

Meinen Großmüttern Lena Drusback
und Emma Hopcke, die an mich
und meine Gaben glaubten.

Ruht in Frieden.

Inhalt

Die Geschichten, die wir erleben. Die Verbindungen, die wir herstellen

»Man kann dem Roman also nicht vorwerfen, vom geheimnisvollen Zusammentreffen der Zufälle fasziniert zu sein ... dem Menschen aber kann man zu Recht vorwerfen, daß er im Alltag solchen Zufällen gegenüber blind sei und dem Leben so die Dimension der Schönheit nehme.«

Milan Kundera,
Die unerträgliche Leichtigkeit des Seins

Am Anfang dieses Buches stand eine einzige, einfache Frage im Anschluß an einen jener ganz besonderen Träume, wie wir sie gelegentlich haben. In dem Traum wurde ich in eine Geschichte verwickelt, die ich gerade schrieb, und es gelang mir einfach nicht, die Personen meiner Geschichte davon zu überzeugen, daß ich in Wirklichkeit ihr Schöpfer war und nicht in die Handlung gehörte. Erschöpft von den vergeblichen Bemühungen, aus meiner eigenen Geschichte herauszukommen, und gleichzeitig amüsiert über meine mißliche Lage, erwachte ich. Mein Leben als Autor, Leser und Therapeut ist voll von Geschichten. Ich erzähle Geschichten. Ich lese Geschichten. Menschen erzählen mir ihre Geschichten. Und so dachte ich am Morgen nach jenem besonderen und sehr lebendigen Traum, der mich nicht mehr losließ, über Geschichten und ihre Rolle in unserem Leben nach.

Geschichten, die wir erzählen oder die wir hören, bestimmen unser Leben. Wir kehren abends von der Arbeit nach Hause und werden mit der Frage empfangen: »Wie war dein

Tag?« Anders ausgedrückt heißt das: »Erzähl mir bitte die Geschichte, die du heute erlebt hast.« Wir treffen uns mit einer Freundin zum Essen, und noch bevor wir zur Serviette greifen, fragt sie: »Was gibt's Neues?« Mit anderen Worten: »Erzähl mir eine Geschichte.« Eltern wissen, daß man Kinder zum Geschichtenerzählen nur selten ermuntern muß. Sie leben im Land der Geschichten und erzählen sie ganz spontan – ob die Erwachsenen sie hören wollen oder nicht – und oft mit verblüffender Genauigkeit.

Angesichts dieser banalen Erkenntnisse kam mir die Frage in den Sinn: »Und wenn der Traum nun wahr ist? Wenn ich tatsächlich eine Person in einer Geschichte bin?« In gewisser Weise wußte ich bereits, daß es so ist. Würde man meine Eltern über mich ausfragen, fände man bestätigt, daß ich eine Person in vielen Geschichten bin – in diesem Fall in ihren Geschichten. Man könnte auch meine Freunde, meine Patienten oder meine Mitarbeiter fragen – alle würden Geschichten über mich erzählen.

Doch darum ging es mir bei meiner Frage nicht. Was wäre, wenn ich – wenn jeder von uns – wirklich eine Person in einer Geschichte ist? Wenn das, was wir als unser Leben erfahren, tatsächlich eine Art Roman ist? Können wir das erkennen? Vorausgesetzt, die Handlung ist zusammenhängend und die handelnden Personen und ihr Leben sind glaubwürdig, wie soll eine Person in einer Geschichte dann merken, daß sie sich in einer Geschichte befindet? Natürlich könnte nur jemand, der außerhalb der Geschichte steht, irgendeine übergeordnete Instanz, der Person bewußt machen, was für eine Art von Geschichte sie da erlebt. Doch gleichzeitig müßte diese wie auch immer geartete Instanz selbst Bestandteil der Geschichte sein. Und müßte es nicht auch eine Bedeutung haben, einen Sinn ergeben, daß die Geschichte eine Handlung, Charaktere, einen Anfang, eine Mitte und ein Ende hat?

Fast jeden Tag ereignet sich in unserem Leben etwas, das wir Zufall oder Koinzidenz nennen. Zwei Dinge geschehen, und die Art und Weise, wie sie miteinander verknüpft sind, erregt unsere Aufmerksamkeit. Manche Koinzidenzen haben offensichtlich keinen großen Einfluß auf unsere Gefühle und unser Denken, also keine besondere Bedeutung für unser Leben. Sie sind, wie wir sagen, »nur Zufall«.

Doch jeder, der sich bewußt ist, welche Wirkung Geschehnisse auf Menschen haben können, hat auch schon eine andere Art von Zufall erlebt, ein Zusammentreffen von Ereignissen, das uns aufwühlt. In einem solchen Augenblick spüren wir, daß uns etwas Wichtiges, etwas höchst Bedeutsames widerfährt. Wir erkennen einen Sinn im Zufälligen. Anderen mögen solche Begebenheiten als »bloßer Zufall«, als unbedeutendes zeitliches Zusammentreffen von Ereignissen erscheinen, doch wir erleben sie anders. Die bedeutsame Gleichzeitigkeit von Ereignissen bezeichnete der Schweizer Tiefenpsychologe C. G. Jung als »Synchronizität«.

Diesem Buch liegt der Gedanke zugrunde, daß unser Leben in der Tat eine Geschichte ist und daß uns synchronistische Ereignisse das bewußt machen. Ein Beispiel soll verdeutlichen, was ich meine.

Meine Freundin Ann hatte in einer bestimmten Lebensphase immer wieder Affären mit verheirateten Männern. Sie war frisch geschieden und wollte sich nicht binden; so ging sie eine Reihe längerer sexueller Beziehungen zu Männern ein, die sich ihren Ehefrauen entfremdet hatten. Damals war es ihr gerade recht, »die andere Frau« zu sein. Eine Beziehung begann während eines Urlaubs in Mexiko. Der Mann hieß Dan, hatte sich unlängst von seiner Frau getrennt und war mit seinem Boot in den Süden gereist. (Als Anns Vertrauter erfuhr ich alle Einzelheiten.) Es war eine leidenschaftliche Romanze, so intensiv wie Urlaubsbekanntschaften oft sind. Obwohl die beiden fast hundertfünfzig Kilometer entfernt voneinander wohnten, setzten sie ihre Beziehung nach dem Urlaub fort. Dan war attraktiv, wohlhabend und ein phantastischer Liebhaber. Ann verliebte sich in ihn. Ungefähr ein Jahr lang fuhr er zu jeder Tages- und Nachtzeit zu ihr, um sie kurz zu besuchen oder um bei ihr zu übernachten. Doch dann schienen sich seine Gefühle allmählich zu verändern. Die Trennung von seiner Frau belastete ihn zunehmend. Ihm wurde klar, daß er zu der Frau gehörte, mit der er seit vielen Jahren verheiratet war, soviel Ann ihm auch bedeutete. Und so ging die intensive Beziehung zwischen Ann und Dan langsam und schmerzhaft zu Ende.

Ann ist eine lebenserfahrene Frau, die auch mit schmerzlichen Gefühlen umzugehen weiß. Sie setzte ihr gewohntes Leben fort. Ein Jahr verging. Sie dachte zwar häufig an Dan, widerstand aber der Versuchung, ihn anzurufen, um die Situation nicht unnötig zu komplizieren. Eines Tages schlug eine Freundin ihr einen Ausflug in den Küstenort vor, in dem Dan lebte. Ann zögerte und überlegte sich, wie es wohl sein würde, durch die Stadt zu gehen, in der Dan mit seiner Frau lebte, in der er seine Firma leitete und in deren Hafen sein Boot vor Anker lag. Doch schließlich fuhr sie mit.

Es war einer jener herrlichen Frühlingstage, an denen man sich fühlt, als sei man verliebt, auch wenn man es gar nicht ist. Und wie nicht anders zu erwarten, meinte Ann überall die Gegenwart ihres Geliebten zu spüren. Doch sie schaffte es, ihn nicht anzurufen, und verkniff sich auch einen Abstecher zu seinem Haus oder seinem Boot; überdies hätte sie erst Nachforschungen anstellen müssen, um ihn oder sein Boot in dieser völlig fremden Stadt zu finden. So machte sie mit ihrer Freundin einen Stadt- und Einkaufsbummel, aß in einem Restaurant am Strand zu Mittag und betrachtete vor der Heimfahrt noch einen wunderschönen Sonnenuntergang über dem Meer. Zu Hause schloß sie, den Kopf voller Reiseeindrücke und Erinnerungen an Dan, gerade die Tür auf, als das Telefon klingelte. Sie nahm ab und hörte zu ihrem Erstaunen eine ihr nur allzu vertraute Stimme: »Hallo, Ann. Hier ist Dan. Aus irgendeinem Grund mußte ich den ganzen Tag an dich denken. Da dachte ich, ich rufe einfach mal an und frage dich, wie es dir geht.«

Die Geschichte klingt erfunden, fast wie eine Episode aus einem Film. Erst einmal ist das »Timing« zu perfekt: Ann erhielt den Anruf von ihrem Ex-Geliebten genau in dem Augenblick, als sie nach einem Ausflug in seine Heimatstadt ihr Haus betrat. Doch das ist der springende Punkt. Ich habe festgestellt, daß die besondere Verknüpfung von Umständen, um die es in meinem Buch geht, das bedeutsame Zusammentreffen von Ereignissen, das ich synchronistisch nennen werde, immer etwas Dramatisches oder Romanhaftes hat, und zwar deshalb, weil in solchen Situationen ein Vorfall in der äußeren Welt – Dans Anruf – einen inneren Zustand – Anns Gefühle für Dan – widerspiegelt. Kaum jemand wird ernsthaft behaupten, daß äußere Ereignisse üblicherweise unsere innersten Gefühle widerspiegeln und bestätigen oder entscheidend verändern; doch gelegentlich kommt es vor. Eine wahre Geschichte kann ebenso seltsam sein wie eine erfundene.

Zweitens fällt es angesichts der emotionalen Bedeutung von Dans Anruf schwer, ihn als ein rein zufälliges Ereignis abzutun. Die meisten Menschen suchen in solchen Fällen nach allen möglichen »vernünftigen« Erklärungen: Dan sah Ann an diesem Tag in seiner Heimatstadt, vergaß es aber; oder er nahm ihre Gegenwart nur unbewußt wahr und rief sie später an; oder er spürte auf irgendeine mystische Weise, daß sie da war; oder sie schickte ihm »Schwingungen«, die »bewirkten«, daß er sie anrief. Tatsache ist, daß Dans Anruf – an diesem Tag zu dieser Zeit – ein Zufallsereignis war, allerdings ein Zufallsereignis besonderer Art, da es für Ann große Bedeutung hatte: Nachdem sie den ganzen Tag von Erinnerungen an Dan bestürmt worden war, wurde die Verbindung ohne ihr Dazutun wiederhergestellt.

In dieser besonderen Bedeutung liegt der Unterschied zwischen bloßen Zufallsereignissen und synchronistischen Ereignissen. Hätte Ann in dem Augenblick, in dem sie ihr Haus betrat, einen Anruf von ihrer Mutter erhalten, wäre das natürlich auch ein Zufallsereignis gewesen. »Hallo, Mama, lustig, daß du gerade jetzt anrufst. Ich bin soeben zur Tür hereingekommen.« Doch der Hintergrund von Dans Anruf, die Geschichte ihrer Beziehung und die besondere Kulisse und

Verfassung, in der Ann diesen Tag verbracht hatte, machten Dans Anruf zu einem Zufallsereignis besonderer Art.

Haben wir damit nicht alle Zutaten für eine gute Geschichte? Von einer guten Geschichte erwarten wir, daß sie eine interessante und gut aufgebaute Handlung hat, daß die Ereignisse nach einem Plan ablaufen, den wir am Anfang vielleicht noch nicht durchschauen, der uns nach und nach aber immer klarer wird, so daß Ereignisse, die zunächst zufällig und unwichtig erschienen, sich nachträglich als sehr bedeutsam erweisen. Und die Bedeutung der Handlung liegt hauptsächlich in den emotionalen Auswirkungen, die bestimmte Ereignisse auf das Leben der Charaktere haben, in der Art und Weise, wie sie die Personen beeinflussen und verändern, manchmal zum Guten, manchmal zum Schlechten, auf jeden Fall immer nachhaltig.

Synchronistische Ereignisse wie Dans Telefonanruf machen uns bewußt, daß unser Leben tatsächlich eine Geschichte ist mit einer Struktur, einer Handlung, die oft erst in jenen entscheidenden Momenten erkennbar wird, in denen ein äußeres Ereignis mit einem inneren Zustand zusammenfällt, wie wir es aus Filmen oder Romanen kennen. Und wie bedeutsame Zufälle in Filmen oder Romanen haben auch solche synchronistischen Ereignisse einschneidende Folgen. Sie können das Bild verändern, das wir von uns haben, uns neue Perspektiven eröffnen oder uns helfen, andere Menschen und die Welt besser zu verstehen.

Die folgende Geschichte soll veranschaulichen, wann ein Zusammentreffen von Ereignissen synchronistisch ist. Sie könnte ebenfalls aus einem Werk von O. Henry stammen, hat sich jedoch, wie alle in diesem Buch zitierten Beispiele, wirklich zugetragen.

Eine sehr christlich erzogene Patientin, die ich im folgenden Bobbie nennen werde, träumte in mehreren aufeinanderfolgenden Träumen von Figuren, die ich als Tarotfiguren identifizierte. Obwohl sie das Tarot überhaupt nicht kannte und alles vehement ablehnte, was die kirchlichen Autoritäten ihrer Kindheit als Aberglauben bezeichnet hätten, tauchten die Bilder in ihren Träumen immer wieder auf: die Kaiserin auf dem Thron, der Kaiser mit dem Zepter, der über den Abgrund schreitende Narr. Und da sie die Botschaft der Träume ignorierte, geschah, was in solchen Fällen immer geschieht: Die Träume wurden immer deutlicher, bis sie kurz vor ihrem Geburtstag von dreizehn Tarotkarten träumte, die in Form eines Diamanten ausgebreitet waren – eine tatsächlich übliche Art, die Tarotkarten zu legen. Trotz ihrer Skepsis gegenüber dem Tarot und durch Kartenlegen gewonnenen Erkenntnissen verfolgte sie der Traum. Doch die Vorstellung, in einen New-Age-Laden zu gehen und Tarotkarten zu kaufen, erschien ihr zu verrückt. Das brachte sie einfach nicht über sich. Ich wußte aus Erfahrung, daß ich sie nicht drängen durfte; schließlich hatte ich im Laufe meines Berufslebens schon etliche Menschen durch Phasen begleitet, in denen sie sich gegen Dinge sträubten, die man als Elemente ihrer Geschichte bezeichnen könnte – Elemente, die sie noch nicht als wichtige Bestandteile der Handlung anerkennen wollten.

Dann brachte Bobbie zu meiner Überraschung zur ersten Sitzung nach ihrem Geburtstag Tarotkarten mit.

»Ich habe sie nicht gekauft«, sagte sie zu mir, ohne daß ich sie danach gefragt hatte.

»Sondern ...?«

Sie lächelte über die Situation und, wie mir schien, auch über sich selbst. »Mein Mann hat sie mir zum Geburtstag geschenkt. Nein, ich habe ihm nichts von den Träumen erzählt, über die wir uns unterhalten haben. Sie kennen meine Einstellung zu solchem Zeug. Ich werde mich hüten, mit irgendwem darüber zu reden, schon gar nicht mit ihm.« Ihr Ehemann war ebenfalls recht konservativ eingestellt und fand es ihren Aussagen nach sogar ein bißchen peinlich, daß seine Frau in Therapie war. »Wir feiern also meinen Geburtstag, ich öffne das Päckchen und bin perplex. Mir kommt sofort der Gedanke, ob er wohl meine Zeitschriften gelesen oder uns während der Sitzungen belauscht hat? Aber nein. Ich frage ihn: ›Wie bist du bloß auf dieses Geschenk gekommen?‹ Da sagt er auf eine für ihn ganz untypische Art: ›Ich habe die Karten im Schaufenster eines Buchladens gesehen, und etwas hat mir gesagt, daß ich sie für Bobbie kaufen soll, daß sie ihr helfen werden. Alles Gute zum Geburtstag, Liebling!‹«

Wie bei Anns Geschichte von Dans Telefonanruf geht es auch in Bobbies Geschichte von den Tarotkarten um das unerwartete Zusammentreffen eines äußeren Ereignisses mit einem inneren Zustand, das – wie alle synchronistischen Ereignisse – vom Timing und von der Bedeutung her fast zu perfekt erscheint. In Bobbies Fall war der innere Zustand ihre Traumserie über Tarotfiguren, eine Bilderwelt, mit der sie sich aus allen möglichen Gründen nicht auseinandersetzen wollte. Das äußere Ereignis war natürlich das überraschende Geschenk ihres Mannes, und das synchronistische Element war die Wirkung des verblüffend passenden Geburtstagsgeschenks. Als Bobbie die Tarotkarten buchstäblich in die Hand gedrückt bekam, gab sie ihren Widerstand auf und begann damit zu arbeiten. Für sie begann eine lange Phase spirituellen und psychischen Wachstums. Durch die Auseinandersetzung mit der neuen Bilderwelt wurde sie kreativer und toleranter.

Obwohl Bobbies Träume schon seit Monaten aufzeigten, in welche Richtung die Handlung ihrer persönlichen Geschichte sich entwickelte – weg von der Beschränkung auf die religiöse Bilderwelt ihrer Kindheit hin zu einem umfassenderen Verständnis der Weisheit, die in anderen Formen der Spiritualität und der Religion verborgen liegt –, bedurfte es einer an sich unbedeutenden Tat ihres Mannes, eines kleinen Geschenks, um das sie nicht gebeten hatte und das sie nie von ihm erwartet hätte, um ihre Bedenken zu zerstreuen. Bobbies Geburtstagsgeschenk war wie Dans Telefonanruf ein Ereignis, das sie nicht selbst herbeigeführt haben konnte, ein purer Zufall, der ihr Leben veränderte. Die besondere Bedeutung unterscheidet dieses Geschenk von anderen Geschenken wie einem Diamantring oder einem Gedichtband und macht es zu einem synchronistischen Ereignis. Auch hier haben wir es mit einem jener bedeutsamen Zufälle zu tun, die wir zwar aus Romanen kennen, im wirklichen Leben aber nicht erwarten; nur bei erfundenen Geschichten sind wir darauf gefaßt, daß der Zeitpunkt und der Verlauf der Ereignisse das Denken und Handeln der Protagonisten verändern. Meine These lautet, wie gesagt, daß unser Leben eine ähnliche Erzählstruktur besitzt wie ein Roman und daß die Struktur uns in jenen Augenblicken, die wir synchronistisch nennen, auf eine Weise bewußt gemacht wird, die unser Leben verändert.

Bezeichnend am letzten Beispiel war auch, daß Bobbie, als sie mit der synchronistischen Übereinstimmung von innen und außen konfrontiert wurde, das Wundersame an diesem Zufallsereignis sofort wegzuerklären versuchte. Hätte ihr Mann ihre Zeitschriften gelesen oder irgendwie mitbekommen, worüber wir in den Sitzungen sprachen, dann hätte sein Geschenk nach den rationalistischen Erklärungsmodellen, die wir gewöhnlich auf unser Leben anwenden, »Sinn gemacht«. Insofern halte ich Bobbies Reaktion für ganz typisch. Meiner Erfahrung nach klammern die meisten Menschen sich wie Bobbie an die Vorstellung, sie hätten ihr Leben selbst in der Hand und sähen ihren Weg »klar vor sich«, wie Bobbie sagte.

Das Geschenk ihres Mannes stellte das in Frage. Bis dahin hatte sie geglaubt, die Handlung ihrer Geschichte zu kennen. In unserem Kulturkreis sind wir generell überzeugt, daß wir die Autoren unserer Geschichten sind – oder es zumindest sein sollten. Doch wenn äußere Ereignisse unseren inneren Zustand so genau widerspiegeln, daß die Bedeutung und Wirkung dieser Koinzidenz und unsere fehlende Kontrolle über die Ereignisse nicht mehr verleugnet werden können, dann stehen wir vor der Frage, mit der Bobbie sich auseinandersetzen mußte: Wenn nicht ich der Autor meiner Geschichte bin, wer ist es dann?

Im folgenden Kapitel werden wir gemeinsam nach einer Antwort auf diese Frage suchen. Zunächst möchte ich jedoch näher erläutern, warum synchronistische Ereignisse nicht nur von Menschen, die sie hören, sondern auch von jenen, die sie erleben, fast immer bestritten, ignoriert oder heruntergespielt werden. Synchronistische Ereignisse konfrontieren uns mit der Tatsache, daß die Geschichten, die wir über uns erfinden, die Geschichten, die wir gerne leben würden, sich nicht unbedingt mit den Geschichten decken, die wir tatsächlich leben oder, um noch einen Schritt weiter zu gehen, zu leben bestimmt sind. Die Zufälligkeit und Irrationalität synchronistischer Ereignisse verträgt sich nicht mit der bewußten Vorstellung, die wir von uns haben, sie irritiert unser Ich. Die meisten Leser werden während der Lektüre der nun folgenden Geschichten über synchronistische Ereignisse selbst merken, wie sie sich gegen die Vorstellung sträuben, daß solche Dinge tatsächlich geschehen.

Als Schriftsteller bin ich vielleicht stärker als andere versucht, mich für den Autor meiner eigenen Geschichte zu halten. Ich möchte nun erzählen, wie ich Phil, einen meiner besten Freunde, kennengelernt habe, denn diese Geschichte zeigt, wie viele überraschende Wendungen die Handlung manchmal nehmen muß, bis wir die Illusion unserer Autorschaft aufgeben. Als langjähriges Mitglied des CVJM meiner Heimatstadt habe ich schon viele Mitarbeiter kommen und gehen sehen. Eines Tages vor ungefähr fünf Jahren fiel mir ein Neuer auf, der aussah wie die Männer, die man im Fitness-Studio trifft: Er war Ende dreißig, ein südländischer Typ, muskulös und ein bißchen mürrisch. Der hiesige CVJM ist gewiß kein Ort für harte Jungs, die ernsthaft Bodybuilding betreiben wollen. Die Besucher machen ein bißchen Aerobic oder stemmen ein paar Gewichte und gehen dann wieder, so daß die Mitarbeiter der Fitness-Abteilung in der Regel nicht viel zu tun haben. Die kontaktfreudigen vertreiben sich die Zeit mit den Vereinsmitgliedern, die ungeselligen bleiben hinter dem Schreibtisch sitzen und reden mit niemandem. Der neue Mitarbeiter saß am Schreibtisch und wirkte gelangweilt. Ich lief monatelang an ihm vorbei, ohne ihn weiter zu beachten, da er für mich nur einer von vielen Sportlern war, die im CVJM ein- und ausgingen.

Dann starb ein enger Freund von mir. Obwohl sein Tod nicht unerwartet kam, traf er mich sehr, denn ich hatte bereits viele Freunde durch Unfälle und Krankheiten verloren. Als mein Freundeskreis immer kleiner wurde, beschlich mich ein Gefühl der Einsamkeit. Meine Versuche, neue Menschen kennenzulernen, brachten nicht viel ein – ein paar oberflächliche und kurzlebige Bekanntschaften, aber keine tiefen Freundschaften. So ging ich meinen Interessen Sport, Oper und Fahrradfahren häufig alleine nach. Als im April jenes Jahres mein Freund starb, hatte ich mich schon etwas an die Situation gewöhnt und gelernt, für mich selbst zu sorgen. Am Morgen vor dem Trauergottesdienst wollte ich mich zur Entspannung im CVJM massieren lassen, von einem Masseur, den ich gut kannte.

Ich war innerlich aufgewühlt wegen der Trauerfeier und hatte Lampenfieber, weil ich versprochen hatte, ich würde singen. In der Geschichte, die ich an jenem Morgen zu erleben erwartete, lag ich ganz entspannt und locker auf dem Massagetisch. Doch wie sich bald herausstellte, war da noch eine andere Handlung im Gange. Ich hatte mich für 9 Uhr morgens angemeldet und wartete bereits in der Eingangshalle, aber der Masseur war nicht da. 9 Uhr 15. Immer noch kein Masseur. Das war ganz untypisch für ihn, er galt als besonders zuverlässig. Niemand konnte ihn finden. 9 Uhr 30. Kein Masseur. Inzwischen war ich verärgert, frustriert und noch nervöser als zuvor, was dem Mitarbeiter am Schreibtisch nicht entging. Er entschuldigte sich vielmals und gab mir für den nächsten Tag einen Termin bei einem anderen Masseur, auf Kosten des Hauses. Ich war trotzdem verstimmt, weil alles völlig anders gelaufen war als erwartet.

Der Trauergottesdienst nahm mich ziemlich mit. Hinter meinem Ärger über den morgendlichen Zwischenfall lauerten Gefühle der Einsamkeit und des Verlassenseins. Als ich am nächsten Tag zu der Gratismassage erschien, die man mir zur Entschädigung angeboten hatte, erlebte ich dasselbe wie am Vortag. Der Masseur – diesmal ein anderer – war nicht da. Ich wartete. Nach einer halben Stunde erfuhr ich, daß er eine Autopanne hatte und es ihm nicht möglich sein würde, noch zu kommen. Was da geschah, war in meiner Geschichte absolut nicht vorgesehen; ich hatte mir die Situation völlig anders vorgestellt. Obwohl ich inzwischen ziemlich wütend war, erklärte ich mich mit einem dritten Termin für den nächsten Abend einverstanden. Der einzige Masseur, der zu dieser Zeit zur Verfügung stand, war zu meiner Überraschung der mürrische, stets gelangweilt wirkende Italiener, der für mich ebensowenig nach einem Masseur aussah wie Rocky Balboa. Die Vorstellung, von ihm massiert zu werden, behagte mir nicht, aber schließlich ließ ich mich trotzdem eintragen.

So wie in einem Märchen stets drei Versuche nötig sind, bis etwas klappt, erschien ich am nächsten Tag zu meiner Massage bei Phil und stellte fest, daß er keineswegs der langweilige Sportler war, für den ich ihn gehalten hatte, sondern ein hochintelligenter, belesener Mann, der viele meiner Interessen teilte. Er hatte letzte Woche einen Zettel ans Schwarze Brett geheftet mit den Terminen verschiedener Veranstaltungen des Männerzentrums, darunter ein Vortrag von mir. Im Laufe unserer Unterhaltung erfuhr ich, daß er Therapeut werden wollte und obendrein ein begeisterter Fahrradfahrer war. In den Monaten nach der ersten Massage wurde er zuerst mein Radsportkamerad, dann mein Gesprächspartner und im Laufe der Jahre mein bester Freund.

Die Serie von Zufällen, die uns zusammenbrachte – die wiederholten Terminabsagen des sonst so zuverlässigen Massage-Personals – ist das äußere Ereignis in dieser synchronistischen Situation, die mir einen Freund bescherte in einer Phase, als meine innere Einsamkeit, mein Kummer und meine Wut einer Transformation bedurften. Auch viele der folgenden Geschichten über unvergeßliche synchronistische Ereignisse handeln davon, wie jemand genau im richtigen Augenblick – in einer Notsituation oder in einer Phase ungewöhnlicher Offenheit – genau den richtigen Menschen kennenlernt.

Doch die letzte Geschichte enthält noch ein weiteres synchronistisches Element, das den Gegensatz verdeutlicht zwischen der Geschichte, die ich zu leben meinte, und der Geschichte, die ich tatsächlich lebte. Ohne die Zufallsserie von Terminabsagen hätte ich Phil wahrscheinlich nie näher kennengelernt. Aufgrund bloßer Äußerlichkeiten hatte ich seine und meine Geschichte nämlich schon geschrieben: Er war ein langweiliger Sportler, mit dem ich nichts gemeinsam hatte. Im Laufe unserer Freundschaft, die rein »zufällig« begann, nachdem wir monatelang in der Sporthalle aneinander vorbeigelaufen waren, erkannte ich nicht nur, wieviel ich mit Phil gemeinsam hatte; sie machte mir auch bewußt, daß es eine Illusion gewesen war zu glauben, ich sei der Autor meiner Geschichte. Mir wurde klar, daß ich längst nicht so gut weiß, was für einen Menschen ich vor mir habe und was gut für mich ist, wie ich immer dachte. Diese Lektion lernt so mancher nur durch einen bedeutsamen Zufall.

Man könnte das vorliegende Buch – um es in einem Wortspiel auszudrücken – als eine Sammlung von Geschichten über die Geschichten unseres Lebens bezeichnen. Meinem Ansatz liegt, wie gesagt, die Idee zugrunde, daß jedes Leben eine Geschichte ist und daß synchronistische Ereignisse uns die Struktur der von uns erlebten Geschichte – des »Romans« – bewußt machen. Das Phänomen der Synchronizität aus diesem Blickwinkel zu beschreiben, ist insofern ein neuer Ansatz, als dieses Thema bisher in der Literatur nur aus rein psychologischer oder naturwissenschaftlicher Sicht behandelt wurde. Für die Psychologen, größtenteils Jungianer, ist das Phänomen der Synchronizität ein Argument für den Primat der Subjektivität, für die Naturwissenschaftler bestätigt es gewisse Erkenntnisse der modernen Physik.

Ich möchte in diesem Buch nicht argumentieren, sondern nach einer kurzen einführenden Darstellung einiger Aspekte der Synchronizität einfach nur Geschichten erzählen und ihre Bedeutung untersuchen. Einige sind Liebesgeschichten – über verblüffende Verbindungen zwischen Menschen, über verlorene und wiederentdeckte Liebe, über den Beginn tiefer Freundschaften. In anderen geht es um Berufe und Berufungen – um verpaßte Gelegenheiten, die durch unvorhersehbare und nicht zu beeinflussende Zufallsereignisse doch noch wahrgenommen werden konnten. Manche Geschichten handeln von einer inneren Transformation und von innerem Wachstum. Wie bereits erwähnt, sind Träume oft synchronistische Ereignisse ebenso wie Wahrsageformen wie das Tarot oder das I Ging, die auf den Zufall setzen und uns mittels der Synchronizität helfen, die Geschichte, die wir leben – oder vielleicht leben sollten – klarer zu erkennen. Und da jede Geschichte einen Anfang und ein Ende hat, haben einige der im folgenden geschilderten synchronistischen Ereignisse mit Geburt und Tod zu tun, den beiden Übergangsstadien in unserem Leben. Dieses Buch enthält auch Geschichten über Geschehnisse, die wir im festen Glauben, die Autoren unserer eigenen Geschichten zu sein, »Unfälle« nennen, unerfreuliche Ereignisse, die wir unbedingt vermeiden wollten, die aber manchmal, synchronistisch betrachtet, für das Leben gar nicht so unerfreulich oder bedeutungslos waren, wie sie zunächst schienen.

In all diesen Geschichten, die ich teils selbst erlebt, teils direkt von den Betroffenen gehört und teils der Literatur über das Phänomen der Synchronizität entnommen habe, verschwimmt die Grenze zwischen phantastisch klingenden Erfahrungen und konkreten Ereignissen. Vielleicht erscheinen manche Schilderungen unglaubwürdig, und vielleicht ist die Bedeutung der Ereignisse für die Betroffenen nicht immer leicht zu erfassen. Doch man macht es sich zu leicht, wenn man sich einfach weigert, die synchronistische Erfahrung eines anderen Menschen ernst zu nehmen, daher möchte ich meinen Lesern nochmals nahelegen, bei der Lektüre so oft wie möglich eigene Erfahrungen mit einzubeziehen, vor allem dann, wenn der Gedanke auftaucht »das ist unmöglich; das hat er erfunden« oder »na und, was soll das schon zu bedeuten haben?« In diesem Augenblick sollten sie sich Situationen ins Gedächtnis zurückrufen, als ihnen Erkenntnisse über das eigene Leben, bedeutsame Zufälle, die den Verlauf der eigenen Geschichte mit bestimmten, fremdartiger erschienen als Science fiction. Wie Milan Kundera in seinem Roman *Die unerträgliche Leichtigkeit des Seins* so treffend bemerkt, kann man vielen Menschen zu Recht vorwerfen, daß sie den Zufällen des Lebens gegenüber blind sind. Denn während wir unsere Geschichten leben, machen uns diese besonderen Zufälle, die wir synchronistisch nennen, immer wieder aufs neue bewußt, daß die Geschichten, die wir leben, Schönheit und Ordnung besitzen und miteinander verknüpft sind.

1
Wann sind Zufälle »nicht nur Zufall«? Eine Definition von Synchronizität

Der Begriff »Synchronizität« wurde 1952 von C. G. Jung in seiner Schrift *Synchronizität als ein Prinzip akausaler Zusammenhänge* eingeführt. Bald schon ging er in den allgemeinen Sprachgebrauch über. Wie viele zündende Ideen, die schnell allgemeines Gedankengut werden, war auch Jungs Idee von der sinnvollen Koinzidenz keineswegs neu; sein Verdienst besteht darin, sie zu einem Konzept ausgearbeitet zu haben, das uns hilft, synchronistische Ereignisse zu erkennen und zu nutzen.

Jungs Lebensweg war für den Sohn eines evangelischen Pfarrers und einer medial veranlagten, vielleicht sogar psychotischen Mutter nicht ungewöhnlich. Er war tief religiös, distanzierte sich aber immer wieder ausdrücklich von der organisierten Religion mit ihrer dogmatischen Theologie und ihrer institutionalisierten Spiritualität. In seinem autobiographischen Werk *Erinnerungen, Träume, Gedanken* schildert er, wie die Glaubenskrise seines Vaters seine Entscheidung für den Beruf des Psychiaters beeinflußte. Angesichts dieses Hintergrunds überrascht es nicht, daß Jung die Erkenntnisse der modernen Psychologie vor allem auf jene Bereiche anwandte, die Heraklit »die Grenzen der Seele« nannte. Sein ganzes Leben lang erforschte er mit Hilfe wissenschaftlicher Untersuchungsmethoden sogenannte »irrationale« Phänomene wie paranormale Erfahrungen, außersinnliche Wahrnehmungen, UFOs, Psychokinese und deren psychologische Bedeutung und Funktion im menschlichen Leben. In seiner Doktorarbeit mit dem Titel »Zur Psychologie und Pathologie sogenannter okkulter Phänomene« suchte er zum Beispiel nach einer rationalen, psychologischen Erklärung für die medialen Begabungen einer Frau mit auffälligen Trance-Zuständen, psychokinetischen Fähigkeiten und Automatismen.

Die akademischen Psychologen jener Zeit hielten Jungs Versuche, mit wissenschaftlichen Methoden Erfahrungen zu erklären, die viele als unglaubwürdig, bedeutungslos oder gar als Ausdruck psychischer Störungen abtaten, für Experimente eines verrückten Exzentrikers, denn ihre Forschungen beschränkten sich damals (wie heute) auf Verhalten und Kognition. Als Freud diesen mechanistischen Ansätzen seine psychoanalytische Theorie entgegensetzte, wonach solche Erfahrungen das Ergebnis unbewußter Prozesse und Konflikte sind, wandte auch Jung sich dieser neuen Lehre zunächst zu. Doch nach einigen Jahren kam es zum Bruch mit Freud, weil Jung dessen Auffassung von der Rolle der Sexualität und dem Wesen des Unbewußten nicht teilte, und er stand mit seinen Vorstellungen wieder alleine da, während die Freudsche Psychoanalyse in Europa und in den Vereinigten Staaten ihren Siegeszug antrat.

Bis heute wird Jungs Interesse an Phänomenen wie der Synchronizität oft mißverstanden, doch wer sein Werk für bloßen Mystizismus im psychologischen Gewand hält, für das Ergebnis seines übersteigerten Subjektivismus, übersieht, daß Jung sich stets um einen möglichst objektiven Standpunkt bemühte und Phänomene wie den Geisterglauben, die Astrologie und auch die Synchronizität sehr differenziert und kritisch behandelte. In all seinen Arbeiten geht er der Frage nach, durch welche bewußten und unbewußten inneren seelischen Zustände unser äußeres Erleben auf so unvergeßliche, lebensverändernde Weise beeinflußt wird. Anstatt solche Erfahrungen von vornherein als lächerlich beiseite zu wischen oder die banalste Erklärung für die ganze Wahrheit zu halten, versuchte Jung sie unvoreingenommen zu erforschen.

Da ich während meiner Recherchen zu diesem Buch feststellte, daß viele Menschen nicht genau wissen, was »Synchronizität« bedeutet, möchte ich mit einer möglichst einfachen Umschreibung dieses Begriffs beginnen: Eine Synchronizität ist eine »sinnvolle Koinzidenz«. Diese knappe Definition wirft allerdings ein Problem auf, denn wenn wir im Wörterbuch nachschlagen, was Koinzidenz bedeutet, finden wir nur Umschreibungen wie »(zeitliches oder örtliches) Zusammentreffen von Ereignissen« oder »Zufall«. Dabei bleibt leider völlig offen, wie wir das Wort Zufall gewöhnlich gebrauchen, und das ist doch gerade der entscheidende Punkt.

Wenn zum Beispiel ein Vogel durch's Fenster in mein Zimmer fliegt, während ich diesen Satz tippe, dann ist das nach der Wörterbuchdefinition eine Koinzidenz – ein zufälliges, zeitliches Zusammentreffen von Ereignissen. Freilich wird kaum jemand so etwas als Koinzidenz bezeichnen. Wenn ich jedoch, während ich diesen Satz tippe, einen Anruf von einer Freundin erhalte, die mir erzählt, daß sie zur Zeit einen Artikel über Synchronizität schreibt und gerade ebenfalls nach einer Definition für Synchronizität sucht, dann wäre das für die meisten wohl ein recht interessanter Zufall. Wüßten sie allerdings, daß meine Freundin und ich uns am Vorabend vorgenommen hatten, an diesem Nachmittag zu dieser Zeit eine Definition von Synchronizität zu formulieren, dann erschiene es ihnen kaum noch als ein Zufall, daß wir beide zur selben Zeit genau dasselbe taten. Mit anderen Worten: Bei einem bloßen zeitlichen Zusammentreffen von zwei oder mehreren Ereignissen sprechen wir noch nicht von einer »Koinzidenz«, sondern erst dann, wenn die beiden gleichzeitigen oder kurz aufeinander folgenden Ereignisse durch irgendeine frappante Ähnlichkeit *zufällig miteinander verknüpft* sind.

Doch auch diese Formulierung beschreibt noch nicht präzise genug, wann wir das Wort »Koinzidenz« benutzen, denn hätte meine Freundin mir um sechs Uhr abends telefonisch mitgeteilt, daß sie sich gerade ihr Abendessen koche, und von mir zur Antwort erhalten, ich sei ebenfalls mit der Zubereitung des Abendessens beschäftigt, dann wäre das immer noch keine Koinzidenz, denn viele Menschen bereiten um diese Zeit ihr Abendessen zu. Mit anderen Worten: Die Wörterbuchdefinition von »Koinzidenz« läßt auch die Tatsache unberücksichtigt, daß eine »Koinzidenz« ein *ungewöhnliches* zeitliches Zusammentreffen von Ereignissen ist, die auf irgendeine Weise miteinander verknüpft sind. Unter Koinzidenzen verstehen wir im allgemeinen außergewöhnliche Vorfälle.

Jung ging bei seiner Definition von Synchronizität noch einen Schritt weiter. Koinzidenzen erlebt jeder ab und zu – ein zufälliges Zusammentreffen ungewöhnlicher, miteinander verknüpfter Ereignisse –, doch nicht immer sind sie bedeutsam. Hätte die erwähnte Freundin, die den Artikel über Synchronizität verfaßt, ein ebenso großes Interesse an solchen Themen wie ich und wäre eben dies ein Grund für unsere Freundschaft, dann wäre es vielleicht ganz interessant, daß sie sich zufällig zur selben Zeit mit demselben Thema beschäftigte, aber nicht unbedingt bedeutsam. Wenn ich mir aber beim Schreiben ziemlich allein vorkomme, weil ich das Gefühl habe, daß niemand etwas von Synchronizität weiß oder wissen will, und dann einen Anruf von einer Freundin erhalte, die mir erzählt, daß sie an diesem Nachmittag ebenfalls über Synchronizität schreibt, dann ist das für mich eine bedeutsame Koinzidenz und kann beträchtlichen Einfluß darauf haben, wie ich mich und meine Arbeit einschätze. Im letzten Fall würde es sich um eine Synchronizität im Sinne Jungs handeln oder, einfacher ausgedrückt, um eine bedeutsame Koinzidenz.

In der Einleitung habe ich einige typische Beispiele für Synchronizität gegeben – für ein *bedeutsames* Zusammentreffen ungewöhnlicher, zufälliger Ereignisse. Ann hatte während ihrer langen Beziehung zu Dan nie seine Heimatstadt besucht. Daß sie zusammen mit ihrer Freundin einen Tagesausflug dorthin unternahm, war ein ungewöhnliches Ereignis. Seit Dan die Beziehung beendet hatte, hatte sie nichts mehr von ihm gehört. So war es für Ann nicht nur ein zufälliges, sondern darüber hinaus ein sehr bedeutsames Ereignis, daß Dan genau in dem Augenblick anrief, als sie von dem Tagesausflug zurückkehrte, bei dem sie ständig an ihn und ihre Beziehung gedacht und ihre Gefühle zu ordnen versucht hatte. Wie gesagt, hätte Ann beim Betreten des Hauses einen Anruf von ihrer Mutter erhalten, dann wäre das ebenfalls eine Koinzidenz gewesen. Doch selbst wenn Ann schon lange nichts mehr von ihrer Mutter gehört hätte, hätte sie wahrscheinlich nur überrascht gesagt »Wie lustig, daß du ausgerechnet jetzt anrufst. Ich bin gerade zur Tür hereingekommen«, denn der Anruf ihrer Mutter hätte für sie nicht die besondere emotionale Bedeutung und Wirkung von Dans Anruf gehabt.

So wäre es zum Beispiel auch eine Koinzidenz gewesen, wenn Bobbie von ihrem Ehemann ausgerechnet den Diamantring bekommen hätte, den sie am Vortag im Schaufenster eines Juweliers gesehen hatte. Doch daß er ihr Tarotkarten schenkte, hatte für sie eine ganz besondere Bedeutung, da sie seit Monaten von Tarotkarten träumte, aber nicht damit arbeiten wollte. Und meine Freundschaft mit Phil, die rein zufällig begann, nachdem außergewöhnliche Umstände gleich zwei Massagetermine vereitelt hatten, wäre vielleicht gar nicht so synchronistisch gewesen, hätte ich mich zu der Zeit nicht so deprimiert und einsam gefühlt – doch da ich Phil in so einer kritischen Lebensphase kennenlernte, hat diese Koinzidenz auch heute noch große Bedeutung für mich.

Was genau heißt nun »bedeutsam« und »sinnvoll«? Das ist keine müßige philosophische Erörterung, sondern ein wichtiger Punkt, den es zu klären gilt, weil er in Jungs Synchronizitätskonzept eine entscheidende Rolle spielt und weil die Bedeutung der folgenden Geschichten schwer zu erfassen ist, wenn wir uns nicht bewußt machen, daß es bei der Synchronizität um die subjektive Bedeutung von Ereignissen für die Betroffenen geht. Das schloß ich aus den völlig unterschiedlichen Reaktionen auf einige der folgenden Geschichten. Manche Zuhörer lauschten gespannt, interessiert oder erstaunt, andere gaben gelangweilte oder skeptische Kommentare ab: »Was heißt das schon?« oder »Wen interessiert das?« Die Reaktionen fielen so unterschiedlich aus wie manchmal bei Filmen: Das halbe Kino ist zu Tränen gerührt, man selbst findet den Film aber nur lächerlich und sentimental. Warum ist etwas für einen Menschen bedeutsam und für den anderen völlig unwichtig?

Wenn wir sagen, etwas sei bedeutungsvoll oder wichtig für uns, dann kann das zwei Gründe haben. Es ist uns wichtig, weil wir bestimmte Wertvorstellungen haben – es bedeutet uns etwas, weil es für uns Wert besitzt –, oder es ist für uns bedeutsam, weil es uns stark beeinflußt hat – es bedeutet uns etwas, weil es unser Leben verändert hat. Natürlich kann etwas auch aus beiden Gründen für uns bedeutsam sein. Wenn wir wieder auf die Beispiele aus der Einleitung zurückgreifen, dann war Dans Anruf wichtig für Ann, weil die Beziehung mit ihm ihr viel bedeutete und weil die Tatsache, daß ihr Leben ihn noch interessierte, sie gefühlsmäßig stark berührte. Für Bobbie waren die geschenkten Tarotkarten bedeutsam, weil sie eine so große Wirkung auf sie hatten und weil sie das Geschenk in einem Augenblick erhielt, da ihr bisheriges Wertesystem, ihr spirituelles Leben, sich entscheidend veränderte. Und für mich sind Freundschaften Beziehungen, denen ich großen Wert beimesse und die beträchtlichen Einfluß auf mein Leben haben – sie bedeuten mir viel.

Ein synchronistisches Ereignis ist also ein Geschehen, das für den Betroffenen eine subjektive Bedeutung hat. Allerdings kann dasselbe Ereignis – wie alles, was für einen bestimmten Menschen subjektiv bedeutsam ist, was für ihn Wert besitzt und/oder ihn entscheidend beeinflußt – für einen anderen Menschen vollkommen bedeutungslos sein. Diesen Aspekt der Synchronizität veranschaulicht folgendes Erlebnis meiner Freundin Jill: Sie saß in einem überfüllten Restaurant neben einem Mann, der seinem Begleiter aufgeregt von zwei Freunden erzählte, die beide außereheliche Beziehungen zur Schwester des jeweils anderen gehabt hatten. Er konnte natürlich nicht wissen, daß die Fremde neben ihm, meine Freundin Jill, die Personen kannte, von denen er sprach. Als er zum dramatischen Schluß seiner pikanten Geschichte kam, lehnte er sich selbstzufrieden zurück und sagte wichtigtuerisch zu seinem Begleiter: »Und weißt du, mit wem er sich jetzt trifft? Das errätst du nie.« Da konnte Jill sich nicht länger zurückhalten. Sie wandte sich zu ihm und beendete seine Geschichte: »Mit Mimis Kusine!«

Der Mann war völlig perplex. Für ihn muß es eine außergewöhnliche Erfahrung gewesen sein, daß eine vollkommen fremde Person, die in einem Restaurant zufällig neben ihm saß, scheinbar aus dem Nichts heraus seine mit viel Dramatik vorgetragene Geschichte von Ehe und Ehebruch zu Ende erzählte! Doch für die emotional unbeteiligte Jill war das Ganze einfach nur ein höchst amüsanter Zufall. Beide erlebten die gleiche Situation, doch was für Jill lediglich eine lustige Anekdote war, empfand der Mann, dessen intime Schilderung sie beendete, möglicherweise als eine geradezu unglaubliche Synchronizität, die ihm eine wichtige Lektion erteilte: Das kommt davon, wenn man sich an öffentlichen Orten mit Klatschgeschichten wichtig macht. In den vielen Geschichten, die ich erzählt bekam und teilweise in diesem Buch wiedergebe, fiel mir immer wieder auf, wie unterschiedlich zwei Menschen dieselbe Situation erleben können. Für den einen ist sie synchronistisch und bedeutsam, für den anderen absolut nicht.

Weil es sich um etwas durch und durch Subjektives handelt, ist es leicht, die synchronistischen Erfahrungen anderer anzuzweifeln, nicht ernst zu nehmen oder ins Lächerliche zu ziehen. Ich bin sicher, daß jeder Leser dieses Buchs feststellen wird, daß einige Geschichten ihn tief berühren und andere ihn kalt lassen. Manche Geschichten werden ihn an ähnliche eigene Erlebnisse erinnern, andere werden ihm banal, uninteressant oder an den Haaren herbeigezogen erscheinen.

Zudem wird sich zeigen, daß die Bezeichnung »synchronistisch« auf ein breites Spektrum bedeutsamer Koinzidenzen anwendbar ist. In einigen Geschichten steht, wie in den bisherigen Beispielen, ein höchst unwahrscheinlicher Vorfall oder eine unheimliche zeitliche Übereinstimmung zwischen einem inneren Zustand und einem äußeren Ereignis im Vordergrund. Synchronistische Ereignisse dieser Art haben in der Regel den Charakter eines »Aha-Erlebnisses«. In anderen Geschichten wird die Bedeutung eines Zufallsereignisses erst viel später oder erst allmählich im Laufe der Zeit klar. Synchronizitäten dieser Art haben eher den Charakter einer durch Nachdenken gewonnenen Erkenntnis: »Oh, *jetzt* begreife ich...« In einigen Fällen geht das äußere Ereignis dem inneren Zustand voraus. In anderen Fällen besteht die bedeutsame Koinzidenz zwischen einem inneren Bild, zum Beispiel einem Traum, und einem nachfolgenden äußeren Ereignis. In all diesen synchronistischen Situationen ergibt sich die Verknüpfung von innen und außen aus der subjektiven Bedeutung des Ereignisses für die Beteiligten.

Manche besonders analytisch denkenden Menschen neigen dazu, sich den Kopf darüber zu zerbrechen, wann ein Ereignis synchronistisch ist und wann nicht, ob es der Definition entspricht und ob es alle Kriterien erfüllt. Daher möchte ich schon an dieser Stelle betonen, daß das Synchronizitätskonzept nur ein Hilfsmittel ist und nicht zum Selbstzweck werden darf. Ebenso wie man endlos darüber philosophieren kann, was ein wahres Kunstwerk ausmacht, kann man auch alle möglichen müßigen Überlegungen anstellen, ob dieses oder jenes Ereignis *wirklich* synchronistisch ist, da bei allen synchronistischen Ereignissen wie bei Kunstwerken sehr viel Subjektivität im Spiel ist.

Wesentlich sinnvoller ist eine explorative und evokative Vorgehensweise: Regt mich die Vorstellung, daß ein Ereignis synchronistisch sein *könnte*, dazu an, es aus einem anderen Blickwinkel näher zu untersuchen? Verstehe ich dadurch besser, was geschehen ist? Wenn ich die Frage bejahen kann, dann wird das von Jung entworfene Konzept seinem hohen Anspruch gerecht: den Menschen zu helfen, daß sie die Bedeutung der Geschichten, die sie tagtäglich erleben, besser erkennen.

Die Vorstellung, daß es sinnvolle Zufälle gibt, ist fast so alt wie die Menschheit. Jungs Beitrag bestand in der Erkenntnis, daß die besonderen Koinzidenzen, die er »synchronistisch« nannte, fast immer drei typische Merkmale aufweisen. Aufgrund meiner eigenen Erfahrungen und Studien bin ich zu der Auffassung gelangt, daß sich den drei Kriterien Jungs noch ein weiteres hinzufügen läßt, daß synchronistische Ereignisse mithin in der Regel vier Gemeinsamkeiten aufweisen:

Erstens sind solche Ereignisse *akausal* miteinander verknüpft, nicht durch eine Kette von Ursache und Wirkung, die der Betreffende als beabsichtigt und selbst verursacht erkennen kann. Zweitens gehen solche Ereignisse stets mit einer *tiefen emotionalen Erfahrung* einher, die in den meisten Fällen zeitlich mit dem Ereignis selbst zusammenfällt, allerdings nicht immer. Drittens haben synchronistische Ereignisse immer *Symbolcharakter.* Darüber hinaus habe ich festgestellt, daß der Inhalt der synchronistischen Erfahrung nicht nur symbolisch ist, sondern fast immer in einem besonderen Zusammenhang mit dem vierten Aspekt steht, daß nämlich solche Zufälle sich in *wichtigen Übergangsphasen* in unserem Leben ereignen. Sie geben unseren Lebensgeschichten oft eine ganz neue Wendung.

Wenn ich es nicht verursacht habe, wie kann es dann sein? *Akausalität und unser Ich*

Zu sagen, daß es in unserem Kulturkreis – in Europa und Amerika – üblich ist, Vorgänge mit dem Gesetz von Ursache und Wirkung zu erklären, wäre eine Untertreibung. Unser ganzes Weltbild beruht auf der Vorstellung, daß jede Handlung Konsequenzen hat, daß jeder Reiz eine Reaktion auslöst. Das ist die Grundlage vieler moderner wissenschaftlicher Denkmodelle, die seit dem sogenannten Zeitalter der Aufklärung und während der erstaunlich produktiven Zeit der industriellen Revolution entworfen wurden. Wir handeln, das hat eine bestimmte Wirkung, und man erklärt uns zum Verursacher der durch die Handlung erzeugten Wirkung. Wir geben eine Chemikalie in eine Lösung, sie reagiert, und wir haben die Reaktion herbeigeführt. Oder wir drücken auf der Computertastatur bestimmte Buchstaben, klicken den Befehl »Drucken« an, und schon kommt ein Satz auf einem Blatt Papier heraus. Wir haben die Schriftzeichen, die auf dem Blatt erscheinen, hervorgebracht. Oder wir handeln gar nicht, vergessen zum Beispiel, etwas zu Mittag zu essen, und werden daraufhin immer zerstreuter. Dann haben wir durch Auslassen des Mittagessens unsere Zerstreutheit verursacht. Das Kausalprinzip ist ein so fundamentaler Bestandteil des westlichen Denkens, daß wir es ständig anwenden, ohne uns dessen bewußt zu sein – bis wir mit einer besonderen Art von Ereignissen konfrontiert werden, die uns vor Augen führen, daß Ereignisse auch auf andere Weise miteinander verknüpft sein können.

Wenn man in einer beliebigen Runde die Anwesenden fragt, ob sie jemals ein synchronistisches Erlebnis hatten, kommt sofort eine angeregte Unterhaltung in Gang. Fast jeder hat sein Lieblingsbeispiel, so auch meine Freundin Cathy. Ihre Geschichte veranschaulicht sehr gut, wie synchronistische Ereignisse unser gewohntes kausales Denken in Frage stellen.

In einer bestimmten Lebensphase wußte Cathy nicht so recht, was sie wollte. Sie hatte die High-School abgeschlossen und war unschlüssig, wie es weitergehen sollte. So stürzte sie sich in eine Beziehung zu einem ungefähr gleichaltrigen Mann – was viele in einer solchen Situation tun. Ein oder zwei Jahre lang trafen sie sich regelmäßig, dann trennten sie sich und gingen ihre eigenen Wege, was ebenfalls nicht ungewöhnlich ist. Cathy zog nach Kalifornien, heiratete und bekam zwei Töchter. Jahre später ließ sie sich scheiden und heiratete ein zweites Mal. Nach drei Jahrzehnten dachte sie zwar noch ab und zu an Richard, ihren ersten richtigen Freund – wie man an einen vor langer Zeit gesehenen Film zurückdenkt – und fragte sich, was wohl aus ihm geworden sein mochte, doch da sie mit ihrem Leben ganz zufrieden war und gehört hatte, daß Richard ganz woanders lebe, machte sie sich nicht die Mühe, seine Adresse herauszufinden. Sie war inzwischen in den Fünfzigern und glaubte die Geschichte ihres Lebens zu kennen. Handlungen und Nebenhandlungen, in die sie in früheren Kapiteln verstrickt gewesen war, erschienen ihr nun bedeutungslos.

Wie kam es, daß sie zu einem bestimmten Zeitpunkt intensiv über Richard nachzudenken begann? Träumte sie nachts von ihm, ohne sich an ihre Träume zu erinnern? Hatte sie Kontakt zu Menschen, die sie an ihn erinnerten? War sie unzufrieden mit ihrem Leben, mit ihrer Ehe? Cathy konnte mir keine Erklärung geben; sie wußte nur, daß sie auf einmal einen starken inneren Drang verspürt hatte, herauszufinden, was aus Richard geworden war. War es Langeweile? War es eine übersinnliche Verbindung? War es Zufall? Sie begann herumzutelefonieren, um ihn ausfindig zu machen. Zunächst rief sie Bekannte in ihrer Heimatstadt an; sie erhielt einige Hinweise, die ihre Neugier weiter anstachelten, ging ihnen nach und erfuhr, daß Richard für eine bestimmte Versicherungsgesellschaft im Osten arbeitete. Doch es handelte sich um ein riesiges Unternehmen mit Niederlassungen im ganzen Land, und Richard Johnson ist nicht gerade ein seltener Name. Ungefähr ein Jahr lang forschte Cathy nach Richard. Sie redete mit allen möglichen Männern namens Richard Johnson und mit Personen, die einen Versicherungsagenten namens Richard Johnson kannten, doch ihr Richard Johnson war nicht dabei. Da Cathy keinen rechten Grund hatte, ihn zu finden, und da ihr Gefühl der Aussichtslosigkeit inzwischen größer war als ihre Neugier, gab sie die Suche schließlich auf und verbuchte die ganze Sache innerlich unter der Rubrik »Dinge, die für immer ungeklärt bleiben werden«.

Dann saß Cathy eines Tages auf einer Dinnerparty einer Frau gegenüber, die behauptete, übersinnliche Fähigkeiten zu besitzen, und da all ihre Versuche, Richard zu finden, gescheitert waren, kam sie auf die Idee, diese Frau um Hilfe zu bitten und ihr so die Möglichkeit zu geben, ihre angeblichen Fähigkeiten unter Beweis zu stellen. Cathy erzählte der Frau ihre Geschichte und fragte sie, wie sie Richard Johnson finden könne. Die Frau riet ihr, seinen Namen auf ein Blatt Papier zu schreiben und einen dicken schwarzen Kasten rundherum zu malen: So werde die Richard umgebende Energie festgehalten. Den Zettel sollte Cathy dann jeden Tag betrachten. Cathy glaubte nicht an solche Dinge, sie lachte, beschloß jedoch, den Vorschlag trotzdem zu befolgen – in erster Linie um zu beweisen, wie lächerlich er war. Wie konnte dieses absurde Spiel funktionieren, wenn all ihre Telefonate, Erkundigungen und Gespräche über ein Jahr lang erfolglos geblieben waren? Sie schrieb Richards Namen nieder, malte einen dicken schwarzen Kasten rundherum und steckte den Zettel an ihren Spiegel, wo sie ihn jeden Tag anschaute.

Wir haben bereits genug solcher Geschichten gehört, um zu ahnen, wie es weiterging. Nach einer Woche fand Cathy in ihrem Briefkasten einen Brief des lange verschollenen Richard Johnson. Er wußte nicht, daß sie ihn das ganze letzte Jahr gesucht hatte, sondern war spontan auf die Idee gekommen, von seinem Wohnort im Mittelwesten aus mit einigen Bekannten aus früheren Zeiten Kontakt aufzunehmen. Er hatte Cathys Schwester in ihrer Heimatstadt angerufen, also mit einem einzigen Anruf Cathys Adresse herausgefunden, und beschlossen, ihr zu schreiben.

Wie Cathys Erlebnis zeigt, besteht bei synchronistischen Situationen ein akausaler Zusammenhang zwischen konkreten Ereignissen – in diesem Fall zwischen Cathys Suche und Richards Brief –, die nicht auf die uns bekannte Weise durch Ursache und Wirkung miteinander verknüpft sind, sondern durch ihre subjektive Bedeutung. Cathys Bemühungen – sie suchte Richard ein Jahr lang, fragte ein Medium um Rat und meditierte vor einem Zettel mit Richards Namen – machen zwar deutlich, wie wichtig ihr der Kontakt zu Richard war, doch ebenso klar ist, daß keiner ihrer Schritte Richards Anruf *bewirkte*. Man könnte freilich argumentieren, daß bei diesem Vorfall nicht-physikalische Faktoren im Spiel waren, daß zwischen Cathy und Richard irgendeine Art von geheimer, wortloser oder magischer Kommunikation stattfand, die Richard dazu brachte, nach Cathy zu suchen, doch die Annahme nicht-physikalischer Ursachen läßt sich weder beweisen noch widerlegen. Sie fällt in den Bereich des Glaubens und hat nichts mehr mit dem zu tun, was wir gewöhnlich unter »Kausalität« verstehen. »Kausal« gesehen war es reiner Zufall, daß der Kontakt wiederhergestellt wurde, ein ungewöhnlicher, für Cathy jedoch bedeutsamer Zufall.

Meiner Meinung nach ist das von Jung beschriebene Phänomen der Synchronizität – »die Gleichzeitigkeit zweier sinngemäß, aber akausal verbundener Ereignisse«* – darum bis heute umstritten und schwer zu akzeptieren, weil es uns zwingt, die unbewußte Tyrannei des kausalen Denkens abzuschütteln. Warum, könnte man fragen, halten wir eigentlich so hartnäckig daran fest, daß das Leben eine Kette von Ursachen und Wirkungen ist? Welchen Vorzug hat ein Erklärungsmodell, demzufolge alle Verknüpfungen kausal sein müssen?

Das kausale Denken vermittelt uns meiner Meinung nach die Illusion, wir hätten vollkommene Kontrolle über unsere Umwelt, und bestärkt uns in dem Glauben, wir hätten unser Schicksal selbst in der Hand – eine für unser Ich schmeichelhafte Vorstellung. Das kausale Denken verleiht uns ein Gefühl der Macht und versetzt uns in die Lage, uns von der »Welt da draußen« abzugrenzen und aus dieser Position Einfluß auf sie zu nehmen. Unsere Freiheit wird lediglich durch die Konsequenzen eingeschränkt, die unsere Handlungen haben, doch wenn wir die Konsequenzen akzeptieren, haben wir völlige Handlungsfreiheit.

* Carl Gustav Jung, *Gesammelte Werke*, Olten 1976, Bd. 8, S. 481 (Par. 849).

Eignen wir uns jedoch die andere Denkweise an, die uns das Phänomen der Synchronizität nahelegt, so müssen wir uns mit dem Gedanken anfreunden, daß Zufälle bedeutsam sein können. Das kann für unser Ich ein ziemlicher Schlag sein, denn die Überzeugung, daß wir alles unter Kontrolle haben, wird erschüttert. Ich wage zu behaupten, daß der Gedanke die meisten Menschen ängstigt, uns könnten Dinge widerfahren, über die wir keine Macht haben, und sie könnten eine nachhaltige Wirkung auf uns ausüben. Jungs Mitarbeiterin Marie-Louise von Franz schrieb dazu: »Der Zufall ist also der Feind – er ist etwas, das man ... eliminieren muß ...«* Dieser Satz bringt kurz und treffend zum Ausdruck, daß die meisten Menschen Zufälle am liebsten aus ihrem Leben verbannen würden.

Gespräche mit Menschen aus nicht-europäischen Kulturen zeigen, daß es durchaus auch andere Denkweisen und Weltbilder gibt. Ein amerikanischer Indianer oder ein Angehöriger einer traditionellen asiatischen Kultur, zum Beispiel ein Chinese oder ein Tibeter, fühlt sich als Teil eines größeren Ganzen, in dem alles Leben miteinander verknüpft ist. Er sieht in seinen Handlungen keine Ursachen, die irgendwelche Wirkungen hervorrufen, und begreift sich nicht als ein Individuum, das auf eine von ihm getrennte, objektive Welt Einfluß nimmt, sondern als Teil eines Netzes subjektiver Verknüpfungen.

Wirkungsvolles Handeln heißt in diesen Kulturen, daß man den richtigen Zeitpunkt wählt, die eigene Haltung überprüft, den Rat und die Unterstützung einer größeren Gemeinschaft in Anspruch nimmt und versucht, den Willen der Götter zu ermitteln. In solchen Kulturen ist es bis heute üblich, vor einer wichtigen Lebensentscheidung die Sterne oder die weise Frau des Dorfes zu befragen. Jedes Handeln ist nach diesem Weltbild ein Prozeß, der Sorgfalt und Demut voraussetzt. Mit einer Denk- und Lebensweise, die der sub-

* Marie-Louise von Franz, *Wissen aus der Tiefe: Über Orakel und Synchronizität*, München 1987, S. 64.

jektiven Erfahrung des Verbundenseins mit der Welt größere Bedeutung beimißt als der Beherrschung der Umwelt durch den einzelnen Menschen mittels gezielter Handlungen, die bestimmte Wirkungen hervorrufen, ist die Annahme bedeutungsvoller Zufälle leicht vereinbar. Doch eigentlich brauchen wir uns gar nicht so weit von unseren historischen Wurzeln zu entfernen, um auf Vorläufer der Synchronizitätsidee zu stoßen. Wie ich im fünften Kapitel noch ausführen werde, gibt es auch im Westen Methoden wie die Astrologie, das Tarot oder andere Wahrsagetechniken, die ganz selbstverständlich von der Synchronizität ausgehen.

Wenn wir den Gedanken akzeptieren, daß Ereignisse auch akausal miteinander verknüpft sein können, müssen wir nicht nur die Illusion aufgeben, alles sei kontrollierbar, sondern auch die Vorstellung, daß zwischen der physischen Welt und psychischen Vorgängen keinerlei Zusammenhänge bestehen. Diese Vorstellung ist jedoch so tief in unserem Denken verwurzelt, daß die meisten Menschen sich gar nicht bewußt sind, wie sie die Welt in »innen« und »außen« aufteilen. Cathys Gefühle für Richard waren »innere« Vorgänge, Richards Brief war ein »äußeres« Ereignis. Daß Cathy Richards Namen auf einen Zettel schrieb und ihn jeden Tag anschaute, war ein »äußeres« Verhalten. Richards Impuls, Cathy zu finden, war ein »inneres« Phänomen. Wenn wir das zufällige Zustandekommen eines neuen Kontakts zwischen Cathy und Richard als »synchronistisch« bezeichnen, sagen wir damit nichts anderes, als daß in diesem Augenblick eine Verbindung zwischen »innen« und »außen« bestand.

Tatsächlich definiert Jung Synchronizität in der erwähnten Arbeit auch als »Gleichzeitigkeit eines gewissen psychischen Zustandes mit einem oder mehreren äußeren Ereignissen, welche als sinngemäße Parallelen zu dem momentanen subjektiven Zustand erscheinen ...«* Diese Definition impliziert,

* Carl Gustav Jung, *Gesammelte Werke,* Olten 1976, Bd. 8, S. 481 (Par. 850).

daß unsere radikale Trennung zwischen »innen« und »außen« nicht aufrechtzuerhalten ist. »Innere« Phänomene wie Gefühle, Werte, Gedanken, Träume, Eingebungen, Sehnsüchte und dergleichen können sehr wohl, und manchmal auf schicksalhafte Weise, mit »äußeren« Ereignissen wie Telefonanrufen, Geschenken, Kontakten, Liebesaffären und so weiter verknüpft sein. Synchronistische Ereignisse zwingen uns dazu, die Welt als ein einheitliches Feld zu betrachten, in dem unsere eigenen Erfahrungen und Handlungen elementar mit denen anderer Menschen verknüpft sind.

Als ein akausales Verknüpfungsprinzip stellt die Synchronizität nicht nur unsere vermeintliche Kontrolle über unser Schicksal und unsere Umwelt und unsere saubere Trennung zwischen subjektiver und objektiver Realität in Frage, sondern auch unseren Zeitbegriff, insbesondere die Selbstverständlichkeit, mit der wir unser Weltbild auf eine lineare Zeitvorstellung aufbauen. Das kausale Denken kommt ohne die Begriffe »davor« und »danach« nicht aus: Ursachen müssen ihren Wirkungen zeitlich vorausgehen. Doch wenn wir von einer akausalen Verknüpfung von Ereignissen ausgehen, dann lautet die entscheidende Frage nicht mehr »*Wann* geschah etwas?«, sondern »*Was* geschah und was *bedeutete* es für die Person, die es erlebte?« Natürlich ist der Zeitpunkt der Ereignisse nicht völlig unwichtig, doch – um noch einmal auf Cathys Geschichte zurückzukommen – der Zeitpunkt, zu dem Richards Brief eintraf, machte das Ereignis lediglich zu einer Koinzidenz. Erst durch die *Bedeutung* des Briefes wurde die Koinzidenz für Cathy zu einem synchronistischen Ereignis: Der Brief kam, nachdem sie alles versucht hatte, um mit Richard in Kontakt zu treten, die Suche nach einem Jahr jedoch frustriert und enttäuscht aufgegeben und schließlich sogar auf den Rat eines Mediums hin ihre ganze Aufmerksamkeit auf einen Zettel mit seinem Namen konzentriert hatte. Ihre Bemühungen und sein Brief waren durch die Bedeutung des Zufalls miteinander verknüpft, nicht durch die bloße zeitliche Nähe der Ereignisse.

Das Phänomen der Synchronizität fordert uns heraus, unser Leben aus einem anderen Blickwinkel zu betrachten, eine neue Sichtweise einzunehmen, nach der unsere subjektive Erfahrung unseren Platz in einem Universum von Zufallsereignissen bestimmt, die uns und um uns herum passieren und die durch ihre Bedeutung für uns miteinander verknüpft sind. Aus diesen Verbindungen zwischen uns und der Welt entstehen die Geschichten, die wir leben.

Das führt uns zum zweiten Aspekt der Synchronizität: der Emotion.

Fühle nicht, sondern denke: Synchronizität und das moderne Mißtrauen gegenüber emotionalen Realitäten

Jung weist in seiner Beschreibung des Phänomens der Synchronizität auch darauf hin, daß der emotionale Faktor bei synchronistischen Ereignissen eine bedeutsame Rolle spielt, daß sie einen »gewissen numinosen Charakter« haben, wie er es mit einem Begriff des Theologen und Religionswissenschaftlers Rudolph Otto bezeichnet. »Numinoses« erfahren wir in Situationen, in denen wir das sichere, überwältigende und unvergeßliche Gefühl haben, die Nähe des Göttlichen zu spüren, etwas, das unsere menschlichen Beschränkungen transzendiert. Das Gefühl des Erhabenen ist wohl das beeindruckendste Merkmal synchronistischer Ereignisse. Wenn die Synchronizität in erster Linie ein Verknüpfungsprinzip ist, dann ist das besondere Gefühl, das ein synchronistisches Ereignis hervorruft – seine numinose Wirkung und die psychische Energie, die es freisetzt – das Medium, durch welches die Verknüpfung hergestellt wird.

Synchronistische Ereignisse haben – einfach ausgedrückt – immer einen stark emotionalen Charakter. Als ich mich an der Universität zum ersten Mal mit Jung beschäftigte, fühlte ich mich ziemlich allein und isoliert. Natürlich sind Studenten naturgemäß anfällig für solche Gefühle, und einige gefallen sich sogar in der Rolle des mißverstandenen Intellektuellen, doch bei mir war es nicht so. Ich kam von einem Lutheraner-Seminar, wo Psychologie nicht auf dem Lehrplan stand, und schon gar nicht Jung, ein abtrünniger Protestant mit einem Hang zum Mystischen. Viele meiner Kommilitonen hielten mich für ein bißchen verrückt, weil ich eine so hohe Meinung von Jung hatte. Seit meiner ersten Bekanntschaft mit Jungs Schriften hatte ich einige wilde Träume gehabt und verwirrende Erfahrungen gemacht. Um mir über deren Bedeutung klarzuwerden, entschloß ich mich zu einer Analyse bei einem Jungianer. Zudem dachte ich, eine solche Therapie würde mir helfen, mein Gefühl intellektueller Isolation zu überwinden. Ich griff einfach zu den Gelben Seiten, suchte mir aus der Liste der Tiefenpsychologen den ersten Jungianer heraus, vereinbarte einen Termin und erschien am darauffolgenden Samstag um 15 Uhr zur ersten Sitzung.

Inzwischen hatte in der Beratungsstelle, wo ich einige Jahre lang an einem unsinnigen Programm teilnahm, das Studenten der University of California langfristige Freudianische Psychoanalysen ermöglichte, eine neue Mitarbeiterin angefangen.

Wir verstanden uns gut, hatten viel Spaß zusammen und viele gemeinsame Interessen, vor allem im künstlerischen Bereich. Ich schrieb, sie erzählte Geschichten. Ich hatte in Theaterstücken mitgewirkt und sie ebenfalls. Sie stammte aus New York, ich aus New Jersey. Doch erst als wir schon viele Monate befreundet waren, entdeckte ich, daß sie nicht nur ein ebenso großes Interesse an der Jungschen Psychologie hatte wie ich, sondern sogar zum selben Analytiker ging wie ich. Und als wir daraufhin unsere Aufzeichnungen verglichen, stellten wir obendrein fest, daß sie, eine Woche bevor ich meine Therapie begann, ihren bisherigen festen Sitzungstermin am Samstag um 15 Uhr auf einen anderen Termin verlegt hatte. Ich hatte ausgerechnet die Person kennengelernt, deren festen Termin im Kalender meines Analytikers ich übernommen hatte.

Daß der Zufall mit dem Sitzungstermin für mich bedeutsam und damit synchronistisch war, lag in erster Linie an den Gefühlen, die ich empfand, als mir bewußt wurde, daß ich mit dieser neuen Freundin bereits – rein zufällig – etwas gemeinsam hatte, als ich sie noch gar nicht kannte. Die Geschichte, die ich zu leben glaubte – die vom armen, einsamen Studenten, der sich für einen Spinner interessiert, den niemand kennt – war, wie ich später begriff, nicht die Geschichte, die ich wirklich lebte. In meiner wirklichen Geschichte verhalf mir eine Frau, mit der ich sehr viel gemeinsam hatte, zu einem Platz in der Praxis meines Analytikers. Die emotionale Wirkung dieser Erkenntnis war gewaltig. Ich kam mir auf einmal viel weniger isoliert und verrückt vor. Ich spürte, daß ich von einer Gemeinschaft Gleichgesinnter umgeben war, was mich bestärkte und selbstsicherer machte, und sah die Wichtigkeit meiner Jung-Studien bestätigt.

Leider fällt es Menschen aus unserem Kulturkreis ebenso schwer, sich zu ihren Gefühlen zu bekennen, wie das kausale Denken hinter sich zu lassen. Wie bereits gesagt, sind wir es gewohnt, die Welt in »innen« und »außen«, in »subjektiv« und »objektiv« aufzuteilen. Die Einteilung wäre an sich nicht unbedingt problematisch, doch im Westen wird das »Äußere« und das »Objektive« traditionell sehr hoch bewertet, geradezu verherrlicht, das »Innere« und »Subjektive« hingegen abgewertet. Und nichts ist »innerer«, individueller und subjektiver als unsere Gefühle.

Das Ideal der westlichen Welt ist größtmögliche Objektivität. Für die Naturwissenschaften bedeutet dies, daß das subjektive Urteil des Versuchsleiters keinen Einfluß auf die Versuchsergebnisse haben darf und daß Zufälligkeiten durch die Wiederholung des Experiments und durch die statistische Analyse ausgeschaltet werden müssen. In den Geisteswissenschaften muß jede Schlußfolgerung mit unanfechtbaren Beweisen, Fakten und Beispielen belegt werden. Und in der Industrie räumt man der Produktivität und dem Gewinn, die sich in nüchternen Zahlen ausdrücken lassen, oberste Priorität ein und vernachlässigt Aspekte wie das Wohl der Arbeiter oder die Qualität eines Produkts. In unserer Tradition sind Gefühle ein Hindernis, ein Unsicherheitsfaktor, eine mögliche Fehlerquelle, etwas Bedrohliches und zumindest Trügerisches.

Der stark subjektive, emotionale Charakter synchronistischer Ereignisse, die nachhaltige Wirkung, die solche Zufälle auf unser Gefühlsleben haben, erschüttert unser gewohntes Weltbild und stellt das westliche Ideal der Objektivität in Frage. Legen solche Erfahrungen uns nicht nahe, daß wir dem Gefühl einen ebenso hohen Stellenwert einräumen müssen wie dem Verstand? Bei allen synchronistischen Ereignissen ist, wie in unseren Beispielen, nicht der »objektive Sachverhalt« entscheidend, sondern die emotionale Wirkung des Erlebten auf die Betroffenen. Sie reicht so tief, daß Menschen wie Ann oder Cathy mir noch Jahre später in allen Einzelheiten erzählen konnten, was ihnen damals widerfahren war. Synchronistische Ereignisse wecken die in uns schlummernde Fähigkeit, tief zu empfinden und unsere Gefühle differenziert wahrzunehmen, denn was solche Zufälle bedeutsam macht, sind die Art und die Intensität der dadurch ausgelösten Gefühle.

Doch starke Gefühle sind in unserem Kulturkreis gefürchtet – meiner Meinung nach aus demselben Grund, aus dem die Akausalität für die meisten von uns ein so großes Problem darstellt. Gefühle zuzulassen heißt, die Kontrolle über sich selbst ein Stück weit aufzugeben, sich Erfahrungen zu öffnen und einfach zu sein, wer oder was man ist, statt sich so zu geben, wie man zu sein glaubt oder nach Meinung anderer sein sollte. Zu fühlen heißt, verwundbar zu sein, und Verwundbarkeit ist eine demütigende Erfahrung.

Nicht nur die Angst, wir könnten die Kontrolle verlieren, macht unser Gefühlsleben zu einer Bedrohung für unseren Verstand. Gefühle stellen – wie die Akausalität – die Annahme in Frage, daß wir voneinander getrennt sind und daß innen/subjektiv und außen/objektiv getrennt ist. Wenn wir Gefühlen gegenüber offen sind, nehmen wir nicht nur unsere eigenen Empfindungen wahr, sondern auch die *anderer.* Dann spüren wir, daß unsere Fähigkeit, den Schmerz, das Glück, den Kummer, die Genugtuung, den Stolz oder die

Scham eines anderen mitzufühlen, uns alle miteinander verbindet oder zumindest verbinden kann. Gefühle mit anderen zu teilen ist für viele zwar eine höchst schöne und ungemein tröstliche Erfahrung, doch da es mit wichtigen kulturellen Werten wie Autonomie, Individualität und Unabhängigkeit kollidiert, billigt die Gesellschaft es nur in bestimmten, überwiegend privaten Situationen. In der Öffentlichkeit dürfen wir unsere Gefühle nur in sehr wenigen Ausnahmesituationen offen zeigen.

Gefühle sind spontan, natürlich und frei – wie ein Strom, in dem wir stehen und den wir um uns herum fließen fühlen, ohne ihn lenken oder kontrollieren zu können. Daher erfordert es meiner Erfahrung nach in unserem Kulturkreis großen Mut, sich bewußt diesem unaufhörlich dahinfließenden Strom auszusetzen, besonders wenn die Gefühle tief und stark sind und der Strom reißend ist. Ein synchronistisches Ereignis stürzt uns mitten in diesen Strom. So erstaunt es eigentlich nicht, daß viele vor einem synchronistischen Ereignis zurückschrecken und es mitsamt den Gefühlen, die es ausgelöst hat, als Einbildung abtun: »Da ist meine Phantasie mit mir durchgegangen.« Synchronizität heißt, daß wir unsere Gefühle ernstnehmen müssen als eine Art, das Leben zu erfahren, daß unsere emotionalen Erlebnisse ebenso wichtig sind wie unsere Gedanken, in gewissen Situationen sogar wichtiger. Unsere Gefühle sind die treibende Kraft hinter unseren Geschichten; sie bringen die Handlung voran.

Das führt uns zum dritten Aspekt der Synchronizität: dem Symbolcharakter.

Wie kann etwas existieren, wenn ich mir dessen nicht bewußt bin? Synchronizität und die archetypischen Symbole des Unbewußten

Der Inhalt synchronistischer Ereignisse ist, wie gesagt, immer symbolisch. Diese Tatsache wird meiner Erfahrung nach bei der Auseinandersetzung mit dem Phänomen der Synchronizität leider oft vergessen, weil wir so überwältigt sind von dem numinosen Gefühl, das ein solches Ereignis auslöst, oder völlig fassungslos, daß etwas derart Unwahrscheinliches tatsächlich geschehen konnte. Ich habe jedoch festgestellt, daß bei jedem bedeutsamen Zufall die Geschehnisse einen starken Symbolcharakter haben.

Ein synchronistisches Ereignis mit einer eindeutigen Symbolik erlebte ich während meiner Assistentenzeit. Ich war mit einem Patienten in eine völlig verfahrene Situation geraten.

Dieser Patient – er hieß Frank – war fast sein ganzes Leben lang, auch als Erwachsener noch, von seiner Mutter dominiert worden und unterstellte diese Absicht allen anderen Menschen in seiner Umgebung. Er konnte sich einfach nicht vorstellen, daß jemand ihn anders behandeln würde. Er hatte eine Beratung begonnen, und natürlich beeinflußte seine Erwartung, daß alle ihn kontrollieren und beherrschen würden, auch sein Bild von mir.

Nach mehreren schwierigen Sitzungen kämpfte ich mich an einem Samstagmorgen durch ein heftiges Unwetter zu unserem vereinbarten Termin. Ich zweifelte nicht daran, daß Frank kommen würde, denn er wohnte nur ein paar Häuser weiter. Kurz vor der Sitzung sah ich noch einmal meine Aufzeichnungen durch, und auf einmal ging das Licht aus. Mein Büro hatte ein kleines Fenster, das wenigstens einen spärlichen Lichtschimmer hereinließ. Kurz darauf erschien Frank, und wir fingen trotz des Stromausfalls die Sitzung an. Das Gespräch an diesem Tag verlief ganz ähnlich wie unsere vorangegangenen Diskussionen. Frank war davon überzeugt, daß ich Therapeut geworden war, um Macht über andere Menschen ausüben zu können, daß ich die Abhängigkeit meiner Patienten genoß, daß es mir Vergnügen bereitete, sie für ihre Hilfsbedürftigkeit bezahlen zu lassen, und so weiter. Wieder versuchte ich ihm in meinen Antworten den Zusammenhang zwischen den Erfahrungen mit seiner Mutter und seinem Bild von mir bewußt zu machen, doch ohne jeden Erfolg.

Irgendwann erkannte ich, daß wir so nicht weiterkamen, und beschloß, ihn auf eine andere, direktere Art aus der Reserve zu locken. Ich fragte, aus welchem Grund ich seiner Meinung nach wohl trotz des heftigen Unwetters hergekommen war und trotz des Stromausfalls dablieb, nur um mir ein weiteres Mal anzuhören, wie sehr er mich verabscheute. Bewies das denn nicht meine guten Absichten? Würde ich mir denn solche Mühe machen und mich einer dermaßen unangenehmen Situation aussetzen, wenn es mir nicht um sein Wohl ginge? Frank verstummte, und ich konnte spüren, daß sich etwas bei ihm veränderte. Nach einigem Grübeln sagte er schließlich: »Ich verstehe, was Sie meinen. Vielleicht haben Sie tatsächlich gute Absichten, vielleicht geht es Ihnen doch nicht nur um Macht.« In diesem Augenblick wurde der Strom wieder angeschaltet, und das Büro war wieder hell erleuchtet.

Die Symbolik dieser Geschichte vom »Stromausfall« ist unverkennbar und verdeutlicht, was in dem synchronistischen Augenblick zwischen mir und Frank geschah. Die durch den Stromausfall verursachte reale Dunkelheit zu Beginn unserer Sitzung spiegelte den emotionalen Zustand unserer Beziehung wider: Keinem von uns beiden gelang es, zum Licht des Bewußtseins vorzudringen. Bildlich gesprochen konnte er mich, meine guten Absichten, nicht klar erkennen; und als der Strom ausfiel, konnte er mich auch im wörtlichen Sinne nicht mehr richtig sehen. Ich dagegen erkannte nicht, daß er mich erst als eine wirklich vorhandene Person wahrnehmen konnte, als ich ihm sagte und zeigte, wieviel mir an seiner Genesung lag, anstatt nur die Dynamik seiner Mutter-Beziehung zu analysieren. Für ihn war innen und außen »das Licht, die Energie, ausgegangen«, bis es mir gelang, auf einer emotionalen Ebene zu ihm durchzudringen. Da gingen die Lichter wieder an – im übertragenen wie im wörtlichen Sinn. Plötzlich war der Raum wieder hell erleuchtet, es floß wieder Energie – elektrische und emotionale. Nachdem zwischen uns wieder eine Verbindung hergestellt war, spürte er seine Kraft wieder.

Die Geschichte veranschaulicht sehr gut, was ich an früherer Stelle über synchronistische Ereignisse gesagt habe, daß nämlich derselbe Vorfall für einen Beteiligten bedeutsam sein kann und für einen anderen völlig unwichtig. Franks Vorstellung, beherrscht zu werden, nahm ihn dermaßen in Anspruch, daß er gar nicht wahrzunehmen schien, ob das Licht aus oder an war. Nur mir fiel auf, wie perfekt das äußere Ereignis seinen und meinen inneren Zustand widerspiegelte, wie stark die Symbolik dieses besonderen Zufalls war. Daß ich die Synchronizität therapeutisch nutzen konnte, hing in erster Linie mit den beschriebenen Symbolen zusammen, die für »Kraft, Energie, Stärke« stehen. Ich war damals ziemlich unerfahren, und nachdem ich mir lange den Kopf darüber zerbrochen hatte, wie ich Frank am besten begreiflich machen konnte, daß ich nicht wie seine Mutter war, war es ein Erfolgserlebnis, als ich einen Weg fand, zu ihm durchzudringen. Ich fühlte mich durch diese Erfahrung bestärkt – wie die Symbolik des Ereignisses selbst es nahelegte. Für Frank war es dagegen nur eine Erfahrung von vielen, denn es bedurfte noch vieler solcher direkter Gespräche, um ihn davon zu überzeugen, daß nicht jeder ihn beherrschen und kontrollieren wollte.

Die jungianische Analytikerin Jean Shinoda Bolen beschreibt den Symbolcharakter synchronistischer Ereignisse in ihrem kurzen, faszinierenden Buch über Synchronizität mit dem Titel *Tao der Psychologie. Sinnvolle Zufälle* mit einem Vergleich, den ich schon öfter gehört habe: Sie schreibt, ein so bedeutsamer Zufall sei wie ein Wachtraum.* Dieser Ver-

* Jean Shinoda Bolen, *Tao der Psychologie. Sinnvolle Zufälle,* Basel 1989.

gleich bringt meines Erachtens sehr treffend zum Ausdruck, was ein synchronistisches Ereignis zu einer so einzigartigen Begebenheit in unserer Lebensgeschichte macht. Träume sind wie synchronistische Ereignisse nicht selbst verursacht und haben in der Regel einen stark emotionalen und symbolhaften Charakter. Gerade weil bei bedeutsamen Zufällen zwischen den Ereignissen symbolische Zusammenhänge bestehen, wie sie die meisten Menschen nur aus ihren Träumen – oder aus Romanen – kennen, bleiben sie uns als besondere Erlebnisse in Erinnerung.

Wenn jemand, der mit dem Synchronizitätskonzept nicht vertraut ist, die Geschichten vom Stromausfall, von Dans Telefonanruf oder von Bobbies Tarotkarten hört, sagt er wahrscheinlich: »Das soll wohl ein Scherz sein. Solche Dinge passieren nur im Film.« Oder, falls es sich um einen weniger skeptischen Zeitgenossen handelt: »Eine tolle Geschichte!« Tatsächlich besteht eine unbestreitbare Parallele zwischen den symbolischen Verknüpfungen, die wir aus Romanen und Erzählungen kennen, und den symbolischen Zusammenhängen, die uns bei solchen bedeutsamen Zufällen auffallen. Wie in erfundenen Geschichten wird auch bei synchronistischen Ereignissen die symbolische Dimension unseres Lebens in den Vordergrund gerückt, wir sind sozusagen gezwungen, die verschiedenen Aspekte des Erlebten zu untersuchen, indem wir uns die gleichen Fragen über unser Leben stellen, die uns sonst bei der Lektüre einer Geschichte oder beim Betrachten eines Films durch den Kopf gehen: Was hat das zu bedeuten? Worauf läuft das hinaus? Was sagt das über mich und über meine bisherige und zukünftige Entwicklung aus?

An dieser Stelle ist es wichtig, den Unterschied zwischen einem Symbol und einem Zeichen zu kennen. Kurz gesagt ist ein Zeichen ein Objekt, das auf etwas Eindeutiges, Begrenztes und Erkennbares hinweist, während Symbole Objekte, Situationen oder Ereignisse sind, die auf eine Wirklichkeit hindeuten, die uns nicht bewußt ist oder die wir nicht völlig erfassen können. Wenn wir also davon ausgehen, daß synchronistische Ereignisse Symbolcharakter haben, und uns fragen »auf was jenseits meiner selbst verweist dieses Ereignis?«, dann erkennen wir – vorausgesetzt, wir sind von der symbolischen Realität dessen überzeugt, was geschehen ist –, daß es auf diese Frage keine erschöpfende Antwort geben kann.

Ein Symbol ist immer und vor allem ein Geheimnis, ein Zeichen nicht. Das rote Sechseck an dem Pfosten an der Ecke bedeutet »STOP« und sonst nichts. Es wird nie mehr bedeuten als »Wenn Sie sich in einem Fahrzeug nähern, treten Sie auf die Bremse«. Es ist ein Zeichen, kein Symbol. Doch wenn Sie in einem Museum für moderne Kunst ein Werk von einem politisch engagierten Avantgarde-Künstler an der Wand hängen sehen und darauf inmitten von Konzentrationslagern, Bomben, Gewehren und Schlachthäusern ein rotes Sechseck mit dem Wort »STOP« zu erkennen ist, dann haben Sie kein Zeichen mehr vor sich. Durch den künstlerischen Kontext wurde aus dem simplen Stopzeichen ein Symbol. An der Wand des Museums bedeutet »STOP« vielerlei: daß es falsch ist, zu töten, daß der Betrachter mithelfen soll, den Mord an Unschuldigen zu verhindern, daß der Genuß von Fleisch Gewalt erzeugt und so weiter.

Ebenso kann ein synchronistisches Ereignis als symbolisches Geschehen vielerlei bedeuten. Tatsächlich kann sich – wie in einer fiktiven Geschichte – die symbolische Bedeutung des Ereignisses im Laufe der Zeit sogar ändern. In den vielen synchronistischen Situationen, die wir in den folgenden Kapiteln untersuchen werden, mögen die mannigfaltigen symbolischen Bedeutungen eines einzigen Ereignisses manchmal verwirrend erscheinen, doch mit etwas Zeit, Geduld, Übung und Erfahrung und mit einer aufgeschlossenen Haltung lassen sie sich herausschälen wie die vielschichtigen Bedeutungen einer Erzählung.

Synchronistische Ereignisse haben wie alle Symbole die Funktion, Unbewußtes bewußt zu machen. Jungs einzigartiger Beitrag zur Psychologie bestand in seiner Behauptung, das Unbewußte bestehe nicht nur aus persönlichen Inhalten beziehungsweise Relikten – verschütteten oder verdrängten Erinnerungen –, sondern berge darüber hinaus den psychischen Erfahrungsschatz der ganzen Menschheit, das »kollektive Unbewußte«, wie er es nannte. Zum kollektiven Unbewußten gehörten eine Vielzahl von Symbolen, die uns allen gemeinsam seien, uns jedoch größtenteils nur in besonderen Situationen oder seelischen Zuständen bewußt würden. Die Inhalte dieser Ebene unserer Existenz, die Muster, Situationen und Symbole, aus denen sich das kollektive Unbewußte zusammensetzt, bezeichnete Jung als »Archetypen«.

Für mich war die Vorstellung, daß wir als Menschen gewisse Denkweisen, Gefühle und Phantasien gemeinsam haben, immer nachvollziehbar und überzeugend. Wie sollte es auch anders sein? Haben wir denn nicht alle Mütter und Väter und gemeinsame Erfahrungen wie Geburt, Kindheit, Alter und Tod? Gibt es nicht gewisse, von unserer Erfahrung und Kultur, von Zeit und Ort unabhängige Konstanten, die uns zu Menschen machen und uns daher mit allen anderen Menschen verbinden? Diese Muster bilden die Archetypen des kollektiven Unbewußten. Manche können in personifizierter Form wahrgenommen werden, als Figuren wie »der alte Weise«, »der Trickster«, »die Kore«, »das ewige Kind« oder auch als Götter, Göttinnen, Dämonen und Engel der Mythologie und der Theologie. Doch bei vielen Archetypen des kollektiven Unbewußten handelt es sich nicht um Figuren, sondern um typische Situationen und Erfahrungen: der Verlust der Unschuld, das Erwachsenwerden, Ganzheitserfahrungen, das Verstricktsein in einen unlösbaren Konflikt oder die ekstatische Vereinigung mit Gott. Solche »Situations-Archetypen« können uns synchronistische Ereignisse ebenfalls bewußt machen.

Die Geschichten, die wir leben und die uns synchronistische Ereignisse durch ihren Symbolcharakter bewußt machen, sind somit in gewissem Sinne mythisch. Doch wer von uns sieht sich schon als eine Person in einer Geschichte oder gar als eine Figur in einem Mythos? Ein synchronistisches Ereignis ist immer eine außergewöhnliche Erfahrung, die unsere Sensibilität gegenüber der heiligen und symbolischen Dimension unseres täglichen Lebens erhöhen soll. Doch warum sträuben sich so viele von uns gegen eine solche Sichtweise? Warum ziehen wir es vor, die Geschichte, die wir leben, nicht ernst zu nehmen oder zu ignorieren?

Ein Grund besteht meiner Meinung nach darin, daß jeder direkte Kontakt mit dem kollektiven Unbewußten eine überwältigende Erfahrung ist und wir in der Gefahr sind, uns und unseren eigenen Standpunkt zu verlieren. Ein Archetyp ist wie eine Naturkraft, ein so tief verwurzeltes Wahrnehmungsmuster, daß die meisten Menschen ihre vertraute Denk- und Sehweise nicht länger aufrechterhalten können, wenn sie unter dem Einfluß eines Archetypen stehen.

Zwar sollten wir uns nicht – aus Engstirnigkeit und weil wir unser Innenleben unter Kontrolle behalten wollen – von unserem Ich daran hindern lassen, die Bedeutung archetypischer Ereignisse zu würdigen, doch gleichzeitig kann uns oft nur unser Ich davor bewahren, vom Bilderreichtum und von der ungeheuren Kraft und Faszination archetypischer Symbolik vollkommen überwältigt zu werden. Unsere Fähigkeit, in Symbolen zu denken, spielt auch hier wieder eine große Rolle, denn sie hilft uns, die archetypische Grundlage unserer Lebensgeschichten zu verstehen. Da wir in der Lage sind, unsere Erfahrungen zu analysieren und zu erkennen, was uns als Individuen von anderen Menschen unterscheidet und was uns mit ihnen verbindet, können Erfahrungen wie synchronistische Ereignisse oder Träume – genau wie Erzählungen und Romane – unser Leben bereichern und unsere Menschlichkeit vertiefen.

Um es einfacher auszudrücken: Die Symbolik einer Synchronizität führt uns auf die Ebene unserer Lebensgeschichte, auf der eine Verbindung zu allen anderen Menschen erkennbar werden kann. Bobbie lernte zuerst durch ihre Träume und dann durch ein Geschenk, das ihre Träume widerspiegelte, ganz bestimmte Symbole kennen. Mit der Synchronizität begann für sie eine Zeit der lebendigen Auseinandersetzung mit der tiefen Weisheit, die in den Symbolen des Tarot verborgen liegt. Dans Telefonanruf, Richards Brief und die synchronistischen Ereignisse, mit denen einige meiner Freundschaften begannen, ließen Ann, Cathy und mich an jener universalen Erfahrung teilhaben, die wir gewöhnlich Liebe nennen. Das Initiationserlebnis, das ich während meiner Assistentenzeit hatte, als ich durch die synchronistische Erfahrung, »ins Licht geführt zu werden«, die geheimnisvolle Fähigkeit erlangte, einem anderen Menschen zu helfen, hatten vor mir schon unzählige Berufsanfänger aus anderen Epochen und Kulturen.

Quo Vadis: Synchronizität und Übergangspunkte in unserem Leben

In manchen Lebensphasen meinen wir, daß wir unseren Platz in dieser Welt gefunden haben, daß praktisch alles in unserem Leben einen Punkt relativer Stabilität erreicht hat. Unsere Beziehungen sind harmonisch, beruflich wie im Privatleben geht es uns gut. Wir befinden uns zwar nicht in einem ständigen Glücksrausch, doch wir sind eigentlich recht zufrieden, und sofern am Horizont unseres Bewußtseins noch Probleme oder Ängste zu erkennen sind, so sind sie weit genug weg, um den gewohnten Verlauf unseres Lebens nicht zu stören.

Doch wie wir alle wissen, gibt es auch Phasen, in denen uns die Stabilität innerlich nicht mehr befriedigt, in denen wir unsere gewohnte Lebensweise als langweilig oder lähmend empfinden und das Gefühl haben, wir müßten etwas ändern, oder Zeiten, in denen Ereignisse, die sich unserer Kontrolle entziehen, das Leben, mit dem wir eigentlich zufrieden sind, auf den Kopf stellen. Manchmal kommt auch beides zusammen: ein inneres Bedürfnis, sich weiterzuentwickeln, und eine Reihe äußerer Ereignisse, die uns aus einem Trott herausreißen, der uns vielleicht nicht einmal bewußt war.

In solchen Übergangsphasen suchen viele Menschen bei anderen Rat und Hilfe – bei professionellen Helfern wie Therapeuten, Geistlichen, Ärzten oder Beratern, bei Bekannten oder Familienangehörigen, die ähnliche Phasen durchlebt haben, oder einfach bei guten Freunden. Wenn wir uns in einer Übergangsphase ratsuchend an erfahrenere Mitmenschen wenden, haben wir oft das Gefühl, aus einem Dasein, das uns nicht mehr entspricht, in ein anderes, erfüllteres und befriedigenderes Leben hinübergeleitet zu werden.

Doch manchen Menschen wird in solchen Übergangsphasen nicht nur Hilfe von außen, sondern auch Hilfe von innen zuteil. Sie erhalten ungebeten und unerwartet Hilfe in Form von zufälligen Ereignissen, die Wege aufzeigen, im Leben voranzukommen, und zwar genau im richtigen Augenblick, nicht selten wenn es nicht mehr weiterzugehen scheint.

Jungs Vorstellungen von der menschlichen Psyche unterscheiden sich insofern grundlegend von denen anderer Denker, als er die Auffassung vertritt, daß die Psyche ein Naturphänomen ist und daß all ihre Aspekte – selbst die, die uns pathologisch oder destruktiv erscheinen – die Funktion haben, unsere seelische Entwicklung zu fördern. Dies läßt sich leicht an bestimmten Verhaltensweisen veranschaulichen, die viele Menschen als Abwehrreaktionen bezeichnen. Wer eine traumatische Erfahrung gemacht hat, die etwas mit einem Sturz aus großer Höhe zu tun hatte, verspürt unter Umständen sein ganzes Leben lang große Angst, wenn er irgendwo hoch oben steht, und meidet daher bewußt alle erhöhten Plätze, selbst solche, bei denen gar keine Absturzgefahr besteht. Je nachdem, wie stark das Vermeidungsverhalten das Leben der betreffenden Person beeinträchtigt, kann man darin entweder eine interessante Eigenart oder eine ausgewachsene Verhaltensstörung sehen, immer soll es vor einer Wiederholung des überwältigenden Traumas schützen, und nach Jungs Meinung dient es dazu, das geistige Gleichgewicht aufrechtzuerhalten. Man kann sich natürlich darüber streiten, ob ein solches Verhalten gut und gesund oder eher falsch und schädlich ist, doch für die Psyche und ihre natürliche Entwicklung sind selbst Angstreaktionen sinnvoll, denn sie helfen dem einzelnen, sich vorwärtszubewegen, ohne dabei aus dem Gleichgewicht zu geraten.

Auch Jungs Synchronizitätskonzept liegt die Vorstellung zugrunde, daß alle psychischen Phänomene einen Zweck haben. Jedes Zufallsereignis mit einer emotionalen und einer symbolischen Bedeutung, also jede Erfahrung einer Synchronizität, soll uns dazu befähigen, daß wir uns in irgendeiner Hinsicht weiterentwickeln. Daher ereignen sich Synchronizitäten auch stets an entscheidenden Übergangspunkten in unserem Leben. In solchen Phasen, in denen wir häufig auf Hilfe von außen hoffen und bei unseren Mitmenschen Rat suchen, läßt uns die Psyche manchmal eine Art innere, psychische Hilfe zukommen in Form von bedeutsamen Zufällen.

Manchmal dient ein solcher Vorfall nur dazu, uns gewissermaßen aufzuwecken, indem er uns bewußt macht, daß eine Veränderung, die wir vermeiden oder nicht wahrhaben wollten, bereits im Gange ist, ob uns das gefällt oder nicht. Bobbies Geschichte von den Tarotkarten ist ein Beispiel dafür. Manchmal liegt die Bedeutung der Synchronizität auch in der Lektion, die sie uns erteilt. So kann sie uns zum Beispiel die Notwendigkeit aufzeigen, eine andere Haltung oder Sichtweise einzunehmen – wie bei mir und meinem Patienten Frank, als ich aufhörte, mich mit seiner Vergangenheit zu beschäftigen und statt dessen auf meine aktuelle Beziehung zu ihm zu sprechen kam. Doch stets ereignen sich die bedeutsamen Zufalle, die wir synchronistisch nennen, in wichtigen Übergangsphasen unseres Lebens.

Eine Bekannte von mir namens Ellen war nach Kalifornien gezogen, um dort aufs College zu gehen. Kaum war sie da, als sie auch schon ernsthaft Streit mit ihrem Vater bekam. Er war bereit, ihre Ausbildung zu bezahlen, hatte jedoch klare

Vorstellungen, wie seine Tochter leben sollte. Er wünschte, daß sie in ein Studentenwohnheim zog, doch sie wollte lieber außerhalb des Campus mit Freunden zusammenwohnen. Sie wollte ein Auto, ihr Vater war dagegen. Sie empfand ihre sozialen Kontakte als wichtigen Bestandteil ihrer Ausbildung, doch ihr Vater war der Meinung, daß sie ihre Zeit und ihr Geld ausschließlich für ihr Studium verwenden sollte. Nach einigen Ferngesprächen, in denen sie heftig aneinandergerieten, drohte der Vater schließlich damit, ihr seine finanzielle Unterstützung zu entziehen, wenn sie sich nicht so verhielt, wie er es von ihr erwartete. Wütend antwortete sie: »In Ordnung. Tu das ruhig«, und legte auf.

Verzweifelt und aufgebracht über eine Situation, die schließlich unhaltbar geworden war, lief sie am folgenden Tag auf dem Campus herum und fragte sich bange, was sie nun tun sollte. Sie hatte nichts gelernt, und weil ihr Vater sie ständig bevormundete, war ihre Abhängigkeit von ihm so groß, daß sie es sich eigentlich gar nicht zutraute, ohne seine Hilfe zurechtzukommen. In dieser düsteren Stimmung traf sie ein Freund an. Die beiden setzten sich unter einen Eukalyptusbaum, und sie erzählte ihm alles. Sie war fast beleidigt, als er lachte, denn sie fand ihr Dilemma überhaupt nicht komisch. Dann erklärte er ihr, warum er gelacht hatte. Er kam gerade aus einem Ingenieurbüro in der Nähe, wo er Schreibarbeiten erledigte, und just an diesem Tag hatte sein Chef ihn gefragt, ob er nicht jemanden wisse, der einen Job suche. Die Bezahlung reichte Ellen zum Leben; auch in der Einarbeitungszeit gab es Geld, und sie hatte völlig flexible Arbeitszeiten. So fand sie auf synchronistische Weise eine Arbeit und war dadurch imstande, sich aus der belastenden Abhängigkeit von ihrem Vater zu befreien und zielstrebig ihren eigenen Weg zu gehen. Und die Textverarbeitungskenntnisse, die sie bei diesem Job erwarb, nutzte sie für eine Verlagskarriere. Mit dieser Entwicklung hatte sie wirklich nicht gerechnet, als sie aufs College ging, um Biochemie zu studieren.

Jede Weiterentwicklung in unserem Leben, jeder Schritt nach vorn, ist ein Prozeß mit drei Stadien. Zuerst werden wir uns bewußt, daß das bisherige Leben uns nicht mehr entspricht oder nicht mehr so weitergeführt werden kann. Manchmal kommt die Erkenntnis durch ein äußeres Ereignis – in meinem Beispiel durch die Drohung des Vaters, seine finanzielle Unterstützung einzustellen –, oder aber wir erkennen es an wachsender Unzufriedenheit und Verzweiflung, zum Beispiel darüber, daß wir nicht so leben können, wie wir gerne leben möchten. Dann beginnt eine Übergangsphase, wir sind verwirrt und verunsichert. Wir beginnen uns ein anderes Leben auszumalen; vielleicht brechen wir sogar aus unserem bisherigen Leben aus, ohne genau zu wissen, was auf uns zukommt und was wir als nächstes tun sollen. Damit geraten wir in ein ähnliches Dilemma wie Ellen, nachdem sie mit den Worten »In Ordnung, tu das ruhig« den Hörer aufgelegt hatte. Wir können nicht zurück, wissen aber nicht so recht, wie es weitergehen soll. Die Übergangsphase kann einen Tag, einen Monat oder Jahre dauern, bis schließlich etwas geschieht – wir bekommen Hilfe, unsere Gefühle werden klarer, eine Gelegenheit ergibt sich, wir unternehmen etwas und beginnen ein anderes, befriedigenderes Leben.

In Ellens Geschichte war bereits klar, daß sie sich von ihrem Vater unabhängig machen mußte, bevor ihr der Job, den sie dazu brauchte, sozusagen auf synchronistische Weise in den Schoß fiel. Doch manchmal erkennen wir erst durch ein synchronistisches Ereignis, daß wir uns in einer Übergangsphase befinden. So war es bei meinem Freund Sam, nachdem er von der Ostküste in eine Zweigstelle seiner Steuerberatungsfirma in San Francisco versetzt worden war und seine Tätigkeit viel aufreibender und unbefriedigender fand, als er gedacht hatte.

Obwohl Sam ein begabter Musiker war, plagte er sich weiter als Steuerberater ab. Dann fielen zwei Ereignisse auf synchronistische Weise zusammen: Die Kirchengemeinde, der er angehörte, erhielt Geld für ein Musikprogramm, und genau zur gleichen Zeit beschloß die Geschäftsleitung von Sams Firma Maßnahmen, die zu seiner Entlassung führten. Natürlich war es für ihn ein Schock, völlig unerwartet von einem Tag auf den andern arbeitslos zu werden. Doch ich ermunterte ihn, die Synchronizität der Ereignisse anzuerkennen und die Möglichkeiten zu nutzen, die sich auf dem Gebiet der Musik boten, und er folgte schließlich meinem Rat. Sam verdient heute zwar weniger als früher, doch seine jetzige Arbeit bereitet ihm wesentlich mehr Freude. Er hatte die Musik immer geliebt, aber nie gewagt, sich nach einer Tätigkeit in diesem Bereich umzusehen. Nach dem synchronistischen Zusammentreffen von Ereignissen, das ihm genau zu der Zeit, als sich durch die Entlassung eine Tür hinter ihm schloß, eine neue berufliche Perspektive eröffnete, begann er die Geschichte zu leben, die in den Augen seiner Freunde und Bekannten, die sein Interesse und seine Begabung für Musik kannten, schon immer seine eigentliche Lebensgeschichte gewesen war.

Geschichten wie die von Ellen und Sam bestätigen für mich Jungs Erkenntnisse und bestärken mich in der Überzeugung, daß jeder zu seiner Zeit und auf seine eigene Weise bedeutsame Erfahrungen macht, die ihm helfen, der Mensch zu werden, der er in seinem tiefsten Innern ist, auch wenn sein Entwicklungsprozeß Außenstehenden verrückt, destruktiv oder verhängnisvoll erscheinen mag. Wenn unser Leben eine Geschichte ist, dann eine mit mehreren Kapiteln; und manchmal kann uns nur ein bedeutsamer Zufall, der uns die tiefe, symbolische Übereinstimmung von innen und außen bewußt macht, die Art von seelischer Schützenhilfe leisten, die wir brauchen, um weiterzublättern und zum nächsten Kapitel der Geschichte überzugehen.

Die Idee, daß jeder sich auf seine eigene Weise zu dem Menschen entwickelt, der er in seinem tiefsten Innern ist, impliziert allerdings nicht, daß alles jeden Tag und in jeder Hinsicht besser wird. Schließlich gibt es auch tragische Geschichten. In den folgenden Kapiteln dieses Buchs werde ich auch von Menschen erzählen, die im nachhinein erkannten, daß das schlimmste Ereignis ihres Lebens – der Tod eines geliebten Menschen, der Konkurs einer Firma, ein Selbstmordversuch – ein synchronistisches Ereignis, ein wichtiger Wendepunkt war. Synchronistische Ereignisse – bedeutsame Zufälle – legen nahe, daß unsere Geschichte komplexer ist, als wir glauben, und daß alles – selbst Dinge, die uns vielleicht bedrohlich oder schlimm erscheinen wie der Verlust eines Arbeitsplatzes oder eine unfreiwillige Trennung von den Eltern – Teil der Erzählstruktur unseres Lebens ist.

Im Verlaufe unserer Auseinandersetzung mit den akausalen, emotionalen und symbolischen Aspekten von Synchronizitäten haben wir bereits erwähnt, daß Synchronizitäten sich stets in Übergangsphasen ereignen, in denen wir an der Schwelle zu einem neuen Lebensabschnitt stehen, und dies als Hinweis darauf erkannt, daß wir in ein größeres Ganzes eingebunden sind. Wenn wir Personen in einer Geschichte sind, besteht zwar die Möglichkeit, daß sie nicht gut ausgeht, aber zumindest ist unser Leben ein zusammenhängendes Ganzes. Ein synchronistisches Ereignis hat die Funktion, uns die Ganzheit – wenn nicht das Gute – hinter dem Auf und Ab jedes Kapitels unserer Lebensgeschichte vor Augen zu führen.

Warum gerade heute?
Das erwachende Interesse an der Synchronizität

Ich habe bereits in der Einleitung erwähnt, daß der Begriff Synchronizität zwar relativ neu ist, aber eine Vorstellung und bestimmte Erfahrungen beschreibt, die so alt sind wie die Menschheit und in allen Kulturen vorkommen. Warum ist das uralte Konzept vom sinnvollen Zufall auf einmal so interessant? Warum haben sich in den letzten zwanzig Jahren unzählige Autoren mit Jungs Schriften über Synchronizität auseinandergesetzt?

Meiner Meinung nach hängt das vor allem mit den vier oben beschriebenen charakteristischen Merkmalen einer synchronistischen Situation zusammen, die dem modernen Menschen eine ganzheitlichere Art aufzeigen, zu denken, zu fühlen und die Welt zu erfahren. Wir sind es gewohnt, alles mit dem Gesetz von Ursache und Wirkung zu erklären, doch synchronistische Ereignisse zwingen uns zu dem Eingeständnis, daß die objektive Realität und die subjektive Erfahrung sich nicht so klar voneinander trennen lassen, wie man uns glauben machen wollte. Diese Erkenntnis kann verwirrend oder beängstigend sein, auf jeden Fall hilft sie uns, die Welt wieder in ihrer ganzen Vielfalt wahrzunehmen und vermittelt uns ein neues Gefühl der Ganzheit und der Zugehörigkeit. Gleichzeitig erinnern synchronistische Ereignisse mit ihren emotionalen und symbolischen Bedeutungen uns Menschen von heute an zwei sehr wertvolle und einzigartige menschliche Eigenschaften: an unsere Empfindungsfähigkeit und an unsere Phantasiebegabung – zwei wesentliche Aspekte unseres Menschseins, denen wir leider viel zu wenig Aufmerksamkeit schenken, weil sie schlecht in unser rationalistisches Weltbild passen.

Da wir heute nicht mehr in festgefügten sozialen Gemeinschaften leben und da in unserer Gesellschaft mit dem Individualismus auch die Isolation beständig zunimmt, fällt es immer mehr Menschen schwer, wichtige Übergangsphasen in ihrem Leben zu bewältigen. In unserem Kulturkreis werden Schamanen, Medizinfrauen oder Dorfälteste, die früher als spirituelle Ratgeber eine zentrale Rolle spielten, nicht mehr ernstgenommen. So sehen wir uns heute oft vergeblich nach Hilfe um, wenn wir nicht mehr weiterwissen. An solchen Wendepunkten unseres Lebens machen uns bedeutsame Zufälle bewußt, wie tief wir mit anderen Menschen verbunden sind, wir erfahren, daß wir in solchen Übergangsphasen nicht wirklich alleine sind.

Doch der wichtigste und beeindruckendste Aspekt synchronistischer Situationen ist die Erfahrung von Sinn. Da wir in der Lage sind, die individuelle Bedeutung dessen, was uns widerfährt, zu erfassen, erinnern uns synchronistische Ereignisse an eine wichtige Wahrheit: Unser Leben hat wie eine Erzählung bewußt und unbewußt eine Struktur, einen Zusammenhang, eine Richtung, eine »Existenzberechtigung« und eine ganz eigene Schönheit. Kurzum, unsere Lebensgeschichten können wahre Meisterwerke sein.

2

Wie der Blitz: Synchronizität und unsere Liebesgeschichten

Er kam zu rasch, zu unbedacht, zu plötzlich,
Zu sehr dem Blitz gleich, der schon aufhört, eh man
Noch sagen kann: »Es blitzt«. Gut Nacht, du Teurer!
Dies ist der Liebe Keim, den Sommerwind
Zur schönen Blume reift, wenn wir beisammen sind.

William Shakespeare,
Romeo und Julia (2. Akt, 2. Szene)

Liebe und Freundschaft in ihren unterschiedlichen Erscheinungsformen – Leidenschaft, Zärtlichkeit, Liebe, die einschlägt wie der Blitz, oder Zuneigung, die erst im Laufe der Zeit entsteht – sind in vielen unserer Geschichten das zentrale Thema. Wie unser Leben verläuft, hängt sehr wesentlich davon ab, welchen Menschen wir begegnen und wie wir ihnen begegnen, in wen wir uns verlieben und wer sich in uns verliebt, wer unsere Freunde sind und wie die Freundschaften entstanden, sich vertieften oder auch zerbrachen. Liebe zwischen zwei Menschen ist im Grunde natürlich ein Zufall – ihre Lebenswege haben sich zufällig gekreuzt. So überrascht es nicht, daß unsere Liebesgeschichten und Freundschaften oft mit einem synchronistischen Ereignis beginnen.

Ein typisches Merkmal eines synchronistischen Ereignisses ist die Einmaligkeit. Es ist eine nicht wiederholbare Erfahrung. Wenn wir uns überlegen, wie selten wahre Liebe vorkommt, wie unwahrscheinlich es ist, daß wir von den Millionen Menschen, denen wir im Laufe unseres Lebens begegnen, gerade die wenigen kennenlernen, die so gut zu uns passen, dann begreifen wir, in welch hohem Maße es vom Zufall abhängt, welche Partner, Geliebten und Freunde wir uns aussuchen.

Ist es nicht auffallend, daß uns bei der Lektüre von Liebesgeschichten in der Regel ein Gefühl der Unvermeidbarkeit beschleicht? Im tiefsten Innern wissen wir, daß diese Menschen füreinander bestimmt sind. In *Romeo und Julia* erfahren wir, daß zwischen den beiden Familien eine Fehde besteht, und doch spüren wir, was geschehen wird, was geschehen *muß*, wenn die jungen Liebenden zusammenkommen. Gleichzeitig ist da aber auch immer dieses Gefühl des Erstaunens, der Freude darüber, daß – durch einen reinen Zufall – etwas so Kostbares entstanden ist.

Wenn ich mit Menschen über die Liebesbeziehungen in ihrem Leben gesprochen habe, fielen mir immer wieder die Parallelen zwischen Liebesgeschichten im wahren Leben und in der Literatur auf. Ich war erstaunt, wie viele Beziehungen an einem dünnen Faden des Zufalls hingen. Viele, die mir ihre Geschichte erzählten, wären dem geliebten Menschen, der ihre gesamte Lebensgeschichte so grundlegend veränderte, nie begegnet, hätten sie sich nicht zum Beispiel um ein oder zwei Minuten verspätet oder wäre nicht irgendein anderer Zufall geschehen. Daß wir bei der Lektüre von Liebesgeschichten ein solches Gefühl der Unvermeidbarkeit haben, liegt nicht nur daran, daß wir, wie der allwissende Erzähler, außerhalb der Handlung stehen. Wie die folgenden wahren Geschichten zeigen, ist es unter anderem dieses Gefühl der Unvermeidbarkeit, das die unverhofften Begegnungen mit Menschen, die uns später viel bedeuten – diese glücklichen Zufälle, an die wir unser ganzes Leben lang mit Staunen zurückdenken –, für uns so bedeutsam macht.

Bei vielen synchronistischen Erlebnissen im Bereich von Liebe und Freundschaft geht es um die Erkenntnis, zur richtigen Zeit und unter den richtigen Umständen den richtigen Menschen getroffen zu haben. Die Beziehung zwischen Pete und Mary begann unter so außergewöhnlichen Umständen, daß sie, wenn es so etwas gäbe, den Preis für die unwahrscheinlichste Geschichte verdient hätte. Die beiden hatten sich vor Jahren auf einer großen Party kennengelernt, auf einer jener heißen Badeparties, für die Marin County in Kalifornien Ende der siebziger Jahre berühmt war. Obwohl sie sich füreinander interessierten – was unter Twens wohl nichts Ungewöhnliches ist –, kannten sie, als sie in jener Nacht wieder auseinandergingen, nur ihre Vornamen, denn beide waren mit anderen Partnern liiert. Eine Woche danach verließ Mary Kalifornien und zog zu ihrem Freund in einen anderen Teil des Landes. Vor der Abreise fragte sie den Gastgeber der Party zwar noch über Pete aus und ließ sich seine Adresse und seine Telefonnummer geben, doch sie schaffte es einfach nie, ihn anzurufen oder ihm zu schreiben. Zuerst kam der Umzug dazwischen, dann der normale Alltag. Sie wußte selbst nicht, warum sie Petes Adresse und Telefonnummer jedes Jahr in ein neues Adressbuch übertrug – fast zehn Jahre lang –, ohne ihn je anzurufen oder ihm zu schreiben.

Pete wiederum fiel Mary zwei oder drei Mal im Jahr ein, wenn er zufällig dem Freund über den Weg lief, der damals die Party veranstaltet hatte. Er ging wie eh und je mit allen möglichen Mädchen aus, ohne sich auf eine längere Bindung einzulassen. Immer wenn er seinen Freund traf, erkundigte er sich nach der »heißen Badenixe« und bat ihn im Spaß, er solle ihm Bescheid sagen, wenn sie wieder in der Gegend sei. Soweit sein Freund wußte, lebte Mary glücklich mit ihrem Freund in Texas, doch er ging auf Petes Witzeleien ein und versprach ihm immer wieder, ihn zu informieren, wenn sie wieder zu haben sei.

Ein paar Jahre später, im Winter, erhielt Pete die Nachricht, daß seine Tante in Las Vegas gestorben war. Obwohl ihm die Tante nicht sonderlich nahegestanden hatte, buchte er anstandshalber am folgenden Tag einen Flug von San Francisco nach Las Vegas und hoffte, daß ihm nach Erledigung der familiären Pflichten noch etwas Zeit bleiben würde, das besondere Flair der Stadt zu genießen. Als er am Flughafen eintraf, wurde durchgegeben, daß alle Flüge wegen Nebels gestrichen seien und daß noch nicht absehbar sei, wann der Flugverkehr wieder aufgenommen werden könne. Kurzentschlossen mietete sich Pete ein Auto. Mit dem Auto würde die Reise nach Las Vegas zwar länger dauern, doch zumindest würde er rechtzeitig hinkommen. Zudem reizte ihn die Überlandfahrt. Unterwegs beschloß er spontan, in Mojave zu übernachten, wo ein Freund von ihm wohnte, und am nächsten Morgen in aller Frühe nach Las Vegas weiterzufahren. Später sagte er, er hätte nicht im Traum gedacht, daß diese gar nicht geplante Überlandfahrt sein Leben verändern würde.

Am späten Nachmittag, nicht mehr weit von Mojave, machte der Mietwagen auf einmal Ärger, ein Reifen schien ein kleines Loch zu haben. Pete steuerte die nächste Tankstelle an, pumpte den Reifen auf und ging zum Telefon, um seinen Freund anzurufen. Doch der Freund war nicht zu Hause. Pete erinnert sich noch, daß er brummte: »Auf dieser Reise soll wohl alles schiefgehen. Das kommt davon, wenn man etwas nur halbherzig tut, aus Pflichtgefühl heraus und nicht aus Überzeugung.« Das Muster kam ihm bekannt vor, einiges in seinem Leben stimmte nicht, weil er sich immer wieder so verhielt.

Bei Einbruch der Dunkelheit nahm sich Pete ein Zimmer in einem kleinen Motel. Und da änderte sich seine Stimmung schlagartig: Auf dem Weg zum Auto, wo er sein Gepäck holen wollte, lief er unversehens Mary in die Arme, die gerade auf die Rezeption zusteuerte. Beide konnten es nicht fassen, daß sie sich nach acht Jahren ausgerechnet an einem so unwahrscheinlichen Ort getroffen hatten. Doch noch verblüffter waren sie, als sie die Vorgeschichte ihrer Begegnung hörten. Mary war auf dem Weg nach San Francisco, wo sie sich nach einer Bleibe umsehen wollte. In der Woche zuvor hatte sie sich von ihrem langjährigen Freund getrennt, weil er sich genauso verhielt, wie Pete es sich am Nachmittag vorgeworfen hatte: Marys Freund war nach all den Jahren nicht in der

Lage, eine klare Entscheidung zu treffen. Und da sie nicht ihr Leben lang warten wollte, hatte sie beschlossen, die Initiative zu ergreifen und in ihre Heimat Kalifornien zurückzukehren, um wieder zu sich selbst zu finden. »Der Rest ist Geschichte«, beendeten Mary und Pete ihre Geschichte.

Was diesen Zufall für sie so bedeutsam machte, war nicht nur das äußere Ereignis selbst – mitten in der kalifornischen Wüste trafen sie ausgerechnet den Menschen, für den sie sich schon seit fast zehn Jahren interessierten –, sondern vor allem das »psychologische Timing« ihrer Begegnung. Nachdem Pete erkannt hatte, daß sein größtes Problem seine Halbherzigkeit war, bot ihm das Wiedersehen mit Mary nach so vielen Jahren sogleich Gelegenheit, seine bisherige Lebenseinstellung zu ändern. Und Mary begegnete auf dem Weg zu dem Ort, den sie als ihr eigentliches Zuhause empfand, dem Mann, dessen Adresse und Telefonnummer sie aus unerklärlichen Gründen zehn Jahre lang sorgsam aufgehoben hatte und den sie am nächsten Tag gleich nach ihrer Ankunft in San Francisco unbedingt anrufen wollte. Es war ein außergewöhnlicher Zufall, daß die beiden sich ohne ihr Dazutun trafen, ein synchronistisches Ereignis wurde die Begegnung durch den für beide emotional überaus bedeutsamen Zeitpunkt. Beide befanden sich in einer Phase des Übergangs von einem alten Leben zu einem neuen Kapitel ihrer Geschichte. Bei Mary kam sogar noch ein Ortswechsel dazu.

Das Wunderbare an dieser zeitlichen Übereinstimmung zwischen einem äußeren Ereignis und einem inneren Zustand – ein Hauptmerkmal synchronistischer Situationen – liegt meines Erachtens darin, daß uns bewußt wird, daß wir Teil einer Geschichte sind, daß alle scheinbaren Zufälle, die wir erleben, einen Sinn und einen Zweck haben. Mary und Pete schlossen aus dem synchronistischen Timing ihrer Begegnung, daß sie tatsächlich füreinander bestimmt sein mußten. Auch für Gery und Roseann, ein Ehepaar aus meinem Freundeskreis, war der Beginn ihrer Beziehung aufgrund des präzisen Timings der Zufälle, die sie zusammenführten, eine synchronistische Erfahrung. Roseann erzählt, wie sie Gery kennenlernte:

»Nach einem längeren Aufenthalt in Europa nahm ich in Detroit einen Teilzeitjob an. Ich wohnte bei meinen Eltern und sparte für meinen bevorstehenden Umzug nach Colorado. Bis dahin waren es noch ungefähr sechs Wochen. Nach drei Wochen ging ich mit einem Bekannten aus. Er sagte zu mir: ›Ich möchte noch ganz kurz bei meinem Freund Paulie vorbeischauen und mich verabschieden. Er reist nämlich bald an die Westküste ab.‹ Wir gingen also zu Paul, und er erzählte meinem Bekannten, daß er in Kalifornien auch seinen alten Freund Gery wiedersehen würde, der vor einiger Zeit von Detroit nach San Francisco umgezogen sei.

In diesem Augenblick wandte sich einer der Jungs an mich und sagte: ›He, in zwei Wochen haben wir unsere alljährliche Party. Warum kommst du nicht auch?‹ Ich willigte ein. Ich wußte zwar nicht so recht warum, doch ich hatte einfach Lust hinzugehen, und das tat ich dann auch.

Ich ging also zu der Party und stand gerade vor dem Badezimmer Schlange, da hörte ich eine Stimme direkt an meinem Ohr, es war wie ein Orakel: ›Weißt du, wo hier das Bier ist?‹ Die Leute im Zimmer schauten höchst interessiert zu uns herüber. Es stellte sich heraus, daß es die Stimme von Pauls Freund Gery aus Kalifornien war. Wir redeten und redeten und redeten, volle anderthalb Stunden lang – ich ging nicht einmal ins Bad. Schließlich rissen wir uns voneinander los, da wir es für besser hielten, uns noch ein wenig unter die Leute zu mischen; außerdem war Gery immer noch durstig, er hatte ja noch kein Bier bekommen. Wir tauschten unsere Telefonnummern aus und schrieben auch unsere Vor- und Nachnamen dazu.

Meine Eltern waren damals schon aus dem Haus ausgezogen, in dem ich aufgewachsen bin, und da ich bei ihnen wohnte, gab ich ihm ihre Telefonnummer – zumindest dachte ich das. Den ganzen Abend liefen wir uns auf der Party ständig über den Weg. Schließlich war es fünf Uhr morgens, und mir war inzwischen klar, daß ich mich wirklich für ihn interessierte. Als wir uns am Morgen trennten, sagte ich mir: ›Ich geb ihm zwei Tage; dann ruf ich ihn an.‹

Drei Tage später rief ich ihn schließlich an, weil er sich immer noch nicht bei mir gemeldet hatte. Da wurde mir auf einmal bewußt, daß ich ihm gar nicht die Telefonnummer meiner Eltern gegeben hatte, sondern die Nummer des Chatham-Supermarkts. Ich überlegte, warum ich das getan hatte, und schließlich kam ich dahinter.

Ich hatte vier Jahre zuvor im Lohnbüro des Chatham-Supermarkts gearbeitet, und als Gery und ich unsere Telefonnummern austauschten, erkannte ich an seinem Nachnamen, daß er ein ehemaliger Kollege war. Ich hatte Gery statt meiner eigenen Telefonnummer die Nummer des Ortes gegeben, wo wir beide eine Zeitlang gearbeitet hatten.

Jedenfalls wurde die Zeit allmählich knapp, denn es waren nur noch drei Tage bis zu meiner Abreise nach Chicago. Als ich Gery anrief, erfuhr ich, daß er tatsächlich versucht hatte, mich anzurufen, doch natürlich meldete sich jedesmal die Frau aus der Telefonzentrale mit »Chatham-Supermarkt«. Da dachte er, daß ich ihn loswerden wollte, denn er erinnerte sich nicht daran, daß ich auch dort gearbeitet hatte.

Das Erstaunliche ist aber, daß wir uns in dieser kurzen Zeit überhaupt kennengelernt haben. Er war nur über Weihnachten in Detroit, denn er wohnte ja in Kalifornien, und am nächsten Tag fuhr er für zwei Tage in den Norden, um Freunde zu besuchen. Bei seiner Rückkehr wäre ich bereits in Colorado gewesen. Die Zeit war also wirklich knapp. Doch die Verwechslung der Telefonnummern, die Tatsache, daß wir früher bei derselben Firma gearbeitet hatten – das machte die ganze Sache einfach *zu* zufällig.«

Dem ersten Telefonanruf folgten viele weitere nach Kalifornien, dann ein Besuch, dann Roseanns Umzug und schließlich die Hochzeit, das eigene Heim, Kinder. Roseann und Gery staunen heute noch über das genaue Timing ihrer Begegnung. Sie hatten nur einen Tag Zeit, um sich kennenzulernen, und die zufällige Verwechslung der Telefonnummern, durch die sich ihr Telefongespräch verzögerte, die ihnen jedoch gleichzeitig bewußt machte, daß sie eine gemeinsame Geschichte hatten, verkürzte den Zeitraum noch. Wenn die beiden ihre Geschichte erzählen, wird für den Zuhörer vor allem die emotionale Bedeutung der zufälligen Ereignisse spürbar, durch die ihre Verbindung zustandekam, dann unterbrochen und schließlich wiederhergestellt wurde, das Gefühl, daß ein scheinbares Versehen – die Verwechslung der Telefonnummern – sich als ein glücklicher und höchst bedeutsamer Zufall entpuppte.

Weiter oben haben wir uns mit dem akausalen Charakter synchronistischer Ereignisse beschäftigt und festgestellt, daß wir den sehr menschlichen Wunsch haben, die Kontrolle über unser Leben zu bekommen und zu behalten, als bestünde der beste oder einzige Weg, Glück und Erfüllung zu finden, in der bewußten Entscheidung, welche Geschichte wir leben wollen, und in der Entschlossenheit, alles zu tun, damit sie – komme, was da wolle – den geplanten Verlauf nimmt. Natürlich versetzen synchronistische Ereignisse uns auch deshalb in Erstaunen, weil sie dieses rationalistische Weltbild auf den Kopf stellen. Plötzlich widerfahren uns rein zufällig, ohne unser Dazutun, Dinge, die vermuten lassen, daß unser Leben einem ganz anderen »Drehbuch« folgen könnte, daß die Geschichte, die wir uns zurechtgelegt haben, vielleicht gar nicht unsere wirkliche Geschichte ist. Nur wenn wir aufgeschlossen und bereit sind, die Handlung unserer Geschichte neu zu überdenken, können wir aus solchen bedeutsamen Zufällen Nutzen ziehen.

Aus diesem Grund, so scheint mir, ereignen sich bedeutsame Zufälle oft in Situationen, in denen wir der Liebe keine Chance geben wollen. Reina erzählt, wie sie ihren Ehemann Bob kennenlernte, dem sie lange bewußt aus dem Weg gegangen war, weil ein Ehepaar aus ihrem Freundeskreis, das sie unbedingt unter die Haube bringen wollte, ihr monatelang vorgeschwärmt hatte, was für ein toller Mann Bob doch sei. Er schien einfach perfekt zu sein. Er sah gut aus, war rücksichtsvoll und aufmerksam und hatte eine künstlerische Ader, doch in Reinas Zukunftsplänen war er nicht vorgesehen. Sie hatte sich damals fest vorgenommen, ihr Leben radikal zu ändern und ein Jahr lang allein in der Welt herumzureisen. Keine Romanze – nicht einmal eine Liebesbeziehung mit dem »Richtigen« – sollte sie daran hindern, ihren langgehegten Traum zu verwirklichen.

Ihre Freunde erkannten, daß sie zu einer List greifen mußten, um Reina und Bob zusammenzubringen. Eines Tages paßten sie Reina ab, als sie mit dem Fahrrad unterwegs war, und luden sie zu einem Drink ein. Reina hielt das Zusammentreffen für völlig zufällig und schöpfte keinen Verdacht, doch in Wirklichkeit hatten ihre Freunde sich mit Bob in einem Restaurant verabredet. Durch diesen gutgemeinten Trick lernten Reina und Bob sich schließlich doch kennen.

Nach Reinas Worten fühlten sie und Bob sich sofort stark zueinander hingezogen. Zwischen ihnen entspann sich eine sehr intensive Beziehung, und schon nach kurzer Zeit fand Reina die Vorstellung, ganz allein in der Welt herumzureisen, nicht mehr sonderlich reizvoll. So beschlossen die beiden spontan, ein Jahr lang gemeinsam Europa zu durchqueren. Sie wollten nach Lust und Laune herumziehen, bleiben, wo es ihnen gefiel und solange es ihnen gefiel.

Reinas Mutter hatte im Jahr zuvor, kurz nach dem Tod ihres Mannes, einen Herzinfarkt erlitten, von dem sie sich inzwischen jedoch völlig erholt zu haben schien. So machte Reina sich keine allzu großen Sorgen, daß sie ihrer Schwester nur die Telefonnummer eines Freundes von Bob in Deutschland geben konnte, unter der sie im Notfall erreichbar sein würde. Da Reina und Bob keine festen Pläne hatten (das war ja der besondere Reiz ihrer Reise) und nicht wußten, wann sie bei Bobs Freund landen würden, konnten sie sich nur durch regelmäßige Anrufe zu Hause auf dem laufenden halten.

Mit der Zeit verlor die Reise jedoch den Charakter eines romantischen Abenteuers, Romantik kann eben sehr vergänglich sein. Bob begeisterte sich als Architekt für berühmte Gebäude und Denkmäler, doch seine Besichtigungsprogramme langweilten Reina. Ihr Interesse galt eher den Menschen. Lachend erzählte sie: »Er schaute die ganze Zeit zu irgendwelchen Festungen und Kathedralen hinauf, und ich schaute zu den Menschen hinunter.« Auf einer gemeinsamen Reise lernen Menschen sich manchmal besser kennen, als ihnen lieb ist, und Reina kamen ernsthafte Zweifel, ob Bob wirklich der richtige Mann für sie war.

Und genau in dieser kritischen Phase ihrer Beziehung ereignete sich ein synchronistisches Ereignis. Reina und Bob fuhren schließlich zu Bobs Freund in Deutschland, drei Tage wollten sie bei ihm bleiben. Gleich am ersten Tag erhielt Reina einen Anruf von ihrer Schwester in den Vereinigten Staaten, die ihr mitteilte, daß ihre Mutter schwer erkrankt sei und wahrscheinlich bald sterben werde. Daß Bob und Reina sich zufällig an dem einzigen Ort in ganz Europa aufhielten, an dem Reinas Schwester sie während ihrer einjährigen Rundreise erreichen konnte, war schon erstaunlich genug, doch noch bedeutsamer war für Reina das Timing der Krise.

Im Laufe der Reise waren ihr immer größere Zweifel gekommen, ob Bob überhaupt zu ihr paßte, und nun bestand dieser vernünftige, ordnungsliebende Mann darauf, sie nach Hause zu begleiten. »Er war dabei, als meine Mutter starb. Die ganze Woche lang saß er Tag und Nacht mit mir in ihrem Zimmer«, erzählte mir Reina sehr bewegt. »Und das veränderte alles. All meine Vorbehalte gegen Bobs Art verflogen, als er mir in dieser schweren Zeit so liebevoll beistand. Ich weiß nicht, ob ich jetzt noch mit Bob zusammen wäre, wenn meine Schwester uns damals nicht erreicht hätte, wenn der Tod meiner Mutter nicht in diese Phase unserer Beziehung gefallen wäre. Ich wollte ihn zu Anfang ja nicht einmal kennenlernen.«

Reinas Erlebnis ist ein gutes Beispiel dafür, daß die Geschichte, die wir für unsere Geschichte halten, uns blind machen kann, bis wir schließlich glauben, wir seien zur falschen

Zeit der falschen Person begegnet, obwohl wir in Wirklichkeit zur richtigen Zeit den richtigen Menschen kennengelernt haben. In solchen Situationen können uns zufällige Ereignisse, über die wir keine Kontrolle haben, unseren Irrtum aufzeigen. Reina, eine starke und energische Frau, hatte bereits entschieden, wie ihr weiteres Leben verlaufen sollte. Daß sie am einzigen Ort auf der ganzen Welt, an dem sie in diesem Jahr drei Tage lang erreichbar war, gleich am ersten Tag diesen wichtigen Anruf erhielt, war für sie ein überaus bedeutsamer Zufall, und sie erkannte, wie der Mann wirklich war, den sie bereits aus ihrer Geschichte streichen wollte. Was sonst, wenn nicht die chaotische Zufälligkeit des Lebens, könnte uns lehren, wie töricht es ist, daß wir uns selbstherrlich für den alleinigen Autor unserer Lebensgeschichte halten?

Oft werde ich gefragt: »Wie geht man mit einer Synchronizität um?« Meine Antwort lautet gewöhnlich: »Seien Sie offen für die Bedeutung dessen, was Ihnen ungewollt widerfahren ist.« Nur wenn wir offen sind, unsere eigenen Vorstellungen und Pläne einmal beiseite lassen und die Möglichkeit in Betracht ziehen, daß wir die Geschichte, die wir leben, vielleicht doch nicht kennen und ihre Entwicklung nicht voraussehen können, kristallisiert sich die wahre Bedeutung – der Sinn und Zweck – eines Ereignisses heraus, das uns zunächst als ein Unglück oder schlichtweg als Pech erschien.

Reina betonte wie alle anderen, deren Geschichten ich bereits erzählt habe, das verblüffende Timing der Ereignisse, die sie und Bob zusammenführten, doch erst ihre Offenheit gegenüber einer möglichen Richtungsänderung in ihrem Leben machte die erlebten Zufälle für sie bedeutsam. Hätte Pete seine Halbherzigkeit, die ihm offensichtlich Unglück brachte, nicht bereut, hätte Roseann Gery die richtige Telefonnummer gegeben und hätte Reina ihre Meinung über Bob nicht geändert, dann wären ihre Geschichten ganz anders verlaufen. Erst ihre Bereitschaft, sich mit der Bedeutung von Ereignissen auseinanderzusetzen, die in ihren eigenen

»Drehbüchern« für ihr Leben nicht vorgesehen waren, veränderte alles.

Wenn man die falsche Person kennenlernt: Synchronistische Lektionen in der Liebe

Natürlich enden nicht alle Beziehungen so romantisch, geradezu filmreif, wie die zwischen Reina und Bob. Mindestens ebenso viele Liebesgeschichten scheitern (*Romeo und Julia* ist schließlich eine Tragödie). Doch auch unglückliche Liebesgeschichten haben eine tiefere Bedeutung. Wenn wir uns näher mit synchronistischen Ereignissen beschäftigen, die unser Liebesleben verändern, dann stellen wir fest, daß nicht nur das Glück, dem oder der Richtigen zu begegnen, inneres Wachstum bewirken kann, sondern auch das »Pech«, an den Falschen zu geraten.

Die Geschichte von Kathryn zeigt, auf wie vielfältige Weise eine Synchronizität in unser Leben eingreifen kann, wenn wir uns weigern, uns der Liebe zu öffnen. Ich kenne unzählige Geschichten von Menschen, die zur falschen Zeit der falschen Person begegnet sind, doch keine ist so unglaublich und so amüsant wie die von Kathryn. Sie hat ihrer Geschichte die Überschrift gegeben »das Horror-Rendezvous mit einem Unbekannten«.

Kathryn hatte in New York Jura studiert und arbeitete nach ihrem Abschluß dort als Anwältin in einer Kanzlei. Sie war auf dem College zwar ab und zu mit Männern ausgegangen, hatte aber gemerkt, daß ihre starke Persönlichkeit – sie war ernst, nüchtern und sehr penibel – und ihr ausgeprägter Ehrgeiz eher abschreckend wirkten. Nach einigen negativen Erfahrungen beschloß sie, die Geschichte einer Karrierefrau zu leben: Der berufliche Erfolg sollte in ihrem Leben Priorität haben, Beziehungen würden erst an zweiter Stelle kommen. Bekannte von ihr versuchten zwar immer wieder, Verabredungen mit irgendwelchen »idealen Partnern« zu arrangieren, doch sie lehnte entsprechende Einladungen stets höflich und sehr bestimmt ab und lebte weiterhin so, wie sie es für richtig hielt. Eine Freundin, die Kathryn als »ungefähr genauso stur wie ich« beschrieb, ließ jedoch nicht locker. Fast ein Jahr lang gab sie sich solche Mühe, Kathryn davon zu überzeugen, daß auch sie einen Freund brauche, bis Kathryn schließlich nachgab und sich zu einem Rendezvous mit einem gewissen Charlie überreden ließ, der, wie ihre Freundin es formulierte, ein genauso »intensiver Mensch« sei wie sie.

Widerwillig verabredete sich Kathryn mit Charlie in einem netten Restaurant in der Innenstadt. Sie mußte zwar zugeben, daß er gut aussah, zu ihrem Entsetzen aber auch feststellen, daß er tatsächlich »sehr intensiv« war, so intensiv, daß er, noch bevor sie sich hingesetzt hatten, schon mit einem Kellner aneinandergeriet. Kurz darauf stritt er sich mit dem nächsten Kellner über die korrekte Aussprache eines Gerichts auf der Speisekarte und beim Verlassen des Lokals auch noch mit der Garderobenfrau. Dazwischen redete er praktisch in einem langen Monolog. Er weihte Kathryn in seine großartigen Zukunftspläne ein – er arbeitete damals als Kellner bei großen Festessen, wollte aber Schauspieler werden – und erzählte ihr ununterbrochen Geschichten über die reichen und berühmten Leuten, die er kannte. Wie sich bald herausstellte, war das meiste frei erfunden. Kurzum, die Minuten kamen Kathryn wie Stunden vor, und als der Abend endlich vorüber war, schwor sie sich, nie wieder auf ihre Bekannten zu hören, und wenn sie es noch so gut meinten. Das sollte ihre erste und letzte Verabredung mit einem Unbekannten sein.

Da ihr die Arbeit in der Anwaltskanzlei nicht sonderlich zusagte, streckte sie die Fühler nach einem besseren Posten aus und bekam schließlich eine Stelle in der Rechtsabteilung eines Filmstudios in Los Angeles, wo die Aufstiegschancen wesentlich größer zu sein schienen. Sie zog nach Kalifornien und begann ein neues Leben, das ihr sehr viel besser gefiel. Allerdings blieb sie ihrem Vorsatz treu, die Arbeit wichtiger zu nehmen als Beziehungen. Doch wohlmeinende Freunde gab es offenbar überall, und auch in Kalifornien schien Kathryns Widerstreben gegen Verabredungen die Menschen in ihrer Umgebung geradezu anzuspornen, daß sie alles taten, um sie zu einem Gesinnungswandel zu bewegen, und sie unbedingt mit heiratsfähigen Brüdern, Vettern, Kollegen oder Freunden zusammenbringen wollten, mit denen sie sich angeblich hervorragend verstehen würde. Doch Kathryn verschanzte sich stets hinter ihrer schon legendären Geschichte von ihrem »Horror-Rendezvous mit einem Unbekannten« und wehrte damit alle Angebote erfolgreich ab.

Erst gut ein Jahr später gelang es einem Arbeitskollegen, ihren Vorsatz mit einem psychologischen Trick zu unterlaufen. Statt sie zu einer Verabredung zu drängen, erwähnte er nur ab und zu einen Freund, der ein echter Einzelgänger sei. Dieser seltsame, ungewöhnliche Bursche, der aus Kalifornien stamme, habe wie sie überhaupt kein Interesse an Beziehungen. Immer wieder ließ Kathryns Kollege eine kleine Information oder eine lustige Anekdote über seinen Freund einfließen, um sie neugierig zu machen. Als er dann eines Tages beim Mittagessen beiläufig bemerkte, daß Kathryn sich mit diesem Freund bestimmt nicht verstehen würde, mußte sie zugeben, daß der Bursche sie allmählich doch interessierte. »Vielleicht war es die Sonne, vielleicht auch der Chardonnay; jedenfalls wurde ich langsam neugierig«, erzählte sie mir. Schließlich bat sie ihren Kollegen, in Erfahrung zu bringen, ob sein Freund daran interessiert sei, sich mit ihr zu treffen. Das sollte ihr zweites und letztes Rendezvous mit einem Fremden sein.

Sie trafen sich bei Sonnenuntergang in einem Strandlokal mit zwangloser Atmosphäre. Da Sie wissen, daß Sie ein Buch über Synchronizität vor sich haben, ahnen Sie wahrscheinlich, was jetzt kommt. Als Kathryn das Lokal betrat, sah sie zu ihrer großen Überraschung Charlie am vereinbarten Tisch sitzen. Obwohl sie ihn inzwischen zu einer fast mythischen Figur hochstilisiert hatte, merkte sie, daß die Jahre ihn verändert hatten. Zudem fand sie den unglaublichen Zufall, daß bei ihrer zweiten Verabredung mit einem Fremden am anderen Ende von Amerika derselbe Mann auf sie wartete, einfach zu komisch, um sich aufzuregen. Die Situation war tatsächlich höchst amüsant. Sie bestellten einen Cocktail und unterhielten sich viel lockerer als bei ihrem ersten Treffen. Sie erfuhr, daß er vor ein paar Jahren nach Kalifornien zurückgekehrt war und seinen Namen geändert hatte. Seither hatte er zwar genug Arbeit, um über die Runden zu kommen, doch der große Durchbruch ließ noch auf sich warten.

Es wurde ein sehr netter Abend; allerdings fand Kathryn Charlies Art nach wie vor nicht anziehend genug, um ihren Vorsatz, keine Beziehung einzugehen, noch einmal zu überdenken. Doch wenige Wochen später lernte sie einen Mann kennen, mit dem sie tatsächlich sehr viel gemeinsam hatte und mit dem sie bis heute sehr glücklich ist.

»Es ist doch verrückt, daß ich erst nach zwei Verabredungen mit demselben falschen Mann bereit war, mich ein wenig zu öffnen«, lautete ihre selbstkritische Erkenntnis. »Vielleicht hatte ich auch nur Angst, daß ich dazu verdammt sein könnte, ihn ein drittes Mal zu treffen, wenn ich nicht aktiv würde.« Kathryns Geschichte verdeutlicht, daß synchronistische Begegnungen zwischen einer Frau und einem Mann nicht immer zu dem perfekten Happy-End führen, das wir aus Märchen und Filmen kennen, doch sie können uns – wenn wir offen genug sind, um die Bedeutung solcher Zufälle in unserem Leben zu erkennen – Wege zu einem erfüllteren Dasein aufzeigen und uns helfen, unsere tatsächliche Geschichte zu leben, so unvorhersehbar deren Ende auch sein mag.

Die Geschichten, die wir für uns entwerfen, basieren auf unserem Wissen über uns selbst. Wie Autoren fiktiver Geschichten legen wir fest, wie sie beginnen, verlaufen und enden sollen. Dabei vergessen wir allerdings, daß unser bewußtes Wissen über uns selbst nur ein Teil der Geschichte ist. Die Bedeutung von Kathryns synchronistischer Begegnung mit demselben falschen Mann hing mit einer Übergangsphase zusammen, in der sie sich damals befand, ohne sich dessen bewußt zu sein, mit einem unbewußten Transformationsprozeß, in dessen Verlauf sie allmählich ihren Widerstand gegen Beziehungen aufgab und schrittweise anerkannte, daß sie fähig war zu lieben und den Wunsch hatte, um ihrer selbst willen geliebt zu werden. Dieser unbewußte Teil der Geschichte, die sie damals lebte, der verborgene Text sozusagen, machte den Zufall bedeutsam. Nur weil Kathryn offen war, erkannte sie, daß nicht nur Charlie sich verändert hatte, sondern auch sie. Die synchronistische Erfahrung, der bedeutsame Zufall, leitete ein neues Kapitel in ihrem Leben ein, in dem sie sich von einer neuen, reiferen Seite kennenlernte.

Alex erzählte mir eine ähnliche Geschichte. Auch er lernte zur falschen Zeit die falsche Person kennen. In seinem letzten Studienjahr verliebte er sich leidenschaftlich in eine junge Frau namens Beija, die in einem Kurs neben ihm saß. Sie war gertenschlank, dunkel, rätselhaft und exotisch und zwei oder drei Semester unter ihm. Er fand sie außerordentlich, ja geradezu umwerfend attraktiv. Doch es hatte sich damals auf der kleinen liberalen Kunstakademie, die sie besuchten, längst herumgesprochen, daß Beijas Interesse nicht Männern galt, sondern Frauen. Da Alex sich nicht zum Narren machen wollte, bemühte er sich um eine freundschaftliche Beziehung zu ihr und ließ seinen Phantasien nur in seinem Kopf freien Lauf. Nach der Abschlußprüfung wechselte er an die Universität. Dort lernte er eine Frau kennen, die im selben Bereich tätig war wie er, verliebte sich in sie, und sie heirateten.

Doch die Erinnerung an Beija verfolgte ihn noch jahrelang, vor allem in seinen Träumen, die bisweilen unverhüllt erotisch waren, manchmal träumte er auch nur von einer romantischen Beziehung mit ihr. Nach einiger Zeit geriet seine Ehe aufgrund äußerer Schwierigkeiten, aber auch wegen emotionaler Spannungen in eine Krise, und er träumte immer öfter von seiner »unerfüllten Liebe«. Er und seine Frau suchten gemeinsam eine Eheberatungsstelle auf, um ihre Beziehung zu verbessern. Während einer Einzelsitzung erzählte Alex dem Eheberater von seinen ständigen und sehr unterschiedlichen Phantasien von Beija, die für ihn inzwischen alles verkörperte, was er sich in einer Beziehung wünschte. Sie sei schön, liebevoll und intelligent, er träume davon, der einzige Mann zu sein, dem sie sich öffne, und so weiter. Der Eheberater hörte Alex aufmerksam zu und versuchte, aus seinen Phantasien Rückschlüsse auf seine Vorstellungen von einer guten Beziehung zu ziehen, um die Erkenntnisse in seine Beratungsgespräche mit dem Ehepaar einzubringen. Er wußte natürlich nicht, daß Alex bis dahin noch nie über seinen geheimen Schwarm aus der Studienzeit gesprochen hatte.

In der Woche nach dem Geständnis verbrachte Alex einen Abend mit Freunden in einer Sportbar in der Innenstadt. Als er das Lokal verlassen wollte, stand auf einmal Beija vor ihm, die Frau seiner Träume. Sie freute sich, ihn zu sehen, war aber nicht sonderlich erstaunt über die zufällige Begegnung, während Alex es kaum fassen konnte, daß er sie ausgerechnet an so einem unwahrscheinlichen Ort – in einer Sportbar – getroffen hatte. Im Verlaufe ihres Gesprächs stellte sich heraus, daß sie dieselbe berufliche Laufbahn eingeschlagen hatte wie er und überdies soeben eine Wohnung ganz in der Nähe des Gebäudes bezogen hatte, in dem er arbeitete. Außerdem fand er durch ein paar höfliche, aber gezielte Fragen heraus, daß ihre lesbische Beziehung, die damals auf der Kunstakademie Aufsehen erregt hatte, für sie nur eine sexuelle Erfahrung unter anderen gewesen war und sie inzwischen festgestellt hatte, daß sie eigentlich heterosexuell veranlagt war, zur Zeit aber keinen festen Freund hatte. Nur mit Mühe gelang es Alex, die Fassung zu bewahren. Schließlich vereinbarten sie, ihr Gespräch in ein oder zwei Tagen bei einem gemeinsamen Mittagessen fortzusetzen, und trennten sich wie alte Freunde.

Für Alex hatte diese Begegnung große Bedeutung. Seine »unerfüllte Liebe« war nun keine bloße Phantasie mehr. Die Frau seiner Träume wohnte inzwischen gleich um die Ecke, arbeitete auf demselben Gebiet wie er, war zudem heterosexuell und zur Zeit ohne festen Partner. Da seine Ehe sich in einer Krise befand und weder er noch seine Frau mit einer baldigen Lösung ihrer Probleme rechneten, hielt er die zufällige Begegnung für ein Zeichen, daß Beija und er füreinander bestimmt waren. Dafür sprach seiner Meinung nach auch der Umstand, daß er ihr gleich nach seinem Einzelgespräch mit dem Eheberater begegnet war, in dem er zum ersten Mal von seinen jahrelangen Phantasien berichtet hatte. Nun, da Beija wieder in sein Leben getreten war, erschien ihm das Timing seines Geständnisses sehr bedeutsam.

Er erzählte seiner Frau nichts von dem unverhofften Wiedersehen und traf sich mit Beija wie vereinbart zum Mittagessen. Bald aßen die beiden regelmäßig einmal pro Woche zusammen. Er hatte sich vorgenommen zu warten, bis sie von sich aus Interesse an einer tieferen Beziehung bekundete. Dann wollte er sich von seiner Frau trennen, um endlich mit der Frau zusammensein zu können, die für ihn bestimmt war – dessen war er sich nun ganz sicher.

Alex sagte, dieser Anfall von romantischem Idealismus habe eine ganze Weile gedauert, doch irgendwann sei er vorüber gewesen. Mit der Zeit wurde ihm klar, daß Beija keinerlei romantische Gefühle für ihn hegte, sondern ihn lediglich als einen Vertrauten betrachtete, dem sie sogar in aller Ausführlichkeit die zahllosen sexuellen Abenteuer schildern konnte, die sie seit ihrer Ankunft in der Stadt erlebte. Allmählich fand Alex die Gedankenlosigkeit, mit der sie von einem Bett ins nächste hüpfte, regelrecht abstoßend. Als er erkannte, wie Beija wirklich war, begann er vieles zu begreifen und lernte das, was ihn mit seiner Frau verband, erst wirklich schätzen.

Die Geschichte endete damit, daß Alex' vergebliches Werben um eine Frau, die er lange für seine große Liebe gehalten hatte, ironischerweise die Beziehung zu seiner Ehefrau neu belebte. Heute sei seine Ehe, so meint er, trotz gelegentlicher Meinungsverschiedenheiten alles in allem harmonisch. Bleibt noch hinzuzufügen, daß Beija damals von einem Tag auf den anderen ihre Zelte abbrach und in eine andere Gegend zog, als sei sie nur für ein halbes Jahr in die Stadt gekommen, um Alex zu helfen, daß er sich ein für allemal von seinen Phantasien von ihr befreien konnte.

Und wie lautet nun die Moral dieser Fabel, die das Leben schrieb? Aus bedeutsamen Zufällen, die andere erlebt haben, können wir für uns selbst die eine oder andere Lehre ziehen. Auch das ist ein Weg, sich mit der Bedeutung solcher Ereignisse auseinanderzusetzen. Alex formulierte die Moral der Geschichte mir gegenüber so: »Manchmal scheint es, als sei man zur falschen Zeit der richtigen Person begegnet, dabei hat man vielleicht in Wahrheit zur richtigen Zeit die falsche Person getroffen.« In meinen Augen steht dies der Moral einer Fabel von Aesop nicht im geringsten nach.

Synchronizität und verbotene Liebe: Wenn das Schicksal ins Spiel kommt

Es gibt Geschichten über willkommene Liebe und Geschichten über verweigerte Liebe, doch am meisten faszinieren uns wohl Geschichten über verbotene Liebe. In der Literatur finden sich zahllose Beispiele, wie äußere Zwänge familiärer, kultureller oder religiöser Art Menschen voneinander trennen und wie deren Gefühl der Zusammengehörigkeit durch die erzwungene Trennung noch verstärkt wird. Oft handeln die Geschichten davon, daß sich die richtigen Menschen zur falschen Zeit und am falschen Ort begegnen – Tony und Maria in der *West Side Story* und, lange vor ihnen, Romeo und Julia – oder auch davon, daß in einer nur zu günstigen Zeit und Umgebung eine unheilvolle Verbindung zustandekommt – die Liaison zwischen dem treulosen Grafen Vronskij und der Titelheldin Anna Karenina in Tolstois Roman oder zwischen Emma Bovary und ihrem Geliebten, die am Ende beide zerstört. In fiktiven Geschichten dieser Art scheint das tragische Ende aufgrund des archetypischen Charakters verbotener Liebe buchstäblich vorprogrammiert. Die Synchronizitäten, die sich im wirklichen Leben ereignen, wenn unsere Leidenschaften gegen gesellschaftliche Konventionen verstoßen, leiten glücklicherweise meistens keine Tragödie ein, sondern einen Veränderungsprozeß.

Ganz besonders gefällt mir die Geschichte, die mir eine ehemalige Mitarbeiterin, ich werde sie Camilla nennen, streng vertraulich erzählte. Sie plauderte mit einem Mann, den sie über das Internet kennenlernte, ein Jahr lang per Computer über ihre und seine sexuellen Wünsche. Irgendwann stellten sie fest, daß sie beide eine besondere Vorliebe für eine ganz bestimmte Phantasie hatten, und sie malten sie von da an immer wieder lebhaft aus. Um was für eine Phantasie es sich handelte, ist in diesem Zusammenhang nicht so wichtig wie ihr Erstaunen darüber, zufällig jemanden gefunden zu haben, den diese spezielle Phantasie ebenfalls besonders erregte. Da beide bereits in eine Beziehung eingebunden waren und Camilla nur sehr zögernd ihre sexuellen Wünsche offenbarte, entdeckten sie erst nach mehreren Gesprächen ihre gemeinsame Vorliebe für diese ungewöhnliche Phantasie, die ihre jeweiligen Partner nicht teilten.

Natürlich hatten sie unter falschen Namen über das Internet Kontakt aufgenommen (später kam noch ein weiterer interessanter Zufall ans Tageslicht: Sie stellten fest, daß sie beide den Namen eines Elternteils benutzt hatten), und da das Vergnügen verbotener Liebe immer im Akt der Grenzüberschreitung liegt, brachten Camilla und ihr Computer-Sexpartner nach vielen Monaten heißer Verbalerotik, in denen sich zwischen ihnen ein Gefühl der Vertrautheit einstellte, schließlich den Mut auf, die Grenze zu überschreiten und sich zu verabreden – zunächst ohne konkrete sexuelle Absichten, sondern einfach nur, um ihre Bekanntschaft vom rein verbalen Bereich auf das wirkliche Leben auszudehnen und zu sehen, was geschehen würde.

Es folgte ein synchronistisches Erlebnis, das zwar nicht so erfreulich oder amüsant war wie die bisher geschilderten, aber ebenso bedeutsam. Als Camilla und ihr intimer Gesprächspartner – jeder gekleidet wie vereinbart – das Café erreichten, in dem sie sich verabredet hatten, stellten sie fest, daß sie sich bereits kannten. Er war ein Berufskollege von ihr, mit dem sie ein paar Jahre zuvor eine sehr üble Auseinandersetzung gehabt hatte. Tatsächlich sah Camilla, als sie sich dem Café näherte, ihre alte Nemesis auf sich zukommen und wußte sofort, daß dieser Mann, der für sie jahrelang alle schlechten Seiten ihres Berufs verkörpert hatte, die Person war, mit der sie verabredet war.

Ich fragte Camilla, was es ihrer Meinung nach bedeutete, daß sie einen idealen Sexpartner ausgerechnet in dem Mann fand, den sie in anderen Lebensbereichen hassen gelernt hatte. Sie lachte ein wenig unbehaglich und gab interessanterweise einen Kommentar ab, der ebenfalls wie »die Moral der Geschichte« klingt.

»Nun, die Phantasie und die Realität sind zwei unterschiedliche Dinge, die man strikt auseinanderhalten sollte«, sagte sie zu mir, aber, wie mir schien, auch zu sich selbst. »Phantasieren macht Spaß, weil man dabei völlig losgelöst ist. Doch dieser verrückte Zufall zeigte mir, daß wir hinter all den Maskeraden und Höhenflügen der Phantasie, hinter denen wir unser wahres Selbst verstecken, gewöhnliche Menschen aus Fleisch und Blut sind. Das war eine ernüchternde Erkenntnis und eine Erfahrung, die ich eigentlich nicht machen wollte. Aber offen gesagt, seither habe ich wieder stärker das Gefühl, mit beiden Beinen auf der Erde zu stehen.«

Ich fragte sie, ob sie noch andere Lehren aus der Sache gezogen habe. Sie überlegte eine Weile und sagte dann mit dem Anflug eines Lächelns: »Ich weiß nicht, vielleicht ist das ein Widerspruch, doch man sollte sich nie vom Schein trügen lassen. Man weiß nie, was für eine Art von Beziehung man mit jemandem haben könnte, den man haßt! Ich glaubte diesen Kerl zu kennen – ich lernte ihn kennen und mochte ihn überhaupt nicht –, und wäre da nicht dieser Zufall gewesen, dann hätte ich nie entdeckt, daß wir in Wirklichkeit etwas recht Ungewöhnliches gemeinsam hatten.«

Die Geschichte, die Camilla sich über ihre verbotene Liebe zurechtgelegt hatte, wurde durch diesen Zufall umgeschrieben. Er lehrte sie, daß jemand, von dem wir meinen oder hoffen, er sei »der Richtige« für uns, in Wirklichkeit der Falsche oder sogar der Richtige und der Falsche zugleich sein kann. »Der Zufall ist der Feind« – um noch einmal Marie-Louise von Franz zu zitieren –, denn zufällige Ereignisse irritieren uns und werfen unsere Pläne über den Haufen; doch manchmal verhelfen sie uns auf dramatische Weise zu einem neuen Verständnis von »richtig« und »falsch«, das nicht auf herkömmlichen Moralvorstellungen basiert, sondern auf unseren eigenen subjektiven Erfahrungen. Camillas Erkenntnis, daß sie mit einem Mann, den sie seit Jahren verabscheute, etwas ganz Spezielles gemeinsam hatte, veränderte ihr Selbstbild, wie nur ein Zufall es zu ändern vermochte. Ein synchronistisches Ereignis kann uns mit heiklen Fragen über uns selbst konfrontieren, und es erfordert schon etwas Mut, sich diesen Fragen zu stellen und einige Annahmen über das eigene Leben selbstkritisch zu überprüfen. Doch insoweit unser Leben eine Geschichte ist, macht es uns bewußt, was ein früherer Englischlehrer von mir so formulierte: Schreiben heißt neu schreiben, sehen heißt neu sehen.

Meine bereits erwähnte Freundin Ann, die ich für eine Spezialistin auf dem Gebiet der verbotenen Liebe halte, erzählte mir, wie sie auf einer Party in New York einen Mann namens Richard Rosenstein und dessen Freundin kennengelernt hatte. In der darauffolgenden Woche versuchte Ann aus überwiegend beruflichen Gründen, diesen Richard Rosenstein ausfindig zu machen. Sie wußte, daß er auf der Upper East Side wohnte, und ließ sich von der Auskunft seine Telefonnummer geben. Am Telefon meldete sich dann tatsächlich ein Richard Rosenstein, doch nicht der, den sie gesucht hatte. Zwischen ihr und dem »falschen« Richard Rosenstein entspann sich ein so angeregtes Gespräch, daß sie danach eine Woche lang jeden Abend miteinander telefonierten und sich schließlich verabredeten. Obwohl beide damals mit anderen Partnern liiert waren (Ann war noch verheiratet, doch in dieser Phase ihres Lebens betrieb sie außereheliche Beziehungen als eine Art Hobby), gingen sie eine Beziehung ein, die viele Jahre dauern sollte.

Der Reiz dieser Geschichte liegt zu einem großen Teil in der besonderen Ironie, die sich ein Romanautor ausgedacht haben könnte: Anns falsche Telefonnummer entpuppte sich in einem übertragenen Sinn als die richtige, denn dadurch lernte sie einen Mann kennen, mit dem sie dann eine langjährige Liebesbeziehung verband. Dieses synchronistische Ereignis sowie der in der Einleitung geschilderte synchronistische Telefonanruf ihres verheirateten Liebhabers Dan vermitteln uns bereits ein recht plastisches Bild von Ann.

Tatsächlich macht sich Ann im Gegensatz zu vielen meiner anderen Bekannten nur selten Gedanken um die psychologische Seite einer Angelegenheit. Auf den ersten Blick wirkt sie sehr konventionell und bodenständig und gewiß nicht wie eine Frau, die viel über ihr Leben nachsinnt und wichtige Lehren aus ihren Erfahrungen zieht. Doch die verblüffenden synchronistischen Erfahrungen, die sie bei ihren vielen, »verbotenen Liebesaffären« machte, bringen eine ganz andere Seite ihrer Persönlichkeit ans Licht: ihre eher unkonventionelle, ausgesprochen romantische Seite. Die äußeren Umstände ihres Lebens – sie heiratete sehr jung, ließ sich nach kurzer Zeit scheiden und heiratete nie wieder – beschreiben ihre Lebensgeschichte nur oberflächlich, denn die Synchronizitäten zeigen uns eine Frau, die tiefe und dauerhafte Beziehungen mit Männern eingeht, auch wenn diese Beziehungen gegen gesellschaftliche Normen verstoßen.

Ist Ann sich bewußt, wie unkonventionell sie, die so gesetzt und normal wirkt, auf einer anderen Ebene ist? Als ein langjähriger guter Bekannter würde ich sagen, daß sie sich dessen nur in sehr begrenztem Maße bewußt ist. Sie genießt zwar die Rolle der Rebellin und hält sich mittlerweile für bindungsscheu, aber sie nimmt solche Spekulationen über sich und ihr Leben nicht sonderlich wichtig. Würde es ihr helfen, wenn sie sich – wie ich es hier tue – ernsthaft mit den bedeutsamen Zufällen in wichtigen Beziehungen ihres Lebens auseinandersetzte? Schließlich lassen sie erkennen, daß sie sehr wohl imstande ist, zu lieben und tiefe Bindungen einzugehen. Ich würde die Frage bejahen, denn obwohl sie in ihren Freundschaften eine Loyalität an den Tag legt, die fast schon an Selbstaufgabe grenzt, empfindet sie ihr Verhalten in Liebesbeziehungen offenbar als ziemlich ambivalent. Doch die synchronistischen Geschichten, die Ann erzählte, bestätigten nur meinen Eindruck, daß sie durchaus fähig ist, einen Menschen wirklich zu lieben. Die Synchronizitäten geben Einblick in eine tiefere Schicht von Anns Persönlichkeit. Sie verraten uns, daß der äußere Schein trügt, und lehren uns, nicht dem ersten Eindruck blind zu vertrauen, den uns diese Spezialistin auf dem Gebiet der verbotenen Liebe vermittelt.

Da es bei der Synchronizität in erster Linie um Verbindungen zwischen Menschen geht, ist es nicht verwunderlich, daß in vielen Geschichten Telefone und falsche Telefonnummern auftauchen. (Ich frage mich manchmal, wie solche zufälligen, schicksalhaften Verbindungen vor der Erfindung des Telefons zustandekamen). Die folgende Geschichte von Yvonne und Gert vervollständigt die Trilogie verbotener Liebesbeziehungen, in denen Telefonanrufe eine wichtige Rolle spielen.

Yvonne, eine ehemalige Kommilitonin von mir, faßte in der Endphase ihrer Ehe eine mehr als nur freundschaftliche Zuneigung zu einem deutschen Lehrerkollegen namens Gert, der sich ebenfalls emotional und physisch zu ihr hingezogen fühlte. Beide waren offiziell noch mit einem anderen Partner liiert. Da Gert sich nicht leichtfertig über bestehende Konventionen und Moralvorstellungen hinwegsetzen wollte, war er fest entschlossen, sich auf eine rein platonische Beziehung zu Yvonne zu beschränken. Doch es liegt in der dramatischen Natur unserer Liebesgeschichten, daß wir trotz der edelsten Vorsätze und der besten Absichten letztendlich doch der Versuchung erliegen, und Gert und Yvonne unterschieden sich in dieser Hinsicht nicht von Abaelard und Heloise oder von Tristan und Isolde. Sie verbrachten immer mehr Zeit miteinander, meist in Gerts Büro, das im Gegensatz zu Yvonnes nicht allgemein zugänglich war, so daß sich dort allmählich ungestört eine Liebesbeziehung anbahnen konnte.

Zumindest klappte das so lange, bis eine synchronistische Zufallsserie fehlgeleiteter Anrufe begann, eine nach Art und Häufigkeit verblüffende Verwechslung bestimmter Telefonnummern: Mehrere Monate lang stellte die Telefonzentrale der Schule – unabhängig davon, wer dort Dienst hatte – rein zufällig jeden Anruf von Yvonnes Ehemann statt in Yvonnes Büro in das von Gert durch. Durch mehr als ein Dutzend derart fehlgeleiteter Telefongespräche lernten sich die beiden Männer kennen, die, wenn auch auf unterschiedliche Weise, mit derselben Frau zusammen waren, und das bereits lange vor dem Ende der alten Beziehung und dem Beginn der neuen Beziehung.

Der unheimliche Zufall, daß ständig Anrufe von Yvonnes Ehemann bei dem Mann ankamen, der im Laufe der Zeit ihr Liebhaber wurde, war für Yvonne eine Bestätigung unter vielen, daß ihre Entscheidung richtig war, sich von ihrem Mann zu trennen und ein neues Leben mit Gert zu beginnen, mit dem sie viel mehr gemeinsame Interessen und viel tiefere und leidenschaftlichere Gefühle verbanden. Die falschen Nummern schlugen eine Brücke zwischen dem, was war, und dem, was sich erst zu entwickeln begann, und zwar im konkreten wie im symbolischen Sinn: Das äußere Geschehen – die fehlgeleiteten Telefongespräche – entsprach Yvonnes innerem Zustand, denn sie stand damals am Scheideweg, gewissermaßen an einer Wegkreuzung. Diese Geschichte einer verbotenen Liebe, einer Begegnung der richtigen Personen zum falschen Zeitpunkt, erreichte schließlich einen synchronistischen Höhepunkt. Gert und Yvonne erzählten mir davon bei einem gemeinsamen Abendessen in jenem Restaurant in San Francisco, in dem sich der letzte bedeutsame Zufall ereignet hatte.

Nachdem Yvonne und Gert ihren festen Vorsatz, sich nur platonisch zu lieben, schließlich doch gebrochen hatten, kamen sie eines Abends auf die Idee, in einem weit von der Schule entfernten Stadtviertel, wo immer viele Touristen unterwegs waren und sie nicht damit rechnen mußten, Bekannten zu begegnen, gemeinsam zu Abend zu essen. Erst am nächsten Tag erfuhren sie, daß sich am Vorabend ein Zufall ereignet hatte, den man bestenfalls in einem Theaterstück erwarten würde: Die Belegschaft der Abteilung, in der Yvonnes Mann arbeitete, hatte aus Jux beschlossen, ihr Weihnachtsessen diesmal ausgerechnet in dem kleinen, abgelegenen Restaurant zu veranstalten, in dem auch Yvonne und Gert gelandet waren. Es war reines Glück, buchstäblich eine Frage von Minuten, daß die beiden nicht zusammen entdeckt wurden.

Da sie sich inzwischen ziemlich sicher waren, was all diese Synchronizitäten zwischen Gert und Yvonnes Ehemann zu bedeuten hatten, nämlich daß ihr Verhältnis früher oder später ans Tageslicht kommen sollte, beschlossen sie, die Trennung von ihren bisherigen Partnern offiziell in die Wege zu leiten, damit sie endlich ohne Versteckspiele und Gewissensbisse zusammensein konnten. Die Serie von Synchronizitäten half Gert und Yvonne, sich über den Wert ihrer Beziehung klar zu werden und sich öffentlich dazu zu bekennen.

Eine alltägliche Geschichte: Zufällige Bestätigungen

All diese Geschichten zeigen, daß synchronistische Ereignisse in unserem Liebesleben auf zweierlei Weise einen Bewußtwerdungsprozeß in Gang setzen können: Manchmal stellen sie die Richtung, die wir eingeschlagen haben, in Frage, indem sie uns etwas Neues über uns selbst und unsere Beziehung aufzeigen, oder aber sie bestätigen und festigen eine Beziehung, an der wir Zweifel hatten. Wenn zwischen zwei Menschen eine tiefe und dauerhafte Verbindung besteht, dann nehmen die oft sehr zahlreichen Koinzidenzen zwischen ihnen und den Erfahrungen, die sie in ihrem Leben machen, diese zweite, bestätigende Bedeutung an; sie fördern die Beziehung und das Zusammengehörigkeitsgefühl der Partner.

Das war bei Greg der Fall. Er schilderte mir einige außergewöhnliche Zufälle zwischen ihm und seiner Freundin: »Seit ich mich Ende 1992 mit meiner Ex-Freundin zu treffen begann, tauchte immer wieder die Zahl 11 auf. Sie sagte damals zu mir: ›Ich schaue immer um 11 Uhr 11 auf die Uhr.‹ Ich zog sie auf, weil ich sie irgendwie für verrückt hielt, wir lachten, und ich dachte nicht weiter darüber nach. Erst nach unserer Trennung erkannte ich, daß uns die Zahl 11 auf ungewöhnliche Weise miteinander verband. Wir waren 11 Monate zusammen. Wir trennten uns am 11. November. Ich lieh ihr meinen Lieblingshockeypulli mit der Nummer 11. Erst dachte ich, das alles sei nur so eine alberne, sentimentale Beziehungskiste.

Doch auf einmal merkte ich, daß diese Zahl auch nach unserer Trennung ständig auftauchte. Ich wurde einfach zu oft durch seltsame Zufälle mit der 11 konfrontiert, um noch an Zufall zu glauben.

Als ich einmal abends nach Hause kam und mich vor den Fernseher setzte, fiel mein Blick auf den Videorecorder, der gerade eine Sendung aufnahm. Da sah ich, daß er 11 Uhr 11 auf Kanal 11 und als Aufnahmezeit 11.11.11 anzeigte.

Mich packte die Neugier, doch ich versuchte vergeblich, eine Bedeutung hinter all dem zu erkennen. Da die Elf andauernd und zufällig immer in Augenblicken auftaucht, in denen ich keine physische oder emotionale Verbindung zu meiner Ex-Freundin habe, sehe ich in dieser Assoziation der Zahl Elf mit ihrer Person inzwischen einen ›Auslöser‹. Sie behauptet, seit der Trennung hätte die Zahl Elf bei ihr keine Rolle mehr gespielt.«

Greg fühlte sich von der Zahl Elf regelrecht verfolgt und wußte offenbar nicht, was er von ihrem wiederholten Auftauchen im Zusammenhang mit seiner Beziehung halten sollte. Die Art, wie er diese Erfahrung beschreibt – als wäre die Bedeutung der Vorfälle nicht in seiner eigenen Erfahrung zu suchen, in den Gefühlen und Assoziationen, die die Zahl in ihm weckte, sondern ganz woanders, irgendwo »hinter« all dem – ist ein Beispiel für eine nicht sehr fruchtbare Art, sich mit Synchronizitäten auseinanderzusetzen.

Das Symbol Elf hat keine konkrete, objektive Bedeutung, sondern verweist, wie alle Symbole, auf etwas, das sich nicht vollkommen erfassen läßt. Die Zahl Elf hat unendlich viele mögliche Bedeutungen. Eine mögliche Interpretation der Gleichung 1 + 1 = 2 wäre: Greg und seine Freundin bilden eine neue, vollständige Einheit (eine neue, ganze Zahl). Die Wiederholung der Zahl Eins könnte auch darauf hindeuten, daß Greg ohne seine Freundin wieder ein recht einsames Leben führt. Zweifellos könnte jeder Leser dieses Buchs eigene Assoziationen zu der Zahl und Spekulationen über ihre Bedeutung im Zusammenhang mit Gregs Beziehung hinzufügen. Das ständige Auftauchen der Elf in Verbindung mit Gregs Freundin ist als Zufall zwar verblüffend, jedoch nur insofern synchronistisch, als Greg in der Lage ist, die Bedeutung dieses Zufall *für ihn* zu erfahren; und dem Ton nach zu urteilen, in dem Greg die Erfahrung beschreibt, ist die emotionale Beziehung zu seiner Freundin noch nicht zu Ende. Wie ein geheimnisvolles Bild in einer Gespenstergeschichte manifestiert sich seine innere Beziehung zu dieser Frau in der äußeren Welt durch das völlig zufällige Auftauchen einer bestimmten Zahl. Doch Greg zäumt offenbar das Pferd vom Schwanz auf: Sehr viel wichtiger als die Zahl – die nur eines von vielen möglichen Symbolen ihrer Beziehung ist – ist Gregs subjektive emotionale Erfahrung der Bedeutung, die seine ehemalige Freundin für ihn hat.

Als Gegenbeispiel möchte ich die Geschichte einer Patientin anführen, die eine Beziehung mit einem wesentlich älteren Mann einging. Als sie ihm zum ersten Mal begegnete, dachte sie: »Er ist attraktiv, doch – Menschenskind! – er könnte ja mein Vater sein.« Wenig später stellte sich heraus, wie recht sie hatte: Er war nicht nur im selben Jahr, sondern sogar am selben Tag geboren wie ihr Vater. Natürlich fühlte sie sich im Gegensatz zu Greg von dieser unheimlichen Übereinstimmung der Daten nicht verfolgt; vielmehr empfand sie es als eine Bestätigung, daß die Beziehung wichtig war, und gleichzeitig als eine Mahnung, den großen Altersunterschied nicht einfach zu ignorieren. Im Gegensatz zu Greg versuchte sie den interessanten Zufall sozusagen »von innen heraus« zu verstehen. Das Datum selbst hatte keine bestimmte objektive Bedeutung. Es war kein Zeichen, sondern ein Symbol. Wichtig daran war nur, was es *für sie* bedeutete. Sie empfand es, kurz gesagt, als eine Mahnung, sich genau zu überlegen, ob sie auf diesen Mann nicht Gefühle übertrug, die mehr mit ihrem Vater als mit ihm zu tun hatten.

Einer meiner Arbeitskollegen namens Ralph hatte einen langen und steinigen, gemeinsamen Weg mit seinem Freund hinter sich. Ihre Beziehung hatte vor zehn Jahren auf synchronistische Weise in einer Bar begonnen. Jeder befand sich in einer anderen Ecke des völlig überfüllten Raums, und auf einmal trafen sich ihre Blicke – eine klassische Situation. Ralphs zukünftiger Freund unterhielt sich gerade mit jemandem, legte jedoch plötzlich die Hände auf den Rücken und signalisierte Ralph mit Fingerzeichen: »ICH WILL DICH.« Ralph kannte rein zufällig die Zeichensprache, da er mit einer tauben Nichte aufgewachsen war. Er beschrieb die Beziehung, die sich danach zwischen ihm und diesem Mann entwickelte, als wundervoll und schwierig; sie endete traurig, denn sein Freund starb an Aids.

Nach seinem Tod traf Ralph, wieder vollkommen zufällig, einen Mann, den er vor Jahren kennengelernt hatte und in den er immer schon ein bißchen verliebt war. Dieser Mann, der Jack hieß und ebenfalls gerade eine Trennung von einem langjährigen Freund hinter sich hatte, war an diesem Tag aus einer Laune heraus mit der U-Bahn in die Innenstadt von San Francisco gefahren, was er sonst nie tat. So begegneten sich auf synchronistische Weise die Richtigen zur richtigen Zeit am richtigen Ort. Als Ralph und Jack sich näherkamen, entdeckten sie alle möglichen Gemeinsamkeiten. Ihre Tanten lebten beide in einer Kleinstadt im Bundesstaat New York und waren die besten Freundinnen. Und als Ralph den

Namen der Frau erwähnte, die er im Hauptbüro der Organisation, für die er arbeitete, abholen sollte, erfuhr er von Jack, daß die Schwester dieser Frau vor rund dreißig Jahren in einer kleinen Stadt im Mittelwesten Jacks beste Grundschulfreundin gewesen war.

Synchronizitäten dieser Art bezeichne ich als bestätigende Synchronizitäten, weil sie in erster Linie die Funktion haben, uns zu bestätigen, daß es uns bestimmt ist, mit unserem derzeitigen Partner zusammenzusein. Oft sind sie ein integraler Bestandteil der Liebesgeschichte, die wir leben. Da wir mit den Menschen, die wir lieben, zwar nicht immer, aber doch häufig recht viel gemeinsam haben, stellt sich die Frage: Messen wir solchen Gemeinsamkeiten nur deshalb besondere Bedeutung bei, weil wir die betreffende Person lieben? Suchen und finden Verliebte nicht immer alle möglichen Übereinstimmungen, die ihnen dann als bedeutsam erscheinen?

Natürlich ist das so. Doch die Besonderheit von Synchronizitäten dieser Art liegt darin, daß sie uns Gemeinsamkeiten aufzeigen, die wir *nicht* selbst geschaffen und *nicht* bewußt gesucht haben. Wäre Ralph zum Beispiel nicht in einer gewöhnlichen Schwulenkneipe in der Zeichensprache angesprochen worden, sondern auf einer Konferenz für hörbehinderte Schwule, dann hätte er das wohl kaum als einen Zufall, geschweige denn als eine Synchronizität empfunden. Doch daß ein Mann, dem er nie zuvor begegnet war, sich mit ihm an einem öffentlichen Ort in einer Sprache verständigte, die er rein zufällig kannte, war für ihn eine so außergewöhnliche Erfahrung, daß er sich sofort zu diesem Mann hingezogen fühlte. Ralph maß dem Zufall eine besondere Bedeutung zu, aber er war nicht für das Zustandekommen des Zufalls verantwortlich. Er widerfuhr Ralph ohne sein Dazutun.

Man könnte natürlich einwenden, daß Menschen in solchen Fällen Synchronizitäten erfinden, die ihren seelischen Bedürfnissen entsprechen, und alles, was ihnen widerfährt, mit Bedeutung befrachten. Wir sind sicher alle schon solchen leichtgläubigen Menschen begegnet, die – gewöhnlich in einem ganz wörtlichen Sinn – ständig nach Zeichen Ausschau halten, und manchmal aus den Omen, die sie zu erkennen meinen, reichlich lächerliche Schlüsse ziehen.

Die Zufälle, die wir synchronistisch nennen, werden von den Betroffenen aber ganz anders erlebt, nämlich als *außergewöhnliche* Erfahrungen, als *zufällige* Ereignisse, deren Bedeutung erst klar wird, *nachdem* sie eingetreten sind. Wenn Sie hinausgehen, sich gezielt nach einem Menschen umschauen, der viel älter ist als Sie, und ihn schließlich auch finden, dann ist das gewiß kein Zufall, so bedeutsam das Alter auch sein mag. Es gibt schließlich sehr viele ältere Menschen auf der Welt; zudem haben Sie das Alter dieser Person ja bereits mit Bedeutung versehen, bevor Sie sich auf die Suche machten. Wenn Sie jedoch im Verlaufe ihres Lebens – wie meine Patientin – entdecken, daß ein Mann, den Sie attraktiv finden, genau am selben Tag Geburtstag hat wie ihr Vater, dann ist dieser Zufall ein ungewöhnliches, äußeres Ereignis, das sich durchaus als bedeutsam erweisen kann.

Natürlich mißt nicht jeder dem gleichen Ereignis die gleiche Bedeutung bei, insofern »erfinden« wir unsere Synchronizitäten vielleicht tatsächlich. Wenn zum Beispiel eine Frau, die sich schon immer zu wesentlich älteren Männern hingezogen fühlte, irgendwann einen Mann kennenlernt, der am selben Tag Geburtstag hat wie ihr Vater, erscheint ihr dieser Zufall möglicherweise nicht allzu ungewöhnlich oder bedeutsam. Doch für meine Patientin war diese Übereinstimmung außergewöhnlich und synchronistisch im Sinne von Jung; sie erlebte sie als eine »Gleichzeitigkeit eines gewissen psychischen Zustandes mit einem oder mehreren äußeren Ereignissen, welche als sinngemäße Parallelen zu dem momentanen subjektiven Zustand erscheinen«. Indem wir uns mit den äußeren Ereignissen in unserem Leben, insbesondere mit außergewöhnlichen Zufällen, die für uns eine unmittelbare psychische, emotionale und symbolische Bedeutung haben, wie mit anderen interessanten Geschichten auseinandersetzen, lassen wir zu, daß sie uns etwas bedeuten, daß sie uns beeinflussen und verändern.

Kann man das »erfinden« nennen? Von einem gewissen Standpunkt aus wohl schon. Doch wenn man subjektive Erfahrungen als ebenso real und wichtig betrachtet wie objektive, dann überzeugt eine so abfällige, zynische Einschätzung nicht. Alle Menschen deuten die Ereignisse in ihrem Leben und benutzen Symbole, um ihrem Leben und ihren Beziehungen Ordnung und Tiefe zu verleihen. Ohne diese schöpferische Tätigkeit würden keine literarischen und sonstigen Kunstwerke entstehen.

Wie die Geschichten von Alex und Beija und von Kathryn und Charlie zeigen, fördern nicht alle synchronistischen Ereignisse das Gefühl, vom Schicksal füreinander bestimmt zu sein, das Paare bei ihrer ersten Begegnung oft empfinden. Manche bestätigen auch, daß etwas zwischen zwei Menschen *nicht* sein soll. Die folgende Geschichte von Sharon veranschaulicht sehr gut, wie problematisch es ist, mit Hilfe von Zeichen und Symbolen die Zukunft vorauszusagen.

Sharon erzählte mir, daß die Frauen in ihrer Familie über Generationen hinweg starke und medial begabte Persönlichkeiten waren. Mit zwölf Jahren, als sie sich allmählich für Jungen zu interessieren begann, tat ihre Großmutter etwas, was Sharon nie vergaß: Sharon half ihrer Großmutter beim Kuchenbacken, und ihre Großmutter forderte sie auf, einen Apfel zu nehmen und ihn sorgfältig so zu schälen, daß die Schale einen einzigen langen Streifen bildete. Sharon tat, was ihre Großmutter sie geheißen hatte, denn sie wußte, daß die weise, alte Frau aus den Appalachen über viel überliefertes Wissen verfügte und »Dinge sehen« konnte. Dann sagte ihre Großmutter, sie solle den Apfelschalenstreifen in die Hand nehmen, ganz fest an den Mann denken, der die einzige, wahre Liebe ihres Lebens sein würde, und die Schale über ihre linke Schulter werfen. »Der Buchstabe, den die Schale auf dem Boden bildet, ist der Anfangsbuchstabe des Vornamens deiner großen Liebe«, erklärte sie. Sharon und ihre Großmutter betrachteten die Form der auf dem Boden liegenden Schale und waren sich völlig einig, daß das nur ein P sein konnte. Sharon, die offenbar auch etwas von der medialen

Begabung ihrer weiblichen Vorfahren mitbekommen hatte, beschloß, die traditionelle Methode zu verfeinern und die Schale noch einmal zu werfen, um auch den Anfangsbuchstaben des Nachnamens ihrer großen Liebe zu erfahren. Wieder bildete die Schale ein P. Sharon und ihre Großmutter mutmaßten lachend, daß Sharon offenbar dazu bestimmt sei, Peter Pfeifer zu heiraten und wie diese Figur aus einem bekannten englischen Kinderlied einen Viertelscheffel eingelegter Pfefferschoten zu verlesen. Sharon vergaß den Vorfall nie – schließlich stammte sie aus einer Familie, für die Phänomene wie prophetische Träume und die telepathischen Verbindungen zwischen den Frauen etwas ganz Alltägliches waren. Sie sprach zwar mit niemandem darüber, doch als sie mit Jungen auszugehen begann, achtete sie sehr genau auf die Anfangsbuchstaben ihrer Vor- und Nachnamen.

Natürlich war kein einziger mit den Initialen P. P. darunter. Nach dem College verliebte Sharon sich zum ersten Mal in ihrem Leben unsterblich – in einen Mann namens David. Nach ein paar Monaten verlobten sie sich, dann heirateten sie, und Sharon schenkte der Weissagung aus ihrer Kindheit keine Beachtung mehr. Einige Jahre später besuchten die beiden Davids Vater, dessen Frau im Jahr zuvor gestorben war. Sharons Schwiegervater wollte das Haus der Familie verkaufen, und Sharon und David halfen ihm, den Dachboden zu entrümpeln. Während sie herumstöberten und Dinge sortierten, stieß David auf eine Schachtel mit Spielsachen, die seine Mutter aus Nostalgie aufgehoben hatte. Lachend hob er eine alte schwarze Flöte hoch – eine dieser Flöten, die Schulkinder im Musikunterricht bekommen, damit sie sich an ein Instrument gewöhnen und Noten lesen lernen. Sein Vater schüttelte gerührt den Kopf und fragte David, ob er sich noch daran erinnere, wie er seine Familie mit dieser Flöte einst fast zum Wahnsinn getrieben hatte, weil er ein ganzes Jahr lang ständig darauf herumspielte.

David ahnte natürlich nicht, welche Bedeutung seine Worte für Sharon hatten, als er daraufhin ganz beiläufig bemerkte: »Ja, sie fingen schon an, mich Peter Pfeifer zu nennen.

Mein Bruder brachte sogar die Kinder in der Schule dazu, mich so zu rufen. Das war meinem musikalischen Selbstbewußtsein nicht gerade förderlich!«

Sharon gestand mir, daß sie bis heute nicht den Mut gefunden habe, ihrem Mann zu erzählen, daß eine Apfelschale ihre Beziehung »vorausgesagt« hatte. Erst auf mein Versprechen, die Namen zu ändern, erlaubte sie mir, ihre Geschichte zu verwenden. Sie zeigt, daß unsere Lebensgeschichte, selbst wenn wir sie zu kennen glauben, bisweilen Handlungsstränge enthält, die uns nur ein synchronistisches Ereignis bewußt machen kann.

Auf den ersten Blick gehört Sharon zu dem Schlag von Menschen, die der Zyniker in uns verdächtigen könnte, in allen Geschehnissen Synchronizitäten zu entdecken. Da sie aus einer Familie stammt, in der die Frauen seit Generationen mediale Fähigkeiten besaßen, glaubte sie daran, daß die Form einer Apfelschale einen Blick in die Zukunft ermöglichte. Doch daß der Spitzname ihres Mannes ausgerechnet der Name der Figur aus einem Kinderlied war, über die sie und ihre Großmutter Jahre zuvor gelacht hatten, ist ein Zufall, den sie kaum »erfunden« haben kann. Das äußere Ereignis hatte ganz einfach eine Bedeutung für sie, sie empfand es als Bestätigung, daß sie mit dem richtigen Mann zusammen war. Brauchte sie diese Botschaft? Offensichtlich nicht, denn ihren eigenen Worten nach war sie mit ihrem Mann glücklich, obwohl er nicht die »richtigen« Initialen hatte. Aber der Zufall vermittelte ihr das Gefühl, daß ihr Leben tatsächlich ein zusammenhängendes Ganzes war, daß ihre Kindheit und ihr besonderes Familienerbe – die mediale Begabung – mit ihrem gegenwärtigen Leben und ihrer Zukunft mit dem Mann, den sie geheiratet hatte, verknüpft waren. Der Spitzname und seine Initialen waren ein Symbol, das – wie in einer fiktiven Geschichte – zwei scheinbar unzusammenhängende Handlungsstränge zusammenfügte, so daß sich für Sharon ein Kreis schloß.

Darum ist die Frage müßig, die mir ab und zu gestellt wird: »Was kann ich tun, damit ich Synchronizitäten erlebe?«

Synchronizitäten sind akausal oder, wie Jung es vielleicht formulieren würde, spontan auftretende psychologische Phänomene. Sie geschehen einfach, und wenn sie geschehen, wird die Bedeutung unserer Lebens- und Liebesgeschichten klarer. Synchronizitäten kommen allem Anschein nach in Liebesgeschichten häufiger vor als in allen anderen Geschichten – vielleicht, weil die Liebe eine der tiefsten zufälligen Erfahrungen ist, die ein Mensch machen kann?

Warum wir zu bestimmten Zeiten bestimmte Menschen kennenlernen: Betrachtungen über Synchronizitäten in der Liebe

Jeder, der Geschichten kennt, in denen Menschen am Ende doch zusammenfanden – oft ohne einen Finger zu rühren oder womöglich trotz größter Bemühungen, genau dies zu vermeiden –, wird wahrscheinlich bestätigen, was ich erlebte, während ich für dieses Buch Geschichten von Freunden, Bekannten und Fremden sammelte: Oft braucht man nur zu erwähnen, daß man sich für bedeutsame Zufälle interessiert, und schon erzählt jemand die Geschichte der Liebe seines Lebens.

Liebesgeschichten waren schon immer eine besonders beliebte Form der Unterhaltung, denn unsere Liebesgeschichten sind ein wichtiger Weg, wie wir unser Leben erfahren und besser verstehen können.

Warum beginnen und enden manche Beziehungen unter so dramatischen Vorzeichen? Vielleicht fragt sich mancher Leser: »Lebe ich denn ein so langweiliges, eintöniges Leben, während andere, die vielleicht psychisch empfänglicher sind oder mehr Glück haben als ich, Dinge erfahren, die ich nur aus Büchern wie diesem kenne?« Die Antwort darauf liegt meines Erachtens in der Bedeutung, die unsere Liebesbeziehungen für uns und unsere Entwicklung haben.

Wenn wir davon ausgehen, daß es keine Zufälle gibt – weil alles, was uns widerfährt, potentiell bedeutsam ist –, dann scheinen viele synchronistische Liebesgeschichten zwei Wahrheiten über die Rolle unserer Beziehungen zu offenbaren. Erstens ist die Person, die am meisten dazu beitragen kann, daß wir uns weiterentwickeln, nicht immer jemand, zu dem wir uns auf Anhieb hingezogen gefühlt haben. Persönliche und berufliche Erfahrungen ließen mich zu der Erkenntnis gelangen, daß genau das, was uns an einem anderen Menschen sofort anzieht, uns langfristig oft zum Wahnsinn treibt, während Eigenschaften, die uns zunächst eher stören, die wir im Laufe der Zeit jedoch mit anderen Augen sehen und schätzen lernen, unser emotionales Wachstum weit mehr fördern können.

Zweitens kann bei transformativen Beziehungen der Zeitpunkt eine wichtigere Rolle spielen als die Person. Ich denke, daß viele Leser dies aus eigener Erfahrung bestätigen können. Hat nicht jeder schon erlebt, daß er der unwiderstehlichen physischen, emotionalen oder spirituellen Anziehungskraft eines Menschen erlegen ist, der ihn nicht gut behandelt hat? Genau diese Erfahrung machte Alex, als er Beija, seine alte Flamme vom College, wiedertraf. Und kann nicht jeder einen Menschen nennen, der gut für ihn und seine Entwicklung wäre, zu dem er sich aber nicht sonderlich hingezogen fühlt? In dieser Situation befand sich Reina, als sie sich fragte, ob Bob überhaupt zu ihr paßte – der Mann, den sie schließlich heiratete, nachdem er ihr in der Zeit, als ihre Mutter starb, so liebevoll zur Seite gestanden hatte.

In der Eheberatung sprechen wir oft vom unbewußten Handel in einer Beziehung, jener stillschweigenden Übereinkunft zwischen zwei Menschen, die der wirkliche Grund für ihre Beziehung ist, während sie bewußt ganz andere Gründe anführen. Manche Übereinkünfte sind fragwürdig und wenig hilfreich, zum Beispiel die Übereinkunft in vielen traditionellen Ehen: »Du gewährleistest meinen materiellen Wohlstand und läßt mich ein Kind bleiben, und ich erledige dafür die ganze emotionale Arbeit für dich und lasse dich ebenfalls ein Kind bleiben.« Die geschilderten synchronistischen Geschichten zeigen jedoch auf, daß manchmal durch eine wundersame unbewußte Übereinkunft eine Beziehung zu einem Menschen zustandekommt, der eigentlich nicht unser Wunschpartner war, uns aber hilft, seelisch zu wachsen. Aus diesem Grund ist die Geschichte von Reina und Bob so herzerfrischend: Auf ihrer Europareise wünschte Reina sich einen Partner, der ganz anders war als Bob, doch in Wirklichkeit brauchte sie einen beständigen, verläßlichen und liebevollen Mann wie ihn, der ihr in Krisensituationen beistand. Die umgekehrte Situation beschreibt die Geschichte von Alex. Seine Traumfrau Beija hätte ihn als Partnerin gewiß zum Wahnsinn getrieben, doch glücklicherweise machte ihm ein synchronistisches Ereignis rechtzeitig bewußt, daß dieser unbewußte Handel für alle Beteiligten verhängnisvoll gewesen wäre.

Die zweite Wahrheit – daß es oft eher am erstaunlich perfekten Timing liegt als an den besonderen, unveränderlichen Eigenschaften unserer Partner, wenn Beziehungen eine so wundersame Wirkung auf uns haben – wird uns häufig durch synchronistische Ereignisse in unserem Liebesleben offenbart, wenn sie in Augenblicken eintreten, in denen wir unsere Partner so sehen können, wie sie wirklich sind, und nicht nur wahrnehmen, was sie uns emotional oder materiell bieten können. Die Tendenz, Menschen wie Objekte und Beziehungen wie eine Ware zu behandeln, die erworben und umgetauscht werden kann, ist keineswegs neu. So wie wir heute über eine Zeitungsannonce nicht nur ein Auto und eine Wohnung, sondern auch einen Partner suchen können, so wählten früher Eltern, die ihre Kinder verheiraten wollten, gezielt Bewerber mit Vermögen und einer hohen gesellschaftlichen Stellung aus (in vielen Teilen der Welt ist das bis heute so geblieben).

Diese Einstellung, die Menschen und Beziehungen zu Objekten degradiert und nach der unser Glück in der Liebe gesichert ist, wenn wir die Person mit der richtigen Kombination von Eigenschaften gefunden haben, läßt jedoch genau das außer Acht, woran uns die synchronistischen Ereignisse in der Liebe erinnern: daß eine noch so lange Liste erwünschter Eigenschaften keine befriedigende Beziehung garantiert, wenn das Timing nicht stimmt. Mary und Pete, die ziemlich glücklich miteinander sind und schon immer das Gefühl hatten, daß sie sich gut verstehen würden, mußten viele Jahre warten, bis ein synchronistisches Ereignis ihnen aufzeigte, daß die Zeit reif war. Es lag am Timing von Kathryns zweiter Begegnung mit Charlie, daß sie ihren Widerstand gegen Beziehungen allmählich aufgab, denn ihren eigenen Worten nach war sie in dieser Phase ihres Lebens schon etwas reifer und daher fähig, das erstaunliche zufällige Wiedersehen nicht nur als einen Fluch, sondern auch als eine Lehre zu betrachten. Selbst die Beziehung zwischen Reina und Bob, die ja gewissermaßen von Freunden »arrangiert« wurde, vertiefte sich erst nach dem Eintreten bestimmter Ereignisse, die sich ihrer Kontrolle entzogen.

All die Fallbeispiele legen nahe, daß Liebe nicht so sehr eine Frage des »richtigen« Partners ist. Vielmehr kommt es darauf an, daß unsere innere Einstellung einen bestimmten Augenblick in unserem Leben herbeiführt, in dem wir erkennen und akzeptieren können, wie ein anderer Mensch wirklich ist. Die Erfahrung der Übereinstimmung von innen und außen – der synchronistische Augenblick – ist in so vielen Liebesgeschichten, die wir lesen oder erleben, das Schlüsselerlebnis.

Eine gute Handlung, gute Freunde und viele Erwartungen: Freundschaft – auch ein bedeutsamer Zufall

Von den Liebesgeschichten, in denen Synchronizitäten das Leben der Beteiligten veränderten, kommen wir nun zu jener anderen Form menschlicher Zuneigung, die den meisten von uns ebenso wichtig ist wie die romantische Leidenschaft, manchen sogar noch wichtiger: Freundschaft. Romantische, erotische Liebe ist ein loderndes, heißes Feuer, das jedoch – je nachdem, welche Einstellung wir zur Liebe haben – schon nach kurzer Zeit heruntergebrannt sein kann. Daher sind

Freundschaften, deren anhaltende Glut uns innerlich wärmt, statt uns zu verzehren, oft ein wesentlich befriedigenderer Bestandteil unseres Lebens. In mancher Hinsicht ist eine Freundschaft, eben weil sie frei von erotischer Leidenschaft ist, ein größeres Mysterium als eine Romanze. Kein Wunder, daß sich Psychologen, Schriftsteller, Dichter und Philosophen seit Jahrhunderten schwer damit tun, diese besondere Art von Beziehung zu ergründen.

Das Fieber der Liebe läßt sich mit dem Zusammenwirken von Hormonen oder mit ursprünglichen Bedürfnissen und Begierden erklären, die aus unseren Primärbeziehungen herrühren. Die Gründe für unsere Freundschaften und die Natur dieser einzigartigen Beziehungen sind nicht so leicht aufzuspüren. Natürlich ist auch bei Freundschaften Chemie im Spiel, doch keine überwältigende Leidenschaft, kein verzehrendes Verlangen. Freunde empfinden zwar auch ein Gefühl der Verbundenheit, aber nicht diese tiefe Sehnsucht, miteinander zu verschmelzen, sich zu verlieren. In einer Kultur, die die Liebe zwischen Mann und Frau idealisiert, gehören Freundschaften zu den wenigen Freiräumen, in denen wir die Zuneigung eines anderen Mannes oder einer anderen Frau erfahren können, die ein unverzichtbarer Bestandteil eines erfüllten und ausgeglichenen Lebens ist.

Weil wir uns durch Freundschaft verbunden fühlen können, ohne den leidenschaftlichen Gefühlen einer Liebesbeziehung unterworfen zu sein, erklärten seit jeher viele weise Menschen, ein wahrer Freund sei mehr wert als hundert Geliebte. Diese Erkenntnis gab im Verlaufe der Jahrhunderte den Anstoß zu Tausenden von Geschichten. Man denke nur an die legendäre Freundschaft zwischen Achilles und Patroklos oder an die treuen Freundinnen Ruth und Naomi. Nicht nur Werke der klassischen Literatur, sondern auch moderne Filme schildern uns denkwürdige Freundschaften, von den Abenteuern Tom Sawyers und Huck Finns bis hin zu den skurrilen Unternehmungen des Pärchens Thelma und Louise, um ein aktuelleres Beispiel zu nennen. Unsere eigenen Freundschaften sind möglicherweise nicht so aufregend und nicht so heiter, doch unbestreitbar haben sie unsere Lebensgeschichte verändert.

In jener Phase meines Lebens, in der mein Freundeskreis aus verschiedenen Gründen immer kleiner wurde, dachte ich viel darüber nach, was Freundschaft bedeutet und warum sie so wichtig ist. Mein Analytiker, der mir im Laufe der Jahre viele unschätzbare Ratschläge und Anregungen gab, fand eine Definition, die ich nie vergessen habe: Grundvoraussetzungen einer Freundschaft seien »Nähe und gemeinsame Interessen«, das heißt eine gute Freundschaft setzt physische Nähe sowie gemeinsame Aktivitäten voraus. Wenn eine der beiden Voraussetzungen wegfällt, löst sich die Freundschaft bald auf. Viele gute Freundschaften verlaufen im Sand, wenn einer der beiden, sei es aus privaten Gründen oder aufgrund äußerer Zwänge, in eine ganz andere Gegend zieht oder neue Erfahrungen macht, durch die sich seine Interessen und Prioritäten ändern.

So überrascht es nicht, daß physische Nähe und gemeinsame Interessen bei synchronistischen Erfahrungen mit Freunden eine wichtige Rolle spielen. Schließlich ist Freundschaft – wie Liebe – immer ein Zufall; zwei Menschen begegnen sich, ihre Lebensgeschichten verflechten sich. So lernte ich in der Zeit, als ich meinen Freundeskreis wieder zu vergrößern versuchte, gleich sieben Männer namens Steve kennen. Diese Synchronizität, deren Symbolik ich bis heute noch nicht ergründet habe, erschwerte die Kommunikation mit den vielen verschiedenen Steves so erheblich, daß ich mir einen komplizierten Initialen-Code ausdenken mußte, um sie auseinanderzuhalten. Dennoch empfand ich die Situation als tröstlich, da ich allein durch die häufige Wiederholung des Namens daran erinnert wurde, daß ich nicht alleine war.

Ganz ähnlich ging es Becky, die mir die folgende Geschichte von den Deborahs in ihrem Leben erzählte:

»Die erste Deborah lernte ich vor sechzehn Jahren kennen. Wir haben am selben Tag Geburtstag, wir sind gleich groß, haben dieselbe Figur, dieselbe Haarfarbe, diesselbe Augenfarbe und dieselbe Hautfarbe und sehen uns so ähnlich, daß wir Schwestern sein könnten. Auf dem College waren wir beide begeisterte Schwimmerinnen. Keine schloß das College ab. Wir heirateten beide mit zwanzig, bekamen im gleichen Alter unsere ersten Kinder und blieben zu Hause, um uns ihrer Erziehung zu widmen. Im gleichen Alter zogen wir beide nach Süddakota und wohnen seither nur viereinhalb Kilometer auseinander. Ihre zweite Tochter und unser erster Hund wurden Missy getauft (das war noch bevor wir uns kennenlernten). Debs Ehemann und mein Lieblingspferd heißen Skip, Debs andere Tochter heißt Dawn und mein Mann Dan.

Der zweiten Deborah (die auch eine Hunde- und Pferdenärrin ist) begegnete ich vor ungefähr vier Jahren, als wir beide »zufällig« zur selben Zeit unangemeldet bei einer gemeinsamen Freundin hereinschneiten. Es stellte sich heraus, daß diese Deb alternative Massagetechniken beherrschte, und ich hatte damals starke Rückenbeschwerden, die von einem Reitunfall herrührten. Ich brauche wohl nicht zu sagen, daß sie meinen Rücken kuriert hat.

Die dritte Deborah traf ich knapp ein halbes Jahr nach der zweiten. Das Nachbarhaus hatte ungefähr ein Jahr lang leergestanden, und ich hoffte die ganze Zeit inständig, daß dort jemand einziehen würde, der Pferde liebte und dem es gefiel, neben unserem Stall zu wohnen. An dem Tag, als Deb nebenan einzog, unterhielten wir uns zum ersten Mal miteinander und wurden sofort dicke Freundinnen.

Die Ähnlichkeiten zwischen Deborah zwei und Deborah drei sind wirklich verblüffend. Beide sind neun Jahre jünger als ich; ihre Geburtstage liegen nur knapp sechs Monate auseinander. Sie sind gleich groß, wiegen gleich viel und haben dieselbe Figur, dieselbe Haarfarbe und denselben Teint. Beide waren zwei Mal verheiratet, und beide hatten zur gleichen Zeit Eheprobleme, die dazu führten, daß sie dieselbe Stadt zur selben Zeit verließen. Deb zwei ließ sich hundert Kilometer weiter östlich nieder, Deb drei hundert Kilometer weiter südlich.

Deb drei und ich haben so viele ungewöhnliche Dinge gemeinsam, daß ich immer wieder erstaunt bin. Einmal bemerkte ihr Mann wütend, daß wir beide aus demselben Ei geschlüpft sein müßten. Unsere Ehemänner sind beide Physiker und Computer-Freaks, und beide tragen Hörgeräte. Ihr Mann und mein ältester Bruder heißen Michael. Ihr Bruder und mein Sohn heißen David. Ihr Bruder David und mein Bruder Michael tauften ihren ersten Sohn Brian. Debra hatte wie ich eine sehr dominante Mutter. Wir wuchsen beide mit Holstein-Rindern auf. Wir machen beide Kurse und bilden uns in wissenschaftlichen Fächern weiter, und wir fertigen beide Skulpturen an.

Letzten Herbst zogen Deb und ihr Mann weg. Sie vermieteten ihr Haus an ein sehr nettes, junger Ehepaar. Unser neuer Nachbar heißt ebenfalls Mike – wie seine beiden Vorgänger.

Und jetzt kommt der seltsamste Zufall von allen: Als Debra sechzehn Jahre alt war, zog ein gleichaltriges Mädchen, das nicht mit ihr verwandt war, in ihr Elternhaus ein und starb noch im selben Jahr an Leukämie. Und ich lebte als Sechzehnjährige im Haus einer sechzehnjährigen Freundin, die ebenfalls noch im selben Jahr an Leukämie starb!«

Für sich genommen wären all diese Gemeinsamkeiten natürlich nicht sonderlich bemerkenswert. Sie könnten allenfalls den Verdacht aufkommen lassen, daß Becky in der äußeren Welt bewußt nach Zeichen suchte, die ihr ein Gefühl der Zugehörigkeit vermittelten. Doch in ihrer Gesamtheit sind sie mindestens ebenso verblüffend wie die Häufung des Namens Steve in meiner Geschichte. Die Gemeinsamkeiten zwischen Becky und ihren Freundinnen sind so zahlreich und so vielfältig – sie reichen von Namensgleichheiten, gemeinsamen Interessen und geographischen Übereinstimmungen bis hin zu auffallend ähnlichen Erfahrungen und Familienverhältnissen –, daß der synchronistische Charakter der Koinzidenzen, ihre Bedeutung für Becky, sich nicht verleugnen läßt. Synchronistische Übereinstimmungen zwischen Freunden und Freundinnen haben wie Synchronizitäten in der Liebe den Zweck, die besondere Bedeutung einer Beziehung zu bestätigen. An der Freude, mit der Becky ihre mannigfaltigen Gemeinsamkeiten mit ihren Freundinnen schildert, ist abzulesen, was die Zufälle für sie bedeuten: daß sie tief und dauerhaft mit anderen Menschen verbunden ist. Wahrscheinlich wären Becky ihre Freundschaften mit den verschiedenen Deborahs auch ohne diese synchronistischen Koinzidenzen wichtig, aber vielleicht wäre ihr dann nicht so deutlich bewußt geworden, was für Glücksfälle ihre Freundschaften sind und auf welch außergewöhnliche Weise sie mit ihren Freundinnen verbunden ist.

Die folgende Geschichte von Lauren, die an einem Punkt ihres Lebens, als sie nichts dringender brauchte als eine Freundin, ihre Freundin Danielle fand, ist ein Beispiel für eine lebensverändernde Synchronizität in Form einer Freundschaft.

»Ich weiß nicht so recht, wo ich anfangen soll«, sagte Lauren eines Tages in ihrem Büro zu mir. »Vielleicht sollte ich vorausschicken, daß ich mein ganzes Leben lang Eßstörungen und Gewichtsprobleme hatte. Ich wuchs in einem Haushalt auf, in dem Dicksein gleichzeitig gefördert und verspottet wurde. Zeitenweise gelang es mir zwar – manchmal mit drastischen Mitteln wie Radikaldiäten und exzessiver Gymnastik –, mein Normalgewicht zu erreichen und eine Weile zu halten, doch es gab mindestens ebenso viele Phasen in meinem Leben, in denen ich mein Gewicht nicht unter Kontrolle bekam und ein gestörtes Verhältnis zum Essen und zu meinem Körper hatte. Als Musikerin, Sängerin, Songschreiberin und Pianistin stand mir dieses Problem oft im Weg. Es machte mich auf der Bühne befangen, so daß ich mich nicht mehr vor ein größeres Publikum wagte, sondern nur noch kleine Auftritte annahm, wo der Druck geringer war.

Mein dreißigster Geburtstag war wie ein Tag der Abrechnung. Ich hatte in drei Monaten fünfzig Pfund zugenommen – nach einer Phase, in der ich fast keinen Appetit hatte –, ich hatte alle Diäten und alle Gymnastikprogramme durchprobiert, die es gab, und nun war ich mit meinem Latein am Ende. Eine Kollegin aus meinem Tagesjob hatte damals viel über ihren Entschluß gesprochen, zu den ›Anonymen Eßsüchtigen‹ zu gehen. Das kam für mich nicht in Frage, weil mich die spirituelle Komponente ihres Programms abschreckte.

Doch mein Geburtstag rückte näher, und es schien keine Lösung in Sicht. Um meine Freßsucht zu überwinden und mein Übergewicht abzubauen, entschloß ich mich dann doch, an einem Treffen teilzunehmen. Ich wollte mir selbst ein Bild machen.

Ungefähr zehn Jahre zuvor hatte mich ein guter Freund gebeten, auf der Hochzeit eines Freundes von ihm zu singen. Die Hochzeit sollte in einer ganz abgelegenen Kirche droben in den Sierras stattfinden, mein Freund sollte die Orgel spielen. Er wollte nicht alleine hinfahren und dachte, ich hätte vielleicht Lust, ihn zu begleiten. Ich sollte einfach während der Trauzeremonie ein paar Standardsongs singen und ihm Gesellschaft leisten. Warum nicht, dachte ich damals. Also ging ich mit und sang, und alle waren sehr angetan, besonders die Braut und der Bräutigam, Danielle und Hank. Und wie sich herausstellte, war es die letzte Hochzeit, auf der ich sang, in dieser kleinen Kapelle da oben in den Bergen.

Doch nun komme ich wieder zur Gegenwart. Trotzig wie ich war, beschloß ich, keinesfalls in meinem Wohnort auf ein Treffen von Eßsüchtigen zu gehen, wo ich damit rechnen mußte, irgendwelchen Bekannten über den Weg zu laufen; ich wollte so anonym wie möglich bleiben. Was tat ich also? Ich besorgte mir das Programm für die nächste große Stadt, die ungefähr eine Stunde südlich von meinem Wohnort liegt, denn ich ging davon aus, daß das dortige Treffen das größte in der Region war und daß mich dort sicher niemand erkennen würde.

Ich fuhr also zu dem Treffen und fühlte mich natürlich unbehaglich. Ich setzte mich schnell hin, ohne irgend jemanden anzuschauen. Auf einmal spürte ich eine Hand auf meinem

Arm, die Frau neben mir lächelte und zwinkerte mir zu – es war ausgerechnet Danielle, auf deren Hochzeit ich gesungen hatte.

Wir schafften es, bis zum Ende der Veranstaltung kein Wort miteinander zu reden – wie bei den Anonymen Alkoholikern sind auch bei den Treffen der Anonymen Eßsüchtigen keine privaten Gespräche erlaubt. Doch hinterher machten wir unserer Überraschung bei einer Tasse Kaffee Luft und unterhielten uns stundenlang. Ich erfuhr, daß Danielles Ehe, die mit einer so romantischen Hochzeit begonnen hatte, so unharmonisch verlaufen war, daß sie mit der Zeit Eßstörungen entwickelt hatte. Vor drei Jahren hatte sie sich den Anonymen Eßsüchtigen angeschlossen und sich von ihrem Ehemann getrennt, und seither ging es ihr wieder besser. Ich erzählte ihr auch viel von mir: wieviel Überwindung es mich gekostet hatte, zu dem Treffen zu kommen, daß ich eigentlich ganz woanders wohnte, ja sogar, wie sehr mich ihre Hochzeit damals berührt hatte.

Dieser Zufall war so unglaublich, daß selbst ein nüchterner Mensch wie ich ihn nicht ignorieren konnte. Danielle wurde meine Mentorin bei den Anonymen Eßsüchtigen, und dank dieser Synchronizität gelang es mir zum ersten Mal in meinem Leben, meine Eßstörungen in den Griff zu bekommen. Wir sind bis heute die besten Freundinnen.«

Lauren litt unter einer inneren emotionalen Isolation, die ihre von Ort und Zeitpunkt her höchst unwahrscheinliche Begegnung mit Danielle auf synchronistische Weise beendete. Noch viel exotischer und unwahrscheinlicher war der Ort, an dem mein Studienfreund John genau zur richtigen Zeit eine alte Freundin traf. John und ich hatten während unseres Auslandsjahres in Italien dasselbe Zimmer bewohnt, doch nach dem Abschlußexamen hörten wir lange nichts mehr voneinander. John hatte sich für zwei Jahre als freiwilliger Entwicklungshelfer dem Peace Corps angeschlossen und war auf einer abgelegenen philippinischen Insel eingesetzt worden. In dieser Zeit hielt er bewußt keinen Kontakt zu alten Freunden wie mir. Später erzählte er mir, er habe damals eine Art Selbstfindungsprozeß durchgemacht und versucht, sich klarzuwerden, welche Richtung er in seinem Leben einschlagen wollte.

Nach Ablauf seiner Einsatzzeit beschloß er, in der Welt herumzureisen. Auf dem Weg nach Indien machte er zahlreiche Zwischenstops auf allen möglichen Inseln im Südpazifik. Je kleiner die Inseln waren, desto schlechter wurden die Flug- und Fährverbindungen, und schließlich mußte er sich auf »einer Briefmarke im Pazifik« – wie er die winzige Insel Truk bezeichnete – ein Zimmer nehmen. Abends auf der Veranda des von Jesuiten geleiteten Gästehauses, in dem er untergekommen war, überfiel ihn bei dem Gedanken, womöglich für längere Zeit auf diesem trostlosen Fleckchen Erde mitten im Nirgendwo festzusitzen, ein Gefühl tiefer Einsamkeit.

In diesem Augenblick rief jemand hinter ihm seinen Namen. Verdutzt drehte er sich um und sah eine Freundin vom College vor sich stehen. Sie hatte in Georgetown mit uns zusammen einen Krankenpflegekurs absolviert und war nach der Abschlußprüfung wie John in der Welt herumgereist. Nun lebte sie auf Truk und arbeitete in dem kleinen Hospital, das die Missionare dort eingerichtet hatten.

Nach einem gemeinsamen Mittagessen in meinem Haus fragte ich John bei einem Espresso, was er empfunden hatte, als auf diesem entlegenen Außenposten mitten im weiten Ozean unverhofft eine alte Bekannte neben ihm stand. »Es war schon sehr seltsam. Ich saß da und fühlte mich ziemlich allein auf der Welt, dabei hatte ich mich, wie du ja weißt, entschieden, durch die Welt zu ziehen und nicht seßhaft zu werden. Als ich ausgerechnet auf der Insel Truk jemanden traf, den ich aus Georgetown kannte, begriff ich – spürte ich –, daß ich an keinem Ort der Welt wirklich allein war, daß ich überall mit anderen Menschen verbunden war, daß ich Unterstützung erfahren würde, wohin ich auch ging. Am nächsten Tag verließ ich Truk, um nach Indien und wer weiß wohin weiterzureisen, und da war ich meiner Sache viel sicherer. Daß ich ihr auf Truk begegnete, hat für mich alles verändert.«

Die Geschichten von Lauren und John zeigen, daß synchronistische Verbindungen zu Freunden manchmal in Phasen psychischer oder physischer Isolation zustandekommen, in denen wir uns einsam fühlen und eine Erinnerung brauchen, daß unsere Beziehungen auch in solchen Situationen weiterbestehen. Die Freunde, mit denen Lauren und John auf synchronistische Weise zusammentrafen, scheinen in gewisser Weise selbst Symbole gewesen zu sein, Menschen, deren Nähe und gleiche Interessen Ausdruck einer Verbindung waren, die es schon immer gegeben hatte und die nie abriß.

Sandras Geschichte ist, wie sie selbst sagt, noch nicht zu Ende. Sie veranschaulicht, daß eine Synchronizität manchmal die Funktion hat, eine Verbindung wiederherzustellen, die wir nicht wünschen oder die wir uns aus Scham nicht eingestehen wollen. Ich kenne Sandra von einem Oberseminar an der Universität, und als ich ihr von dem Buch erzählte, an dem ich arbeitete, und sie zu Tee und Keksen einlud, steuerte sie die folgende Geschichte bei:

»Ich wuchs in einer Kleinstadt an der Ostküste auf. Da ich in der Schule zu den Besten gehörte, verstand ich mich natürlich gut mit unserem Klassenprimus, Adam hieß er. Adams Familie lebte in unserer Nachbarschaft, meine und seine Eltern waren in der Eltern-Lehrer-Vereinigung aktiv und so weiter. Da wir beide gut schreiben konnten, setzte man uns in der Grundschule oft zusammen und ließ uns besondere Aufgaben und Übungen machen, während die anderen Schüler noch Dinge lernten, die wir schon kapiert hatten.

Ich weiß noch, daß es an einem Frühlingstag geschah und daß wir damals so neun oder zehn waren, also in dem Alter, in dem Mädchen allmählich anfangen, sich für Jungs zu interessieren, aber noch so tun, als könnten sie sie nicht leiden. Jedenfalls befanden wir uns auf dem Nachhauseweg – Adam, ich und dieses kleine Mädchen. Sie war vor kurzem meine beste Freundin geworden, und ich wollte sie unbedingt beeindrucken. Also machte ich ihr alles nach, redete wie sie und kleidete mich wie sie – wie kleine Kinder eben so sind. Wir drei gehen zusammen nach Hause, und auf einmal fängt sie an, Adam wegen seiner Brille, seiner Frisur und seiner Kleidung aufzuziehen, und ich mache mit, ohne recht zu wissen warum; schließlich waren er und ich immer Freunde gewesen. Er wird natürlich wütend, aber vor allem ist er verletzt, denke ich. Ich bekomme allmählich ein schlechtes Gewissen. Doch dann greife ich ihn perverserweise noch massiver an, vielleicht um meiner Freundin zu imponieren, vielleicht um ihn zu vertreiben, da ich ihn insgeheim mochte. Ich weiß es bis heute nicht.

Und plötzlich sprudelt dieses ganze antisemitische Zeug aus mir heraus – Adam war Jude. Ich sage Sachen wie ›Alle meinen, die Schwarzen würden das Land ruinieren, doch in Wirklichkeit seid ihr das, ihr dreckigen Juden. Zu schade, daß die Nazis euch nicht alle erwischt haben, dann müßten wir uns jetzt nicht mehr mit euch herumschlagen‹ und dergleichen mehr. Ich war verrückt, und ich weiß bis heute nicht, warum ich das alles gesagt habe und wo ich es herhatte. Wir wohnten schließlich an der Ostküste; die Bevölkerung unserer Stadt bestand zur Hälfte aus Juden und Italienern; und von meiner Familie hatte ich solche Sprüche nie gehört, nicht einmal rassistische Äußerungen über Schwarze, nichts dergleichen.

Adam fängt natürlich an zu weinen, und meine Freundin und ich treiben es auf die Spitze, werfen Steine nach ihm und jagen ihn heim. So endete die Kinderfreundschaft zwischen Adam und mir mit einem Ausbruch völlig irrationaler Grausamkeit. Wir besuchten danach noch zehn Jahre lang dieselbe Schule, sprachen aber nie mehr ein Wort miteinander, obwohl wir soviel gemeinsam hatten. Auf der High-School war er ziemlich introvertiert und unbeliebt, während ich überall schnell Anschluß fand. Je erwachsener ich wurde, desto mehr belastete mich die Szene von damals, aber ich wußte nie so recht, wie ich mit der Situation umgehen oder sie bereinigen sollte. Ich wußte ja nicht einmal, warum ich mich so verhalten hatte.

Und dann verließ ich meine Heimatstadt, besuchte das College und die Universität und blieb schließlich in Kalifornien hängen. In der Beratungsstelle der Gemeinde, in der ich arbeitete, fand eines Tages eine Mitarbeiterschulung zum Thema Vorurteile und kulturelle Unterschiede statt. In einer kleinen Arbeitsgruppe hatte ich endlich den Mut, über die Geschichte mit Adam und meinen unbewußten Antisemitismus zu sprechen und die Sache als ein moralisches Problem darzustellen, das ich bisher noch nicht lösen, ja nicht einmal zugeben konnte. Nach so langer Zeit – nach zwanzig Jahren, um genau zu sein – sprach ich zum ersten Mal mit jemandem darüber.

In der darauffolgenden Woche saß ich in einem Café gleich bei mir um die Ecke und dachte an nichts Besonderes, als auf einmal Adam hereinkam. Er hatte sich kaum verändert, doch ich sehe inzwischen ganz anders aus als auf der High-School; ich habe eine andere Haarfarbe, trage eine andere Brille und habe etliche Kilo zugenommen. Viele Leute von damals erkennen mich nicht mehr, wenn sie mich heute sehen, und Adam erkannte mich auch nicht. Ich saß nur da, wie gelähmt vor Scham, als hätte ich ihm erst gestern all diese schlimmen Dinge an den Kopf geworfen. Ich beobachtete ihn, während er seinen Kaffee holte, und sah ihm nach, als er wieder ging. Nachdem ich in der Woche davor die ganze Geschichte wieder ausgegraben hatte, empfand ich es als unglaublich synchronistisch, daß es uns beide in die gleiche Stadt in Kalifornien verschlagen hatte und daß er ausgerechnet in meinem Café um die Ecke an mir vorüberging.

Und die Geschichte ist noch nicht zu Ende. Seither laufe ich Adam in der Stadt ständig über den Weg; ich treffe ihn an den unmöglichsten Orten. Zum Beispiel habe ich mich während des Umbaus meiner Sporthalle einmal in den Männer-Umkleideraum verirrt, und er kam heraus. Dieses Zusammentreffen war besonders ungewöhnlich, denn ich hatte ihn vorher noch nie in der Sporthalle gesehen und bin ihm seither auch nicht mehr dort begegnet. Ich weiß nicht, ob er mich erkannt hat oder nicht. Jedenfalls sagen alle Freunde, denen ich die Geschichte erzählt habe, daß das Universum mich immer wieder mit ihm konfrontieren wird, bis ich ihn für das, was geschehen ist, um Verzeihung gebeten habe.«

Sandra fühlt sich von ihren synchronistischen Erfahrungen gewissermaßen verfolgt, ähnlich wie Kathryn, als bei ihrer zweiten Verabredung mit einem Unbekannten derselbe Mann auf sie wartete. Sie erscheinen ihr als wiederholte Appelle an ihr Gewissen, eine Freundschaft, die sie in einem Augenblick kindlicher Unreife und Aggression zerstörte, wieder zu kitten. Zeigen uns solche Geschichten auf, daß wir, wenn wir unsere Verbindungen zu anderen Menschen leugnen, durch so eine Serie synchronistischer Begegnungen eines Besseren belehrt werden? Erinnern sie uns nachdrücklich daran, daß die Liebe – ob unsere Gefühle nun romantischer oder freundschaftlicher Natur sind – eine immerwährende Realität ist, ob wir das nun wahrhaben wollen oder nicht? Tatsächlich könnte so das Fazit von Sandras Geschichte lauten, fast so etwas wie ihre ganz persönlichen Version von *Schuld und Sühne* oder *Die Elenden*, in der ein vor langer Zeit begangenes Vergehen die Protagonistin ihr ganzes Leben lang verfolgt.

Jede Beziehung ist eine Art Synchronizität: ein einzigartiges Phänomen, bei dem eine äußere Begegnung zwischen Menschen eine emotionale, symbolische und transformative Bedeutung annimmt. Viele der in diesem Kapitel geschilderten synchronistischen Ereignisse verdeutlichen, daß wir stärker miteinander verbunden sind, als uns oft bewußt und lieb ist, und jede der bisher geschilderten bedeutsamen Koinzidenzen untermauert Jungs Konzept vom kollektiven Unbewußten, die Vorstellung, daß auf einer psychischen und spirituellen Ebene zwischen allen Menschen auf diesem Planeten eine Verbindung besteht.

Wie die Charaktere in einer fiktiven Geschichte treffen wir oft genau die in einer bestimmten Situation passende Person. In Lebenskrisen oder in Phasen großer Offenheit wird durch einen Zufall eine neue Figur eingeführt, die dann eine Hauptrolle in unserer Lebensgeschichte übernimmt – der Ehepartner, der beste Freund oder die beste Freundin, die Liebe unseres Lebens. In Zeiten, in denen wir mit uns und unserem Leben zufrieden sind, können sich Verbindungen mit anderen Menschen ergeben, die wir als schicksalhaft empfinden, weil sie auf uns die Wirkung einer Naturkraft haben. Und in Lebensphasen, in denen wir uns aus Egoismus oder Angst von der Welt abschotten, bescheren synchronistische Ereignisse uns Beziehungen, die uns ständig auf eindringliche Weise daran erinnern, daß die Verbindungen zu anderen Menschen sich nicht so leicht ignorieren lassen. Durch solche Ereignisse werden wir uns der Geschichte, die wir leben, deutlich bewußt und spüren, daß wir nicht alleine sind.

Liebe ist ein menschliches Grundbedürfnis oder, um mit Jung zu sprechen, eine archetypische Realität. Der Reiz von Geschichten liegt darin, daß sie uns erlauben, Ereignisse einzuordnen und ihre Bedeutung zu erkennen. So entdecken wir in unseren eigenen Geschichten von Liebe und Freundschaft – in Geschichten wie denen, die ich in diesem Kapitel erzählt habe – eine ganz besondere Bedeutung. Wen wir lieben, ist nicht nur wegen der besonderen äußeren Umstände, unter denen wir unsere Partner kennen und lieben lernten, ein bedeutsamer Zufall – eine Synchronizität –, sondern auch wegen der inneren Bedeutung, die wir in unseren Geschichten erkennen.

3

Geben und nehmen – Synchronizität und unser Arbeitsleben

Die Welt ist zu viel bei uns; früh und spät,
Beim Erwerben und Ausgeben vergeuden wir
unsere Kräfte:
wenig sehen wir in der Natur, was uns gehört.

William Wordsworth

Lieber die roheste Arbeit, die eine Geschichte erzählt oder eine Thatsache berichtet, als die reichste ohne Inhalt.

John Ruskin, »Der Leuchter der Erinnerung«
(in: *Die sieben Leuchter der Baukunst*)

Daß wir in unseren Beziehungen Synchronizitäten erleben, scheint ganz natürlich. Unsere Liebesgeschichten und Freundschaften sind nun einmal besonders wichtige Erfahrungen in unserem Leben, und bei Beziehungen wie bei Synchronizitäten geht es ja gerade um Verbindungen zwischen Innenwelt und Außenwelt. Doch die Liebe allein vermag nicht alle unsere Bedürfnisse, Hoffnungen und Träume zu erfüllen, auch wenn Schlager und Liebesromane diesen Eindruck erwecken mögen.

Ich habe die Erfahrung gemacht, daß tatsächlich erlebte Geschichten eher an die Klassiker der europäischen Literatur des 19. Jahrhunderts erinnern, in denen die Charaktere und Situationen generell in einen größeren Zusammenhang eingebettet sind, der sehr differenziert dargestellt wird. Die große Aufmerksamkeit, die Autoren wie Dickens, Tolstoi, Zola und Melville den sozialen Lebensverhältnissen ihrer Romanfiguren schenken, ihre realistischen, minuziösen Beschreibungen, mit welchen Beschäftigungen die Menschen damals ihr Leben zubrachten, ordneten oder auch vergeudeten, spiegeln wider, daß die Arbeit, die wir verrichten, und deren Bedeutung ein zentraler Bestandteil unserer Geschichten sind. Meiner Meinung nach brachte das niemand einfacher und treffender zum Ausdruck als Freud in seinem berühmten Ausspruch über das Ziel der Psychoanalyse. Auf die Frage, inwiefern die Psychoanalyse Menschen helfen könne, wozu sie die Menschen befähige, antwortete er: »zu lieben und zu arbeiten«. Niemand wird wohl die fundamentale Bedeutung dieser beiden menschlichen Erfahrungsbereiche bestreiten.

Vor der Industrialisierung und der rasanten technologischen Entwicklung gab es eine Zeit, in der die Wichtigkeit jeder Arbeit unumstritten war, in der selbst der bescheidensten Tätigkeit Bedeutung beigemessen wurde. Viele lebensnotwendige Verrichtungen sind zeitraubend und werden, da sie ständig wiederholt werden müssen, als stumpfsinnige, lästige Pflichten empfunden. Doch in früherer Zeit galten der Anbau und die Zubereitung von Nahrung, die Herstellung und Reparatur von Kleidung oder der Bau und die Instandhaltung von Unterkünften als Tätigkeiten von zentraler Bedeutung für die Gemeinschaft. Rituale wurden geschaffen, die den Sinn und Zweck solcher einfacher Arbeiten unterstrichen, Zünfte und andere soziale Zusammenschlüsse entstanden. So entwickelte sich allmählich das öffentliche Leben.

Beschäftigungen, die nicht mehr unmittelbar das physische Überleben einer Gemeinschaft sicherten, sondern auf einer abstrakteren, höheren Ebene ihrem Wohl dienten, wurden »Berufe« genannt. Diese Bezeichnung unterstrich die Bedeutung der Tätigkeiten, denn einen Beruf zu ergreifen hieß ursprünglich, einer Berufung zu folgen und sich zu bestimmten Überzeugungen und Werten zu bekennen (bisweilen in Form eines Eids). Die Ausübung eines Berufs hatte früher also eine tiefere, fast spirituelle Bedeutung: Man widmete sein Leben Aufgaben, die mit dem Wertesystem, zu dem man sich bekannt hatte, oder mit dem geleisteten Schwur in Einklang standen. Ein Beruf, eine Profession, war gewissermaßen ein Glaubensbekenntnis (eine »Profeß«), eine Berufung. Von Berufung sprechen wir in der Regel, wenn wir etwas nicht nur aus persönlichen Neigungen und Interessen heraus tun, sondern weil wir uns von einer höheren Macht dazu ausersehen fühlen. Einen Beruf auszuüben bedeutete demnach ursprünglich mehr, als nur den Lebensunterhalt zu verdienen; es bedeutete, die Arbeit zu tun, für die man bestimmt war.

Manche mögen beklagen, daß die meisten Menschen heute in ihrer täglichen Arbeit keine tiefere Bedeutung mehr sehen, sondern entweder nur einen Job, mit dem sie ihr Geld verdienen, oder aber eine »Karriere«, eine Tätigkeit mit einer langfristigen Perspektive, die sie jedoch nicht unbedingt wichtig finden. Vor diesem kulturellen Hintergrund überrascht es nicht, daß der Rat, den Joseph Campbell während einer im Fernsehen ausgestrahlten Interviewserie mit Bill Moyers gab – »Tu, was dir Spaß macht« –, ebenso zu einem populären Schlagwort wurde wie der Titel von Marsha Sinetars Buch »Tu, was dir Freude bereitet, und das Geld wird sich einstellen«. Viele Menschen scheinen das zutiefst befriedigende Gefühl, daß ihre Arbeit sich harmonisch in die umfassendere Geschichte ihres Lebens einfügt, bitter zu vermissen.

Die Geschäftigkeit, die wir in unseren »Jobs« und »Berufen« an den Tag legen, kann nicht darüber hinwegtäuschen, daß materieller und/oder gesellschaftlicher Erfolg allein uns nicht wirklich befriedigt und kein ausreichendes Fundament für ein erfülltes und interessantes Leben ist. Daher ist es nicht verwunderlich, daß wir in unserem Arbeitsleben so häufig bedeutsame Zufälle erleben. Vielleicht ereignen sich in einer postindustriellen Gesellschaft, in der immer mehr Menschen nach Sinn und Bedeutung ihres Lebens fragen, sogar mehr Zufälle als je zuvor. Die Arbeit nimmt einen zentralen Platz in unserem Leben ein, und Synchronizitäten widerfahren uns bevorzugt dann, wenn nur ein tieferes Verständnis der Geschichte, die wir von Tag zu Tag leben, uns weiterhelfen kann.

Finden wir unsere Arbeit oder werden wir von ihr gefunden?

Wir haben bereits viele Geschichten des Inhalts gehört, daß Menschen mit dem Kopf Entscheidungen trafen, die im Widerspruch zu ihren Gefühlen standen, bis sie schließlich durch eine synchronistische Begegnung, die ihre Pläne über den Haufen warf und ihr Leben grundlegend veränderte, die Macht der Liebe kennenlernten. In vielen mir anvertrauten Geschichten über Synchronizitäten im Arbeitsleben fiel mir eine Gemeinsamkeit auf: Oft hatten sich meine Gesprächspartner endgültig für eine bestimmte berufliche Richtung entschieden, da brachte ein synchronistisches Ereignis sie überraschend vom eingeschlagenen Kurs ab und bescherte ihnen auf wundersame Weise eine andere, befriedigendere Arbeit oder führte sie auf ein völlig anderes Betätigungsfeld. Ein Beispiel dafür ist die Geschichte meines Freundes Sam, der von seiner Steuerberatungsfirma entlassen wurde und gleichzeitig eine viel befriedigendere Tätigkeit in der Musik angeboten bekam, seiner wahren Passion. Ich möchte meine übliche Antwort auf die mir häufig gestellte Frage »Wie geht man mit Synchronizitäten um?« durch den scheinbar paradoxen Rat ergänzen: »Rechnen Sie mit dem Unerwarteten.«

Eine Sängerin, die ich Elise nennen will, da ich ihr Vertraulichkeit zugesichert habe, erzählte mir die Geschichte ihres »großen Durchbruchs«, der völlig unverhofft, ja fast gegen ihren Willen erfolgte. Wie die meisten berufsmäßigen Sängerinnen hatte Elise jahrelang Gesangs-, Schauspiel- und Tanzunterricht genommen – auf eigene Rechnung und im vollen Bewußtsein, daß die Chancen, irgendwann von ihren Auftritten leben zu können, nicht allzu groß waren. Doch sie machte weiter, weil sie wie alle Künstler ihre Arbeit trotz aller Schwierigkeiten, Enttäuschungen und Ungewißheiten liebte.

Da Elise eine klassische Ausbildung zur Opernsängerin genossen hatte, war sie nicht sonderlich daran interessiert, in Musicals aufzutreten. Ihr Gesangslehrer und etliche Kollegen ermunterten sie zwar immer wieder, sich um solche Rollen zu bemühen, da sie Esprit, einen ausgeprägten Sinn für Humor und eine bemerkenswert vielseitige Stimme besaß, doch sie schlug all die gutgemeinten Ratschläge in den Wind und versuchte ihr Glück weiterhin in der sehr kleinen Welt der Oper mit ihrer sehr großen Konkurrenz. Elise hatte einen Termin zum Vorsingen nach dem anderen, aber nur dann und wann erhielt sie eine kleine Rolle in lokalen Aufführungen, und sie jobbte tagsüber, um ihren Lebensunterhalt zu verdienen.

Für die Aufführung einer beliebten Oper in einem kleinen, aber renommierten Opernhaus übte Elise gut einen Monat lang eine Arie, die sie bei der Anhörprobe vortragen wollte, und da sie wußte, daß sie abends besser sang als morgens, bat sie extra um einen möglichst späten Vorsingtermin. Als sie in dem Gemeinde-Zentrum erschien, in dem die Anhörproben stattfanden, war ihr schlagartig klar, daß etwas nicht stimmte, denn außer einer Frau, die am anderen Ende der Empfangshalle vor einer Tür mit dem Schild »Anhörproben« ihre Unterlagen in eine Mappe packte, schien niemand mehr da zu sein. Aufgeregt, aber bemüht, die Fassung zu bewahren, lief Elise auf die Frau zu: »Sagen Sie bloß nicht, das Vorsingen ist schon vorbei. Ich bin für fünf Uhr bestellt.«

Die Frau schaute sie überrascht an. »Doch, die Proben sind bereits zu Ende«, antwortete sie, »aber die Jurymitglieder sind noch da. Ich werd' mal sehen, ob Sie doch noch vorsingen können.«

Nach einer kurzen Unterredung hinter verschlossener Tür kehrte die Frau zurück und führte Elise hinein. Elise erinnerte sich noch daran, daß der Pianist ihr einen seltsamen Blick zuwarf, als sie ihm ihre Noten reichte. Sie habe seinen befremdeten Gesichtsausdruck damals jedoch nur am Rande registriert und ihn dem Umstand zugeschrieben, daß sie sich offenbar im Termin geirrt hatte. Hinter einem langen Tisch saßen zwei Männer und eine Frau, die sie erwartungsvoll ansahen, ohne eine Miene zu verziehen. Elise konzentrierte sich und begann mit der italienischen Koloratur-Arie, die sie eingeübt hatte. Sie hatte das Gefühl, daß es sehr gut lief, und zum Schluß dankte sie den Jurymitgliedern etwas herzlicher als sonst, weil sie ihr die Verspätung nachgesehen hatten. Als sie ihre Sachen zusammenpackte, bedankte ein Jurymitglied sich bei ihr und fragte sie dann merkwürdigerweise, ob sie auch etwas Englisches vorbereitet habe.

Verständnislos antwortete Elise, sie habe nicht gewußt, daß die Oper in einer englischen Übersetzung aufgeführt werden sollte.

»*Candide?*« erwiderte der Mann mit hochgezogenen Augenbrauen. Er meinte Leonard Bernsteins opernhafte musikalische Komödie, die seit langem zum Standard-Repertoire vieler Bühnen gehört.

In diesem Augenblick begriff Elise, daß sie sich auf die falsche Anhörprobe verirrt hatte. »Also ich weiß wirklich nicht, was ich sagen soll. Ich dachte, ich würde für eine andere Aufführung in einem anderen Opernhaus vorsingen.«

Die Frau an der Tür lachte. »Das ist morgen. Die Anhörproben für die Oper sind erst morgen. Am Sonntag.«

Der Mann, der sich als Regisseur des Musicals entpuppte, gab dem Pianisten ein Zeichen und fragte Elise, ob sie denn etwas vom Blatt singen könne. Elise war ein wenig gekränkt, doch zugleich fühlte sie sich herausgefordert. Sie trug das ihr unbekannte Stück vor, und als sie fertig war, begriff sie, daß die Jurymitglieder eine Sängerin für die schwierige Rolle von Candides Frau Kunigunde suchten und ernsthaft an ihr interessiert waren. Tatsächlich bekam sie die Rolle. Später erfuhr sie, daß von den drei Sopranistinnen, die an jenem Tag vorgesungen hatten, nur sie in der Lage gewesen war, das Stück fehlerfrei vorzutragen. Die anderen verfügten entweder nicht über Elises professionelle Ausbildung oder kamen mit Bernsteins Musik nicht zurecht.

Elises Auftritt in dem Musical trug ihr viele gute Kritiken ein und Angebote für Aufführungen in der Stadt und im weiteren Umkreis, allerdings waren es überwiegend Rollen in Musicals. Am Ende der Geschichte ihres unverhofften Durchbruchs sagte Elise zu mir: »Ich beschwere mich nicht. Ich mußte mich offenbar erst auf die falsche Anhörprobe verirren, um aufzuwachen und endlich das zu tun, was ich schon die ganze Zeit hätte tun sollen. Inzwischen trete ich regelmäßig auf. Es geht mir richtig gut. Und darauf kommt es doch schließlich an. Trotzdem ich möchte nicht, daß alle Welt erfährt, daß ich damals aus purer Zerstreutheit am falschen Ort mit der falschen Musik landete. Das wäre schlecht für's Image, verstehen Sie. Eine Diva bleibt wohl eine Diva, selbst in der musikalischen Komödie.«

Synchronizitäten wie jene, die Elise erlebte, ereignen sich häufig in Zeiten, in denen wir genau festgelegt haben, wie unsere Geschichte ausgehen soll. Das ist eine so typische Situation, die mir so oft geschildert wurde, daß ich fast versucht bin, auf die immer wieder gestellte Frage »Was kann ich tun, damit ich Synchronizitäten erlebe?« halb im Spaß, halb im Ernst zu antworten: »Versteifen Sie sich auf das, was sie im Leben erreichen wollen und was nicht, und warten Sie ab, was geschieht.« Doch Synchronizitäten ereignen sich auch in Phasen, in denen wir unentschlossen, hin und her gerissen oder auch besonders offen sind und durch einen reinen Zufall wichtige Menschen, Orte oder Dinge kennenlernen. Diese Erfahrung machte mein Freund John. In einer Übergangsphase, in der er sich über seine berufliche Zukunft klarzuwerden versuchte, traf er an einem der unwahrscheinlichsten Orte der Welt genau den richtigen Ansprechpartner.

Bereits auf dem College hatte John das vage Gefühl gehabt, er sei zum Priester berufen. Nach dem Examen meldete er sich für zwei Jahre als freiwilliger Entwicklungshelfer zum Peace Corps, um sich in Ruhe zu überlegen, was er werden wollte. Gegen Ende seiner Einsatzzeit war die Frage, ob er nun Priester werden sollte oder nicht, immer noch offen. Da John spürte, daß er noch mehr Zeit brauchte, beschloß er, erst einmal ein Jahr lang ziellos durch die Welt zu reisen.

Die Geschichte von seiner tröstlichen synchronistischen Begegnung mit einer Freundin vom College auf der Insel Truk kennen wir ja bereits. Doch die Übergangsphase in Johns Leben begann schon einige Zeit vor der Begegnung auf Truk in Indien, der ersten Station seiner Reise, wo er einen bestimmten Aschram besuchen und die Kultur des Landes kennenlernen wollte.

In dem Aschram stellte John überrascht fest, daß sich noch ein weiterer Gast aus dem Westen dort aufhielt, ein amerikanischer Jesuit, der aus derselben Gegend stammte wie er. John fand diesen Zufall einfach unglaublich: Da war er in einer selbstverordneten Zeit der Besinnung zufällig in einem entlegenen Aschram in Indien gelandet, in den sich sonst nie Besucher aus dem Westen verirrten, und dort traf er ausgerechnet einen Jesuiten aus seiner Heimat. Die Gespräche der beiden waren, wie man sich unschwer denken kann, für John sehr wichtig und aufschlußreich. Er nutzte die Gelegenheit, die ihm auf synchronistische Weise beschert worden war, sprach mit dem Priester über die Zweifel an seiner Berufung und erkundigte sich nach dem Leben im Jesuitenorden, was ihn dort erwarten würde und was nicht. Nach dieser zufälligen Begegnung war John sich seiner Sache sicher und entschlossen, dem Jesuitenorden beizutreten. Zurück in den Vereinigten Staaten tat er schließlich diesen Schritt.

Weiter oben habe ich die Frage, was man tun kann, um Synchronizitäten zu erleben, mit dem (zugegebenermaßen ironischen) Rat beantwortet, einfach nur stur an einmal gefaßten Vorsätzen festzuhalten. Doch Johns Geschichte inspiriert mich noch zu einem anderen, ebenfalls nicht ganz ernstgemeinten Rat an all jene, die akausale Ereignisse »herbeiführen« wollen: Wenn Sie möchten, daß ein bedeutsamer Zufall die Geschichte Ihres Lebens verändert, dann wandern Sie einfach ziellos in der Welt herum und lauschen Sie auf alles, was das Leben Ihnen beschert. Diese letzte Empfehlung –

auf alles zu lauschen, was einem das Leben beschert – erleichtert meiner Meinung nach den Umgang mit einem Zufallsereignis, das unsere Pläne über den Haufen wirft und uns etwas Neues, Unerwartetes aufzeigt, denn so eine unverhoffte Wende kann durchaus ein Wendepunkt in einer Geschichte sein, in der wir eine Figur waren, ohne uns dessen bewußt zu sein.

Solch eine aufgeschlossene Haltung ist freilich ein Balanceakt zwischen realistischer Selbstbestimmtheit und sturem Beharren. Zielstrebig zu sein, aber gleichzeitig auch bereit loszulassen, ist nicht leicht, und erst wenn wir das können, erschließt sich uns die Bedeutung der »Zufälle«, die wir erleben. Meine Kollegin Gail verfolgte zum Beispiel ihr ganzes Leben lang das Ziel, Dozentin für Vergleichende Religionswissenschaften zu werden. Schon auf der High-School begann sie ihre akademische Karriere sorgfältig zu planen; sie informierte sich genau, bevor sie sich an einer Universität einschrieb, bevor sie auf eine andere überwechselte und bevor sie ein Seminar oder eine Vorlesung besuchte, sie knüpfte wichtige Kontakte und besorgte sich in ihrer Freizeit in anderen Städten stapelweise Fachliteratur für Referate, Seminararbeiten und Prüfungen.

Doch obwohl sie so zielstrebig an ihrer Karriere arbeitete, wurde sie, als sie bereits an ihrer Doktorarbeit schrieb, mit unvorhersehbaren Schwierigkeiten konfrontiert. Ihrem Doktorvater paßte die Richtung nicht, die sie in ihrer Arbeit einschlug. Oberflächlich betrachtet ging es bei ihren Meinungsverschiedenheiten um inhaltliche Fragen, doch Gail sah die Hauptgründe für seine Ablehnung in persönlichen Differenzen und seiner sexistischen Einstellung. Ohne seine Unterstützung erhielt sie keine Stipendien mehr und mußte auch auf viele andere Vergünstigungen verzichten, die sie bisher genossen hatte. So war sie gezwungen, sich mit allen möglichen Jobs über Wasser zu halten, die ihr kaum noch Zeit und Kraft für ihre wissenschaftliche Arbeit ließen. Zudem gehörte die Universität, die sie sich ausgesucht hatte, nicht nur zu den renommiertesten auf dem Gebiet der Religionswissenschaften, sondern auch zu den teuersten. Da es fast so aussah, als würde ihre Doktorarbeit sich noch Jahre hinziehen, machte sich Gail allmählich Sorgen über ihren wachsenden Schuldenberg.

Eines Morgens, so erzählte sie, habe sie sich dann eingestanden, daß sie mitten in einer Karrierekrise steckte. In düstere Gedanken versunken saß sie in dem Café, in dem sie jeden Morgen ihren Kaffee trank, und auf einmal hörte sie hinter sich ein fröhliches »Hallo«. Nancy, eine Frau, die Gail aus dem Examenskolloquium kannte, aber nicht sonderlich mochte, setzte sich unaufgefordert zu ihr.

Nancy erzählte Gail, daß sie sich vor einer Weile in genau derselben Situation befunden habe wie sie. Sie habe sich damals ernsthaft überlegt, ob sie wirklich an der Uni bleiben wollte, und sich schließlich für eine Ausbildung zur Therapeutin entschieden. Anfänglich hörte Gail Nancy nur aus Höflichkeit zu, dann jedoch mit wachsendem Interesse. Schließlich stellte sie Nancy ein paar Fragen über ihren neuen Beruf, die Voraussetzungen für die Zulassung und so weiter. Damals mußte man für den Abschluß, den Nancy anstrebte, nur eine Reihe spezieller Kurse belegen und ein paar Stunden Praxis nachweisen können, um zur Prüfung zugelassen zu werden, die aus einem schriftlichen und einem mündlichen Teil bestand. Das hörte sich alles recht leicht an; möglicherweise konnte Gail sich einige bereits erworbene Scheine sogar anrechnen lassen, dann hätte sie es noch leichter.

Diese synchronistische Begegnung an einem so kritischen Tag war ausschlaggebend für Gails spätere Entscheidung, ihre Unikarriere aufzugeben und sich zur Psychotherapeutin ausbilden zu lassen. Sie bewältigte die Prüfung mit minimalem Aufwand. Inzwischen arbeitet sie schon viele Jahre als Therapeutin und unterrichtet ihren eigenen Aussagen nach heute ironischerweise sogar mehr, als ihr lieb ist – im Rahmen von Supervisionen, Workshops und Sonderkursen an verschiedenen Schulen.

»Inzwischen weiß ich, daß ich an der Uni nie glücklich geworden wäre. Ich hatte mir irgendwann in meiner Jugend in den Kopf gesetzt, Dozentin zu werden, und als Erwachsene nie ernsthaft darüber nachgedacht, ob mir diese Tätigkeit auch wirklich liegen würde. Nach spätestens fünf Jahren hätte es mich sicher verrückt gemacht, Jahr für Jahr dieselben drei oder vier Kurse geben zu müssen. So hat sich alles gefügt – all meinen hartnäckigen Bemühungen zum Trotz, wie ich zu meiner Schande gestehen muß.«

Doch so stur, wie der letzte Satz vermuten läßt, war Gail eigentlich gar nicht. Die Begegnung mit Nancy wurde darum ein synchronistisches Erlebnis, weil Gail bereit war, sich ihre Krise einzugestehen und die Möglichkeit in Betracht zu ziehen, daß das Gespräch mit der aufdringlichen Bekannten auch sein Gutes haben konnte. Nur weil Gail bei aller Zielstrebigkeit besonnen und aufgeschlossen blieb, war Nancys Erscheinen für sie keine belanglose Störung, sondern ein bedeutsamer Wendepunkt.

Die Geschichten von Menschen, deren Leben völlig unerwartet oder sogar gegen ihren Willen eine Wende nahm, verdeutlichen, daß Synchronizitäten tatsächlich akausale Phänomene sind. Was Gail, John und Elise ohne ihr Dazutun widerfuhr, brachte sie weiter als all ihre gezielten Bemühungen. Spitzfindige Leser könnten gegen den Titel dieses Buches einwenden, daß es, nüchtern betrachtet, sehr wohl Zufälle gibt – nicht eingeplante, zufällige Begebenheiten ohne jede Bedeutung. Doch angesichts der zitierten Beispiele drängt sich die Frage auf, ob das wirklich stimmt oder ob nicht jedes noch so belanglos erscheinende Detail in der Geschichte, die wir unser Leben nennen, eine wichtige Funktion hat. Redewendungen wie »immer dann, wenn man es am wenigsten erwartet« oder »so Gott will« machen deutlich, wie wir uns, wenn wir von unseren eigenen, begrenzten Plänen völlig in Anspruch genommen werden oder im Gegenteil besonders offen sind, Augenblicke schaffen, in denen alles möglich ist, Augenblicke, die unserer Lebensgeschichte eine ganz neue Richtung geben können.

Unsere Jobs: Kriegen wir sie oder kriegen sie uns?

Synchronistische Ereignisse legen zwar nicht immer den Grundstein zu einer ganz neuen Karriere – wie bei John, Gail und Elise –, doch so manche berufliche Laufbahn wird dadurch nachhaltig beeinflußt. Das zeigte bereits die im ersten Kapitel geschilderte Geschichte von Ellen, die nach einem telefonischen Streit mit ihrem dominanten Vater einfach den Hörer auflegte, obwohl sie zu diesem Zeitpunkt keine Ahnung hatte, wie sie ohne seine finanzielle Unterstützung zurechtkommen sollte, und schon am nächsten Tag zufällig einen Job angeboten bekam. Wie Freunde und Partner werden uns synchronistische Gelegenheiten oft in Augenblicken beschert, in denen wir sie am meisten brauchen.

Tony D'Aguanno, ein Lehrer und Therapeut aus dem Bezirk San Francisco Bay, der sich auf berufliche und finanzielle Probleme spezialisiert hat, erzählte mir, wie eine Freundin von ihm Arbeit fand. Ihre Erfahrungen waren nicht nur für sie selbst, sondern auch für Tony wichtig, denn sie bestätigten seinen Eindruck, daß bedeutsame Zufälle in unserem Arbeitsleben eine ebenso große Rolle spielen wie in anderen Lebensbereichen. Tonys Freundin hatte sich zur Schwesternhelferin in der Neurochirurgie ausbilden lassen und anschließend keine Arbeit gefunden. Eines Tages verspürte sie, während sie durch Westwood lief, den Drang, über das Unigelände der UCLA zu gehen, statt den gewohnten Weg einzuschlagen. Viele von uns hätten einen solchen Impuls achselzuckend ignoriert, doch sie gab ihm einfach nach. Einer weiteren Eingebung folgend betrat sie ein bestimmtes Unigebäude und stieg eine Treppe hinauf. Auf einmal stand sie vor einem Schwarzen Brett, das mit allen möglichen Notizen, Veranstaltungshinweisen und Anzeigen übersät war. Instinktiv begann sie die in mehreren Schichten übereinandergehefteten Zettel zu studieren. Als sie dieses Schwarze Brett, das sie nie zuvor gesehen hatte, fast völlig durchforstet hatte, stieß sie auf eine kleine Stellenanzeige eines Krankenhauses in Santa Cruz, in der eine Mitarbeiterin für die neurochirurgische Abteilung gesucht wurde. Sie rief noch am selben Tag an, schickte am nächsten Tag ihre Bewerbung los, fuhr in der darauffolgenden Woche zu einem Vorstellungsgespräch ins sechs Autostunden weiter nördlich gelegene Santa Cruz und bekam die Stelle.

Eine weitere Geschichte von Tony veranschaulicht, wie Synchronizitäten auf dem Weg über unsere Freundschaften zu einer Verbesserung unserer materiellen Verhältnisse beitragen können. Tonys bester Freund war ein Therapeut, der sich als psychologischer Berater in seiner Gemeinde engagierte. Diese Tätigkeit machte ihm zwar Freude, brachte jedoch so wenig ein, daß er kaum davon leben konnte. Die immaterielle Befriedigung, Gutes zu tun, tröstete ihn zwar ein wenig über seine schlechten materiellen Verhältnisse hinweg, aber Tony empfand oft Mitleid mit seinem ständig von Geldnöten geplagten Freund.

Könnte ich ihm doch nur einen besser bezahlten Job schenken, dachte Tony, als der Geburtstag seines Freundes näherrückte. Doch da das außerhalb seiner Möglichkeiten lag, kam der phantasievolle Tony auf die Idee, einen Geldschein aus seiner großen Sammlung seltener Münzen und Banknoten rahmen zu lassen und ihn seinem Freund als Glücksbringer zu überreichen. Er entschied sich für einen deutschen Geldschein aus der Zeit der Weimarer Republik. In jener Epoche der deutschen Geschichte herrschte eine so große Inflation, daß einzelne Städte aufs Geratewohl Geldscheine mit astronomisch hohen Nennwerten drucken ließen. Tony sagte, die Symbolik dieses Geschenks, nämlich daß er seinem extrem unterbezahlten Freund einen Geldschein mit einem extrem hohen Nennwert schenkte, sei ihm eigentlich erst später richtig bewußt geworden. Er habe den Schein in erster Linie wegen des schönen Motivs ausgewählt, das gerahmt wie ein Miniaturgemälde wirkte.

Tony überreichte seinem Freund den gerahmten Geldschein mit der Erklärung, er symbolisiere das Geschenk, das er ihm gerne gemacht hätte: einen besser bezahlten Job. Unmittelbar danach bekam sein Freund von unerwarteter Seite zwei Teilzeitstellen angeboten, durch die sich sein Einkommen vervierfachte und die ihm obendrein noch genug Freizeit ließen.

Da Tony in seinem Leben schon des öfteren synchronistische Erfahrungen gemacht hatte, war er nicht sehr überrascht, aber natürlich erfreut, daß seine guten Wünsche für seinen Freund sich ohne sein Dazutun erfüllt hatten. Kurz nach diesem glücklichen Abschnitt im Leben seines Freundes verschlechterte sich jedoch Tonys eigene berufliche Situation kontinuierlich, und da er dachte, er habe den »Glücksschein« jetzt vielleicht nötiger als sein Freund, der inzwischen sein Geld im Schlaf zu verdienen schien, bat er ihn, ihm den gerahmten Geldschein »leihweise« zurückzugeben.

Schon in der darauffolgenden Woche hatte auch Tony eine unglaubliche Glückssträhne. Zuerst erhielt er ohne Vorankündigung eine Gehaltserhöhung. Dann begegnete er an einer Straßenecke zufällig der Frau, mit der zusammen er später ein Projekt auf die Beine stellte, das beiden heute noch Spaß macht und Geld einbringt. Und schließlich ging in seinem Büro eine Anfrage ein, ob er bereit sei, an einer örtlichen Einrichtung für Erwachsenenbildung einen Kurs zu übernehmen. Obwohl sich viele Lehrer um diesen Kurs beworben hatten, bot der Leiter des Programms auf die Empfehlung eines Freundes hin den Kurs ausgerechnet Tony an, der sich nicht einmal darum bemüht hatte. Er gibt diesen Kurs nun schon seit sieben Jahren.

Von allen Gegenständen, mit denen wir es tagtäglich zu tun haben, ist keiner so symbolträchtig wie das Geld. Ein Geldschein besteht zwar nur aus Zellstoff und Farbe, dem gleichen Material wie ein Kleenextuch und ein Bonbonpapier, doch kein anderes Ding hat soviel Macht, beeinflußt so viele Leben und verursacht soviel Angst, Vergnügen, Kummer, Freude und gemischte Gefühle. In Tonys Geschichte vom »magischen Geldschein« wird die Symbolik des Geldes meiner Meinung nach sehr deutlich, denn als Sammler interessierte Tony sich eher für Geld als konkreten Gegenstand – für Geld als Kunst, Geld als Sammelobjekt – als für seine symbolischen Bedeutungen: Macht, Luxus, Freiheit, Status. Das Problem seines Freundes bestand nun genau darin, daß er den immateriellen, symbolischen Aspekt des Geldes ignorierte, weil ihm andere Werte – sein selbstloses Engagement für hilfsbedürftige Mitmenschen – wichtiger waren und er daher nie genug »banales« Geld verdiente. Der Geldschein aus der Weimarer Republik hatte Symbolwert als schöner Gegenstand, als etwas, das man in Ehren hält, und auch als Ersatz für das Geschenk, das Tony seinem Freund gerne gemacht hätte. Der Geldschein erinnerte auch an eine Epoche, in der das Geld auf außergewöhnliche Weise abgewertet worden war – eine symbolische Parallele zur Situation von Tonys Freund, der materiellen Dingen keinen großen Wert beimaß. Wie alle Symbole hatte der alte Geldschein viele mögliche Bedeutungen. Der Besitz des Geldscheins war für Tony wie für seinen Freund bedeutsam – beide bekamen gleich nach seinem Erhalt materiell wie emotional befriedigende Tätigkeiten angeboten –, und so wurde das synchronistische Ereignis zu einem Wendepunkt in der Handlung ihrer jeweiligen Lebensgeschichte.

Eine kausale Erklärung müßte lauten, daß der Geldschein magische Kräfte besaß – so wie gewisse Glücksbringer, die wir aus Märchen oder Lagerfeuergeschichten kennen. Bis heute schreiben Menschen Amuletten und dergleichen eine Art objektiver Fähigkeit zu, Ereignisse in ihrem Leben »herbeizuführen«. Sie bringen Glück, solange man sie besitzt, und Pech, wenn man sie verliert.

Das rational-wissenschaftliche Gegenargument gegen die Annahme magischer Kraft überzeugt meiner Meinung nach ebensowenig, spricht es doch solchen Gegenständen jede objektive Kraft oder Wirkung ab, ohne ihrer *subjektiven* Kraft, der *symbolischen* Wirkung, die sie auf das Selbstverständnis der Betreffenden haben, Rechnung zu tragen. Tony schrieb dem alten Geldschein nicht aus naivem Aberglauben magische Kräfte zu, doch als Symbol für einen Wendepunkt in seinem Leben und in dem seines Freundes hatte er für ihn eine entscheidende Bedeutung. Aus diesem Grund waren die Koinzidenzen im Zusammenhang mit der Banknote für ihn synchronistisch, nicht magisch.

Das englische Wort *accident* bedeutet Zufall, aber auch – oder sogar meistens – Unfall. Wenn jemand, dessen Muttersprache Englisch ist, seinen Ehepartner an der Haustür mit den Worten begrüßt *»I had an accident«*, dann wird der Angesprochene wahrscheinlich sogleich nach dem Auto Ausschau halten, denn in den meisten Zusammenhängen ist mit *accident* ein Unfall oder ein anderes »physisches Mißgeschick« gemeint: Ich hatte einen Zusammenstoß mit dem Fahrrad, ich bin vom Baum gefallen und habe mir dabei den Arm gebrochen, meine kleine Nichte hat vor Schreck in die Hose gemacht und so weiter. In dem vorliegenden Buch ging es bisher nicht um Unfälle, sondern um Zufälle, um unvorhersehbare Ereignisse, die niemand bewußt herbeigeführt haben konnte. Doch in einer synchronistischen Situation können die beiden Bedeutungen des englischen Wortes *accident* zusammenfallen. Ein zufälliges physisches Mißgeschick, ein Unfall, kann wichtige Veränderungen mit sich bringen. So waren die in der folgenden Geschichte beschriebenen Unfälle, die Stephen zu einer Karriere verhalfen, von der er nicht mehr zu träumen gewagt hatte, auf einer anderen Ebene bedeutsame Zufälle.

»Schon als Teenager«, erzählte Stephen, »wollte ich unbedingt Filme drehen. Nach der High-School besuchte ich die Filmakademie und zog anschließend mit meinem Diplom in der Tasche und viel jugendlichem Optimismus los, um ein großer Filmemacher zu werden. Ich bewarb mich überall, doch niemand wollte mich haben. Nach einem Jahr fotografierte ich schließlich Babies für siebzig Cent pro gelungenem Schnappschuß. Eines Tages im Februar geriet mein Wagen in Brand und explodierte. Dieser Unfall hätte mich fast das Leben gekostet.

Da ich als Baby-Fotograf jedoch ein Auto brauchte, beschloß ich, meine Bolex [eine bestimmte Filmkamera] zu verkaufen, denn ich hatte die Hoffnung, irgendwann einen Job im Filmgeschäft zu bekommen, längst aufgegeben und mich resigniert darauf eingerichtet, mein Leben lang Babies zu fotografieren. Die Fernsehanstalten und Filmgesellschaften stellten nur Leute mit Erfahrung ein, und ich hatte keine: der übliche Teufelskreis. Ich gab eine Anzeige auf und bot meine Filmkamera zum Verkauf an.

Morgens um halb zehn meldete sich ein Kameramann von einem großen Fernsehsender auf mein Inserat. Er suchte eine zweite Kamera, die er als Reservekamera in den Kofferraum seines Wagens packen konnte, und fragte, ob er nach dem Abendessen vorbeikommen könne, um sich meine Bolex anzusehen. Ich war natürlich einverstanden.

Am Nachmittag wurde ein anderer Kameramann dieses Senders angeschossen. Als sein Kollege am Abend vorbeikam, fragte er mich: ›Könnten Sie Berichte für die Nachrichten drehen?‹ ›Na klar‹, antwortete ich. Er erklärte mir, daß sie dringend einen Ersatzmann für ein oder zwei Monate bräuchten, und fragte mich, ob ich sofort anfangen könne. Begeistert willigte ich ein, und schon am nächsten Tag war ich als Kameramann für eine Nachrichtensendung unterwegs. Ich arbeitete zwar nur so lange für diesen Sender, bis sich der angeschossene Kameramann wieder erholt hatte, doch in der Zeit konnte ich endlich praktische Erfahrungen sammeln, und ein paar Monate später kam ich bei einem anderen Sender unter. Seither habe ich kein einziges Baby mehr fotografiert.

Erst eine Serie höchst unerfreulicher Ereignisse hat mich an das Ziel gebracht, das ich trotz meiner Entschlossenheit und meiner intensiven Bemühungen auf andere Weise nicht erreichen konnte: Ich war arbeitslos, mein Wagen explodierte, ich mußte meine Kamera verkaufen, ein Kameramann wurde angeschossen, ich bekam den Job.

Wäre mein Wagen an einem anderen Tag in Brand geraten, wäre der Kameramann nicht angeschossen worden, hätte ich nicht die Anzeige aufgegeben – nichts wäre passiert.

Das Leben nimmt seinen Lauf, ohne danach zu fragen, was wir wollen oder nicht.«

Die Serie synchronistischer Ereignisse und Unfälle, die Stephens berufliche Laufbahn entscheidend veränderte, zeigt meiner Meinung nach gut, daß die Bedeutung eines Glücksfalls oder eines Unfalls nicht irgendwo außerhalb von uns in den Ereignissen liegt, die schließlich Zufälle sind, sondern damit zu tun hat, wie wir die Zufälle erleben, interpretieren und zu einer Geschichte zusammenfügen – wie Stephen in seinem abschließenden Resümee.

Derartige Zufälle können in unseren Geschichten eine Bedeutung erhalten oder auch nicht. Zufälle ereignen sich jeden Tag. Wir verwechseln wie Elise einen Termin, wir geraten wie Gail an einen sexistischen, unkooperativen Doktorvater, ein Auto explodiert und ein Kollege wird unglücklicherweise von einer Kugel getroffen wie in der Geschichte von Stephen. Ob ein Zufallsereignis synchronistisch ist, hängt nicht von der Art des Zufalls ab, sondern von seinem Platz in unserer Lebensgeschichte.

Interessant an vielen Geschichten über bedeutsame Koinzidenzen im Arbeitsleben ist, daß solche Zufälle offensichtlich bevorzugt dann geschehen, wenn ein scheinbares Unglück oder Mißgeschick die betreffende Person gezwungen hat zu kapitulieren. Es scheint fast so, als sei ohne das Eingeständnis einer Niederlage kein Weiterkommen möglich. Nur weil Stephen nach der Explosion seines Autos seine Bolex opfern mußte, lernte er den Mann kennen, der ihm schließlich zu seinem Traumjob verhalf. Elise zwang die peinliche Verwechslung des Termins zu dem Eingeständnis, daß es ein Fehler war, sich auf eine Karriere als Opernsängerin zu versteifen. Gails Pechsträhne öffnete ihr die Augen und half ihr, einen Beruf zu finden, mit dem sie nach wie vor zufrieden ist. Bei Zufällen dieser Art drängt sich der Verdacht auf, daß sie einem Zweck dienen, denn all die Unfälle und Rückschläge, die diese Menschen in ihrem Berufsleben erlitten und die sie zur Aufgabe ihrer bisherigen Haltung gezwungen haben, erwiesen sich schließlich als entscheidende Wendepunkte.

Aus dem Nichts: Geschichten über hilfreiche Synchronizitäten im Berufsleben

Synchronistische Ereignisse wie die soeben geschilderten können uns in der Tat vor Augen führen, wie engstirnig unser typisch menschliches Beharren auf einer ganz bestimmten Laufbahn oder einem ganz bestimmten Beruf ist. Ich habe aber auch die Beobachtung gemacht, daß bedeutsame Zufälle entscheidend zu Erfolg und Erfüllung im gewählten Beruf beitragen können. Manche Zufälle bestärken uns in unseren beruflichen Zielen und Vorstellungen, andere stellen sie in Frage, und wieder andere erscheinen zunächst unwichtig, entpuppen sich jedoch im nachhinein als ausgesprochen hilfreich.

Mein Freund Mark rang sich zu der Entscheidung durch, seine Stelle als Sozialarbeiter in einer großen New Yorker Klinik aufzugeben und nach Kalifornien zu ziehen. Damit schien seine Zukunft völlig ungewiß. Seine Arbeit lag ihm, und er wollte auch weiterhin im sozialen Bereich tätig sein, doch nach einer Reihe enttäuschender Entscheidungen der Klinikverwaltung sah er keine Möglichkeit mehr, in nächster Zeit beruflich weiterzukommen. Zudem war soeben seine Beziehung in die Brüche gegangen. Nach einem Besuch bei seiner Schwester an der Westküste war er so zuversichtlich, daß er alle Zelte in New York abbrach und nach San Francisco zog. Doch der mit dem Umzug verbundene Streß und die Ungewißheit, was ihn in seiner neuen Umgebung erwarten würde, belasteten ihn sehr. Selbst als er bei einer sozialen Institution in der Nähe seiner neuen Wohnung Arbeit fand, zweifelte er immer noch an der Richtigkeit seiner Entscheidung.

Dann kam Mark eines Tages mit einem Kollegen namens John ins Gespräch, der ein anderes Sozialprogramm betreute, und verblüfft stellte er fest, daß er und dieser neue Kollege – wie die drei Debbies im vorigen Kapitel – geradezu unheimlich viel gemeinsam hatten. Beide hatten sich ohne Erfolg um denselben Posten bei dieser Institution beworben, dann jedoch eine andere Stelle bekommen. Ihre Büros lagen nebeneinander. Und Mark hatte eine Wohnung genau gegenüber der von John bezogen. John hatte zur gleichen Zeit in New York gelebt wie Mark und direkt gegenüber von Johns Büro gewohnt. John gestand Mark, daß er in einer schwierigen Phase seines Lebens in genau der Klinik Hilfe gesucht hatte, in der Mark vor seinem Umzug nach Kalifornien tätig gewesen war. Doch ihre Gemeinsamkeiten hatten schon viel früher begonnen. Die beiden waren in Nachbarstädten im Herzen von Iowa aufgewachsen und hatten von den vielen großen High-Schools in dieser Region ausgerechnet die beiden besucht, deren Sportmannschaften Erzrivalen waren.

Mark empfand diese Zufallsserie als bedeutsam, denn daß ihm in einer so schwierigen Phase, in der er sich oft beklommen fragte, ob es nicht doch besser gewesen wäre, in New York zu bleiben, ein Freund und Kollege beschert wurde, mit dem er so vieles gemeinsam hatte, war für ihn ein Zeichen, daß seine Entscheidung für Kalifornien wohl doch richtig gewesen war. In John fand Mark einen Menschen, der – im wörtlichen wie im übertragenen Sinne – wußte, »wo er herkam«. Oder anders ausgedrückt: Johns Gegenwart vermittelte Mark das Gefühl, an seinem neuen Arbeitsplatz zu Hause zu sein.

Eine synchronistische Erfahrung ganz anderer Art machte meine Bekannte Patty, als sie eine neugeschaffene Abteilung in ihrer Software-Firma übernahm und sich dabei – um ihre eigenen Worte zu gebrauchen – »völlig verschätzte«. Sie hatte schon seit längerer Zeit eine leitende Stellung mit mehr Verantwortung angestrebt, und da sie beliebt und tüchtig war, erhielt sie schließlich die Einwilligung, gemeinsam mit einem Kollegen, mit dem sie bereits zusammengearbeitet hatte und recht gut ausgekommen war, ein kleines Projekt in Angriff zu nehmen. Begeistert und stolz stürzte sie sich in die Arbeit.

Sie erzählte, zunächst habe sie gar nicht richtig gemerkt, wie sehr ihre mangelnde Erfahrung als Abteilungsleiterin und eigene Unsicherheiten ihr Urteilsvermögen trübten. Sie spielte sich ihrem Kollegen gegenüber als Chefin auf, gab sich übertrieben selbstbewußt und war so übermotiviert, daß es in dem einst guten Verhältnis bereits nach einer Woche erheblich kriselte. Ohne sich mit irgend jemandem abzusprechen, beschloß Patty selbstherrlich diverse Veränderungen, die das Projekt, den Arbeitsablauf und die zukünftige Entwicklung der neuen Abteilung betrafen, und bald legte sie das gleiche autoritäre Verhalten an den Tag, wie sie es von ihren Chefs kannte. Die Quittung für ihre Arroganz erhielt sie am darauffolgenden Montag. Der ihr zugeteilte Mitarbeiter fragte sie höflich, ob sie Lust habe, mit ihm in einem nahegelegenen chinesischen Restaurant zu Mittag zu essen. Dort nahm er dann kein Blatt mehr vor den Mund, sondern sagte ihr offen seine Meinung. Er machte ihr unmißverständlich klar, was er über ihr Verhalten ihm gegenüber dachte und daß er kein Interesse an einer weiteren Zusammenarbeit habe, wenn sie nicht bereit sei, kooperativer zu sein.

Hätte Patty sich in einer anderen Situation befunden und einem anderen Menschen gegenübergesessen, dann hätte sie seine Reaktion leicht darauf zurückführen können, daß es ihm offenbar schwerfiel, eine Frau als Vorgesetzte zu akzeptieren. Doch tief in ihrem Innern wußte sie, daß ihr der Stolz und die Freude über die Beförderung zur Abteilungsleiterin zu Kopf gestiegen waren und daß sie aus Unsicherheit und Übereifer zu weit gegangen war. Sie versuchte sich bei ihrem Kollegen zu entschuldigen, der eindeutig lieber *mit* ihr als *unter* ihr oder *für* sie an diesem neuen Projekt arbeiten wollte, aber sie spürte, daß ein paar entschuldigende Worte nicht ausreichten, um den Schaden wiedergutzumachen. Und was stand an jenem Tag auf dem Zettelchen in ihrem Glückskeks? »Ein großer Führer herrscht mit der Stärke des Herzens, nicht mit der Stärke der Hand.«

An dieser Stelle der Geschichte zog Patty das Zettelchen hervor und sagte, damit habe sie »einen Wahlspruch für's Leben« erhalten. Ein scheinbar unbedeutender Vorfall veranlaßte sie, eine ganz neue Haltung anzunehmen. Sie heftete den weisen Spruch über ihren Schreibtisch, wo er heute noch hängt und sie daran erinnert, daß man Autorität nicht durch bloße Machtausübung gewinnt. Schließlich gelang es ihr, das einst gute Verhältnis zu ihrem Kollegen wiederherzustellen. Die Erkenntnis, die ihr damals mit dem Glückskeks beschert wurde, habe sich im Verlaufe ihrer Karriere als ausgesprochen nützlich erwiesen.

Wer in einem Dienstleistungsberuf oder in der Welt der Wirtschaft Karriere machen will, muß sich durch besondere Leistungen auszeichnen. Das gilt auch für künstlerische Berufe, doch während die Kompetenz eines Arztes oder einer Abteilungsleiterin sich gewöhnlich nach objektiven Kriterien beurteilen läßt, ist künstlerisches Talent etwas Subjektives. Wer seine Aufgabe oder Berufung darin sieht, etwas Schönes zu schaffen, muß sich fast ganz auf seinen Instinkt und seine Erfahrungen verlassen. So überrascht es nicht, daß Synchronizitäten – subjektiv bedeutsame, zufällige Erlebnisse – häufig ein integraler Bestandteil des schöpferischen Prozesses sind.

Matthew leitete seine Geschichte mit der Bemerkung ein, Gesangslehrer seien schon immer Tyrannen gewesen, die ihre Auffassung für die einzig richtige hielten und keinen Widerspruch von ihren Schülern duldeten. So gesehen war die Situation, in die Matthew zu Beginn seiner Karriere geriet, wohl nicht besonders ungewöhnlich: Zwischen ihm und seinem Gesangslehrer kam es zu ernsthaften Differenzen darüber, welches Stück Matthew bei einer bevorstehenden Anhörprobe vorsingen sollte. Sein Gesangslehrer bestand auf einer bestimmten Arie, und Matthew, eingeschüchtert von der dominanten Persönlichkeit und dem guten Ruf des Lehrers, quälte sich schließlich so lange mit der schwierigen Komposition ab, bis er sie perfekt vortragen konnte. Er sah zwar durchaus ein, daß die Arie sich optimal dazu eignete, die Vielseitigkeit seiner Stimme in kurzer Zeit eindrucksvoll unter Beweis zu stellen, aber da sie ihm immer noch zu wenig geläufig war, um sie auf eine ganz persönliche Art vortragen zu können, hätte er lieber ein anderes Stück vorgesungen. Matthew war damals noch relativ unerfahren und nicht sehr oft zu Anhörproben gegangen; so sagte er sich trotz seiner gemischten Gefühle, sein Gesangslehrer werde es wohl am besten wissen.

Eines Tages, als Matthew beim Üben erneut über die Sache nachdachte, begann er ein altes italienisches Lied vor sich hinzuträllern, das zum Standardrepertoire aller angehenden Opernsänger gehörte, im allgemeinen jedoch nur als »Übungsstück« betrachtet wurde. Er malte sich aus, was wohl geschehen würde, wenn er auf der Anhörprobe einfach dieses kleine Liedchen vorsänge. Mit dieser rebellischen Phantasie im Kopf und dem Lied auf den Lippen verließ er das Haus, stieg in seinen Wagen, schaltete das Autoradio ein – und hörte keinen geringeren als Pavarotti eine eigene Interpretation just dieses Liedchens singen. Daß eine so ungewöhnliche Aufnahme überhaupt existierte, daß sie von einem Sender gespielt wurde, der sonst nur Instrumentalmusik brachte, und zwar in genau dem Augenblick, in dem ihm eben dieses Lied durch den Kopf ging, erschien Matthew als bedeutsamer Zufall. Pavarottis geschmackvolle, unprätentiöse Interpretation im Ohr, beschloß er, seiner Eingebung zu folgen und bei der Anhörprobe statt der Arie dieses Lied vorzutragen, ohne seinen Gesangslehrer davon zu unterrichten.

Matthew faßte den verblüffenden Zufall als Ermunterung auf, sich auf seinen Instinkt zu verlassen. Vollends überrascht war er, als der weitere Gang der Ereignisse seine synchronistische Interpretation ganz und gar bestätigte. Auf der Anhörprobe sang der Bewerber vor ihm genau die Arie, die sein Gesangslehrer ihm eingepaukt hatte, und zwar so perfekt, daß Matthew nicht hätte mithalten können. Zudem erfuhr er später, nachdem er eine kleine, aber wichtige Rolle in der Aufführung bekommen hatte, daß der musikalische Leiter eine Schwäche für alte italienische Lieder hatte und von Matthews unkonventioneller Wahl so begeistert gewesen war, daß er ihn letztlich deshalb engagiert hatte.

Was lernte Matthew aus seinem synchronistischen Erlebnis? So nützlich die Hilfen und Ratschläge seines Gesangslehrers auch sein mochten, wichtiger als objektive Erwägungen war seine eigene, subjektive Erfahrung als Künstler: daß er spürte, was für ihn das Richtige war, welches Material ihn am meisten ansprach. Objektiv gesehen hatte sein Gesangslehrer die bessere Entscheidung getroffen, denn die Arie hätte Matthews Stimme optimal zur Geltung gebracht – aus genau diesem Grund hatte der Bewerber vor ihm sie ja auch vorgetragen –, doch sie lag Matthew damals einfach nicht; es widerstrebte ihm, sie zu singen. Mit der Geschichte einer synchronistischen Erfahrung am Anfang seiner Sängerkarriere wollte Matthew folgendes deutlich machen: Wenn man die technischen, objektiven Fertigkeiten seines Metiers erst einmal beherrscht, sollte man stets auf sich und die eigenen Gefühle hören. Tue man das nicht, so meinte Matthew, dann könne es sein, daß man vom Leben sanft daran erinnert werde.

Die Geschichte von Matthew, den eine Synchronizität ermutigte, auf der Anhörprobe ein schlichtes Lied vorzutragen anstelle einer großen Arie, ist nur eines von vielen Beispielen, wie jemand aus heiterem Himmel genau die Unterstützung erhielt, die er brauchte, um seine beruflichen Ziele verwirklichen zu können. Solche wahren Geschichten über hilfreiche Zufälle in unserem Arbeitsleben können den Zauber und die Dramatik von Märchen haben. Rumpelstilzchen taucht genau im richtigen Augenblick aus dem Nichts auf, hilft der verzweifelten, eingekerkerten Prinzessin, das Stroh zu Gold zu spinnen, und führt damit die glückliche Wende herbei. Aber so geht es doch nur im Märchen – oder?

So ging es auch Danielle, die zusammen mit zwei Freunden eine kleine, gemeinnützige Einrichtung gegründet hatte, um den Obdachlosen einer größeren Stadt im Süden Amerikas zu ihren Rechten und mehr materieller Unterstützung zu verhelfen. Das war keine leichte Aufgabe, denn die meisten Bürger wollten mit Menschen, die auf der Straße lebten, nichts zu tun haben. Durch harte Arbeit und Beziehungen und mit viel Organisationstalent gelang es Danielle und ihren Partnern dann jedoch, in wenigen Jahren eine gut funktionierende soziale Einrichtung aufzubauen, die von verschiedenen staatlichen und privaten Stiftungen als förderungswürdig anerkannt wurde.

Mit dem Erfolg stellten sich wie so oft ganz neue Probleme ein. Sie erhielten inzwischen Zuschüsse von so vielen Seiten, daß die Buchführung immer schwieriger wurde. Ihr Teilzeit-Finanzberater war der Aufgabe nicht mehr gewachsen und wußte das auch. Eines Nachmittags auf ihrer allwöchentlichen Leiterbesprechung gestanden Danielle und ihre beiden Partner sich ein, daß es so nicht mehr weitergehen konnte. Um ihre Buchführung in den Griff zu bekommen, brauchten sie eine versierte Fachkraft, die sich mit gemeinnützigen Einrichtungen auskannte, doch da eine solche Stelle in ihrem Etat nicht vorgesehen war, würden sie nur ein bescheidenes Gehalt zahlen können. Die Lage schien hoffnungslos.

Da klingelte in dem kleinen Beratungszimmer das Telefon, obwohl die Empfangssekretärin genau wußte, daß sie während ihrer Besprechungen nicht durch Telefongespräche gestört werden wollten. Leicht verärgert über die Störung nahm Danielle den Hörer ab; zu ihrer Überraschung meldete sich eine ältere Frau, die als Chefbuchhalterin bei einer großen Sozialeinrichtung gearbeitet hatte, inzwischen aber pensioniert und seit kurzem Witwe war. Sie fragte Danielle, ob sie nicht jemanden mit ihren Kenntnissen gebrauchen könne. Danielle glaubte eigentlich nicht an Synchronizitäten, doch als sie die Frau kennenlernte und feststellte, daß sie genau die richtige war, gab dieser erstaunliche Zufall ihr doch zu denken. Sie vereinbarte mit der neuen Mitarbeiterin eine sechsmonatige Probezeit. Solange wollte sie versuchen, Geld aufzutreiben, um sie fest anstellen zu können, und das gelang ihr schließlich auch.

Danielle und Matthew bekamen genau zum richtigen Zeitpunkt, was sie brauchten. Dies brachte mich auf den Gedanken, daß Märchen wie Rumpelstilzchen sich nicht deshalb so großer Beliebtheit erfreuen, weil sie uns tröstliche Phantasien liefern, wie das Leben sein könnte, sondern weil sie Geschichten schildern, wie wir sie manchmal tatsächlich erleben. Wahrscheinlich haben die meisten Menschen schon auf die eine oder andere Weise, in großen oder in kleinen Dingen, eine solche »Rumpelstilzchen-Erfahrung« gemacht. Wenn wir akzeptieren, daß es Synchronizitäten gibt, daß aus heiterem Himmel Dinge geschehen können, die uns die Geschichte, die wir leben, bewußt werden lassen, dann verwischt sich der berühmte Unterschied zwischen Wahrheit und Dichtung oder verschwindet ganz. Wenn wir bedenken, wie dramatisch synchronistische Erlebnisse wie die von Danielle und Matthew oft ablaufen, könnten wir durchaus zu dem Schluß kommen, daß die Dichtung das Leben imitiert und nicht umgekehrt.

Zum ersten, zum zweiten, zum dritten: Synchronizität und der Abschied von einer Stelle

Ein synchronistisches Ereignis kann uns einen Job bescheren oder uns helfen, unsere Arbeit gut zu machen. Doch auch in Geschichten über das Ende eines Arbeitsverhältnisses können bedeutsame Zufälle eine Rolle spielen, die den Betreffenden entweder bestätigten, daß sie sich in einer Übergangsphase befanden, oder die eine Veränderung zwingend erforderlich machten und damit eine Übergangsphase einleiteten.

Ich habe in meinem Leben schon dreimal eine Stelle aufgegeben, kurz bevor das betreffende Unternehmen völlig unerwartet in eine Krise geriet. Das war für mich ein wichtiges synchronistisches Erfahrungsmuster, nicht nur weil ich gleich dreimal gerade noch rechtzeitig den Absprung schaffte, sondern weil ich eigentlich ein Mensch bin, der zu übertriebener Anhänglichkeit neigt und an einer einmal eingegangenen Verpflichtung bisweilen hartnäckiger festhält, als für mich und meine Mitmenschen gut ist. Haben drei gleichartige synchronistische Erfahrungen mir eine längst fällige Lektion erteilt?

Mit dem ersten Job – einem EDV-Teilzeitjob in einer Beratungsfirma, mit dem ich mir während meiner letzten Semester nebenbei etwas Geld verdiente – war ich rundum zufrieden. Ich hatte flexible Arbeitszeiten, wurde gut bezahlt und war mit einigen Kollegen aus meiner Abteilung eng befreundet. Ich hoffte damals, in dieser Firma nach meinem Examen als Vollzeitkraft weiterarbeiten zu können und nebenbei als Assistent die Praxisstunden zusammenzubekommen, die ich für meine Zulassung als Therapeut brauchte. Der Leiter der EDV-Abteilung und dessen Vorgesetzter hatten mir versichert, daß das möglich sein werde. Mir wurden hervorragende Leistungen bescheinigt, da ich für diese Arbeit eigentlich überqualifiziert war. Während ich an meiner Abschlußarbeit schrieb, ging ich fest davon aus, daß ich im Sommer eine Vollzeitstelle erhalten würde.

Dann wurde ich eines Tages ins Büro des Personalchefs gerufen, und dort eröffnete man mir ohne Umschweife, daß es für mich vorerst keine Möglichkeit gebe, vierzig Stunden pro Woche zu arbeiten. Einige feste Mitarbeiter hätten ebenfalls um eine Verlängerung ihrer Arbeitszeit gebeten, und ihre Wünsche hätten für die Geschäftsleitung Priorität. Ich war natürlich wütend und enttäuscht, weil ich mich bereits auf eine langfristige Tätigkeit bei dieser Firma eingerichtet hatte; meine Erwartungshaltung verriet zwar viel über mich und meinen Hang zu langfristigen Verpflichtungen, aber offenbar auch meine völlige Unkenntnis der tatsächlichen Verhältnisse in der Firma, der Sachzwänge, denen meine Vorgesetzten unterworfen waren. War es denn nicht verständlich, daß sie ihre festen Mitarbeiter bevorzugten, zumal ich nie einen Hehl aus meinen eigentlichen beruflichen Zielen gemacht hatte? Im nachhinein ist es natürlich verständlich, doch damals fiel ich aus allen Wolken. Da ich es leid war, dauernd knapp bei

Kasse zu sein, und nicht länger ein jobbender Student sein wollte, kündigte ich meinem Chef nach einigem Zögern an, daß ich nur noch bis zum Ende des Semesters bleiben würde. Auf der obligatorischen Ausstandsparty verabschiedete ich mich von all meinen Freunden; da ich inzwischen eine Vollzeitstelle bei einer kleinen Investment-Firma gefunden hatte, trauerte ich dem Job nicht mehr nach.

Zwei Monate später rief mich ein ehemaliger Kollege an und erzählte mir, daß bei einer Rechnungsprüfung in der Beraterfirma alle möglichen Unregelmäßigkeiten in den Büchern entdeckt worden seien. In allen Abteilungen würden Leute entlassen; ich sei gerade noch rechtzeitig der Katastrophe entronnen. Einige Mitarbeiter der EDV-Abteilung hätten sogar gerichtliche Vorladungen erhalten und müßten unter Eid Aussagen zu möglichen illegalen Vorgängen in der Firma machen! Als ich das hörte, war ich erleichtert und froh, daß es mir erspart geblieben war, in diesen üblen Schlamassel hineingezogen zu werden. Darüber hinaus maß ich dem glücklichen Zufall keine weitere Bedeutung bei – bis er sich wiederholte.

Ich arbeitete inzwischen – für mehr Geld und zu besseren Konditionen – tagsüber bei der Investment-Firma und abends und an den Wochenenden als Therapeut in einer Klinik. Ich war mit diesem zweiten Job so zufrieden und verstand mich so gut mit meinen neuen Kollegen, die wie eine große Familie waren, daß ich sechs Jahre dort blieb. Selbst als ich meine Zulassung bekam und zu praktizieren begann, konnte ich mich einfach nicht dazu durchringen, den EDV-Job aufzugeben. Viele meiner Freunde konnten das nicht begreifen, doch mein Gefühl der Verbundenheit mit meinen Kollegen war so groß, daß ich es nicht über mich brachte, einfach wegzugehen. Ich einigte mich mit der Firma auf eine Kompromißlösung, um den Abschied noch eine Weile hinauszuzögern: Ich ließ meine Stelle in eine Halbtagsstelle umwandeln, so daß ich Zeit hatte, meine Praxis auszubauen, aber nicht gezwungen war, alle Verbindungen zu der Firma zu kappen.

Doch dann erfuhr ich von einem Freund, daß eine bedeutende psychiatrische Einrichtung in der Stadt einen organisatorischem Leiter für eines ihrer Programme suchte. Ich bewarb mich um die Stelle, ohne meine Chefs in der EDV-Firma davon zu unterrichten. Zu meiner Überraschung bekam ich sie, obwohl ich auf organisatorischem Gebiet wenig Erfahrung hatte. Der Abschied von meinen Kollegen war so traurig wie erwartet. Trotzdem freute ich mich darauf, von nun an im therapeutischen Bereich zu arbeiten statt im Büro einer Investment-Firma.

Ein halbes Jahr später geriet auch diese Firma in die Krise. Da sie sich während des Booms in den achtziger Jahren mit Grundstücksinvestitionen und hohen Krediten finanziell übernommen hatte, mußte sie radikal Personal abbauen, um die Wirtschaftsflaute der neunziger Jahre zu überstehen. Zwei Gründungsmitglieder traten zurück, als gegen die Firmenleitung alle möglichen Anschuldigungen und Klagen erhoben wurden. Um Kosten zu sparen, gab die Firma ihre Büros in der Innenstadt auf und zog in einen trostlosen Vorort. Wieder hatte ich das Gefühl, noch einmal davongekommen zu sein, doch deutlicher als beim ersten Mal wurde mir klar, daß mein Glück reiner Zufall war; schließlich hatte ich meine Kündigung so lange wie möglich hinausgezögert.

Der Zufall, daß ich nun schon zum zweiten Mal eine Firma gerade noch rechtzeitig verlassen hatte, bevor sie in eine Krise geriet, regte mich dazu an, über meine bisherigen Arbeitsverhältnisse nachzudenken. Im nachhinein betrachtet, war es gut, daß ich sie aufgelöst hatte, doch es hatte mich viel Überwindung gekostet, und ich hatte es nur getan, weil ich glaubte, keine andere Wahl zu haben. Jedesmal hatten sich all meine Gefühle gegen eine Veränderung gesträubt. Als sich derselbe Zufall dann zum dritten Mal ereignete, erkannte ich, daß meine Neigung, fällige Entscheidungen hinauszuzögern, problematisch sein konnte.

Nachdem ich sechs Jahre lang ein zunächst kleines Aids-Präventionsprogramm geleitet und mit Hilfe engagierter

Kollegen und staatlicher Subventionen weiter ausgebaut hatte, fühlte ich mich mit der Einrichtung, in der ich arbeitete, zwar nicht so stark verbunden wie zuvor den beiden Firmen, aber aus Loyalität und Pflichtgefühl blieb ich mindestens ein Jahr länger dort, als ich hätte bleiben sollen. Ich sagte mir ständig, daß meine Arbeit wichtig war, daß es für mich noch einiges zu tun und zu lernen gab, doch in Wirklichkeit war es längst Zeit zu gehen. Die organisatorischen Probleme, die nach meinem Fortgang eskalierten, lagen bereits in der Luft. In meinem letzten Jahr hatte ich bereits viel Zeit mit Diskussionen über eine Zusammenlegung dieser Einrichtung mit einer anderen verbracht. Natürlich fühlte ich mich verpflichtet, bestimmte von mir initiierte Projekte zu Ende zu führen, doch dann reichte ich meine Kündigung ein, genoß mein Abschiedsessen und ging. Diesmal brach die Krise nicht erst ein paar Monate später aus, sondern schon in der Woche nach meinem Weggang. Ich erfuhr, daß der Direktor der Einrichtung zurückgetreten war, daß der neu ernannte Direktor der beiden zusammengelegten Einrichtungen sich dauerhaft hatte krank schreiben lassen und daß im ganzen Haus ein totales organisatorisches Chaos herrschte.

So war es mir dreimal erspart geblieben, üble Auseinandersetzungen und organisatorische Katastrophen miterleben zu müssen – ein Glück, für das ich heute noch dankbar bin. Vielleicht würden es andere einfach nur gutes Timing nennen, doch das synchronistische Element dieser Serie von Glücksfällen liegt darin, daß die drei Erfahrungen die Geschichte meines Arbeitslebens prägten, daß sie mir insbesondere bewußt machten, wie wichtig es manchmal ist, eine Arbeit aufzugeben. Da ich ein Mensch bin, dem es schwerfällt, sich von einer einmal übernommenen Aufgabe oder Verpflichtung zu trennen, der zu allzu großer Anhänglichkeit neigt und ein ausgeprägtes Bedürfnis nach Stabilität hat, konnte ich diese Lektion nur so lernen. In der Zufallsserie, durch die ich dreimal hintereinander einer Krise entging, erkenne ich die Geschichte eines Mannes, der sich stets bewußt bleiben sollte, wie wichtig es ist, etwas zur richtigen Zeit und aus den richtigen Gründen zu beenden, so schmerzlich der Abschied auch sein kann und so wichtig die Tätigkeiten oder Beziehungen auch gewesen sein mögen. Diese synchronistischen Erlebnisse gewährten mir und jenen, denen ich sie erzählte, nicht Einblick in die Realität, sondern Einblick, wie ich mit der Realität umgehe.

Val, eine Kollegin von mir, erinnerte sich an eine besonders dramatische Geschichte über eine synchronistische Mahnung, einen Job aufzugeben. Sie fühlte sich damals als alleinerziehende Mutter auf ihren Job angewiesen, da sie dringend Geld brauchte und so gut wie keine marktfähigen Qualifikationen vorzuweisen hatte. So nahm sie einen tyrannischen Chef und eine weite Anfahrt in Kauf, machte sich Tag für Tag verdrossen auf den Weg ins Büro, tat, was man ihr befahl, steckte ihren Gehaltsscheck ein und hielt im übrigen den Mund. Doch nach einer Weile hatten sich in ihr soviel Frust und Wut angestaut, daß es sie immer mehr Überwindung kostete, sich morgens zum Bahnhof zu schleppen, den Nahverkehrszug zu besteigen und klaglos die Befehle des verhaßten Chefs auszuführen. Natürlich war sie tausendmal am Tag versucht, den Job hinzuschmeißen, doch jedesmal sagte sie sich resigniert, daß das in ihrer Situation unmöglich war und daß sie sowieso keinen besseren Job finden würde, da sie nichts Richtiges gelernt hatte.

Eines Tages wartete sie wie gewöhnlich am Bahnsteig auf ihren Zug und dachte mit Grauen an den bevorstehenden Tag, da übermannten sie eine verzweifelte Wut über ihre Lage und ein unbändiges Verlangen nach einem freien Tag, einem einzigen Tag, an dem sie all das nicht ertragen mußte. »Doch mir war klar, daß sich schon eine Katastrophe ereignen mußte, damit mein Chef mir frei gab«, erinnerte sich Val. »Er war nicht der Typ, der eine Krankmeldung akzeptierte. Er hätte mir danach das Leben nur noch schwerer gemacht, und das war es nicht wert. Nein, um da 'raus zu kommen, mußte schon etwas wirklich Außergewöhnliches passieren.«

In diesem Augenblick, erzählte Val, habe sie eine gewaltige Explosion gehört und in einiger Entfernung über den Schienen riesige Flammen aus einer schwarzen Rauchwolke hochschlagen sehen. Kurz darauf hieß es, die Lokomotive des Zuges, auf den sie wartete – des Zuges, mit dem sie jeden Tag zur Arbeit fuhr –, sei soeben explodiert. Fassungslos stand Val da und beobachtete wie hypnotisiert das Feuer, die eintreffenden Feuerwehrautos, Hubschrauber und Krankenwagen und die über den Bahnsteig zum Unfallort stürmenden Notfallkommandos, die sich nach Kräften bemühten, eine so ungewöhnliche, einmalige Katastrophe unter Kontrolle zu bekommen. Für Val war die Explosion ein Symbol, das ihr sagte: Sieh zu, daß du aus deinem Job herauskommst, sonst wirst du explodieren. Sie gab den Job gleich danach auf, und unerwartet verbesserte sich ihre Lage zusehends. Heute arbeitet sie auf einem Gebiet, das ihr liegt, und sie fühlt sich viel wohler. Die symbolischen Aspekte eines synchronistischen Ereignisses werden uns nicht immer so gewaltsam bewußt wie in Vals Fall, doch sie war froh, daß die Botschaft so unmißverständlich kam.

Der Mythos von Erfolg und Mißerfolg: Wenn eine Tür zugeht, öffnet sich ein Fenster

Die geschilderten Beispiele zeigen einen Zusammenhang zwischen dem Zeitpunkt, zu dem eine Arbeit aufgegeben wird, und synchronistischen Phänomenen. Manchmal, so bei meinen Erlebnissen, wird der Zusammenhang erst im nachhinein verstanden, oder, so in Vals Geschichte, er wird an einem eindrucksvollen Symbol sofort erkennbar. Vielleicht ist ja auch die unfreiwillige Aufgabe des Arbeitsplatzes – mit anderen Worten, die Entlassung – ein solches synchronistisches Ereignis, dessen Bedeutung sich erst später herauskristallisiert. Dieser Aspekt der Synchronizität – die Erfahrung, daß ein Unglück oder eine Pechsträhne sich im nachhinein als bedeutsam erweist – macht uns besonders deutlich bewußt, wie sehr unser Leben einer Geschichte gleicht. Nehmen wir Charles Dickens' Erzählung *Ein Weihnachtslied:* Als Bob Cratchit am Heiligen Abend gefeuert wird, ahnt er nicht, auf welch wundersame Weise sich das Verhältnis zwischen ihm und seinem Chef Ebenezer Scrooge bald verändern wird. Wenn wir aufgrund der Bedeutung, die zufällige Ereignisse im nachhinein für uns bekommen können, unser Leben als eine Geschichte begreifen, dann müssen wir die Frage, was »Erfolg« und was »Mißerfolg« heißt, ganz neu überdenken. Ziehen wir die Möglichkeit in Erwägung, daß es gar keine Zufälle gibt, so werden die konventionellen Definitionen dieser Begriffe geradezu auf den Kopf gestellt.

Ich begriff das früh in meiner Karriere als Therapeut, als wiederholt Patienten die Behandlung bei mir abbrachen, mich sozusagen feuerten. Einige gaben mir deutlich zu verstehen, daß sie mit dem Verlauf der Sitzungen unzufrieden waren und meine Kompetenz anzweifelten. Oft rief, kaum daß ein Patient abgesagt hatte, jemand an, der eine Therapie beginnen wollte und nur zu einer bestimmten Uhrzeit kommen konnte: zu dem soeben freigewordenen Termin. Diese Art Zufall erlebte ich im Verlauf meiner Tätigkeit als Therapeut so häufig, daß ich zugegebenermaßen versucht war, die Koinzidenz kausal zu deuten – als würde eine wohlmeinende Macht im Universum sich persönlich um mich und die Termine meiner Patienten kümmern und mir bestätigen, daß ich meine Arbeit richtig machte. Doch ohne den Glauben an einen objektiven, äußeren Urheber derartiger Zufälle (ein Thema, mit dem wir uns im sechsten Kapitel ausführlich beschäftigen werden), ist der Plan, den ich hinter den komplizierten Terminmanövern erahne, die subjektive Geschichte meines Lebens als Therapeut, in deren Verlauf meine egoistischen und konkreten Vorstellungen von Erfolg und Mißerfolg der Erkenntnis wichen, daß »Erfolg« und »Mißerfolg« keine absoluten, sondern relative Größen sind. Wenn dieselbe Situation sich immer wieder wiederholt – ähnlich wie damals nach meinen Kündigungen –, nehme ich mein eigenes Wachstum wahr und nicht eine wohlmeinende, objektive Macht, die mich etwas lehren will.

Die Vorstellung, daß Erfolg und Mißerfolg relativ sind, ist faszinierend, und das wohl aus demselben Grund, aus dem auch die Akausalität der Synchronizität faszinierend ist: Beide haben etwas mit der Rolle unseres Ichs in unserem Leben zu tun. In den Definitionen von »Erfolg« und »Mißerfolg«, die ich zunächst benutzt habe, ist unschwer das unsichere Ich eines Berufsanfängers zu erkennen – der Wunsch, bestätigt zu bekommen, daß ich wußte, was ich tat, daß ich kompetent war, mich auskannte und alles im Griff hatte. Synchronistische Ereignisse, bedeutsame Zufälle, konfrontierten mein Ich mit seiner beschränkten Sichtweise, da Dinge, die zunächst negativ erschienen, später eine vollkommen andere Bedeutung erhielten.

Je nachdem, in welchem Maße Menschen bei der Gestaltung ihres Lebens auf ihr Ich vertrauen, sind synchronistische Ereignisse entweder transformativ oder aber verpaßte Gelegenheiten, zu tieferer Einsicht zu gelangen. Damit kommen wir zu einer weiteren Antwort auf die Frage: »Wie geht man mit einem synchronistischen Ereignis um?« Sie lautet: Bilden Sie sich nicht ein, sie könnten alle Fragen schon jetzt ein für allemal beantworten, denn ein heute erlebter Rückschlag kann im weiteren Verlauf der Geschichte eine ganz andere Bedeutung annehmen.

Marco, ein italienischer Restaurantbesitzer und früherer Chef von mir, hatte es sich zum Beispiel in den Kopf gesetzt, ein »Juwel von einem Restaurant«, wie er es nannte, in einer sehr vornehmen Gegend von New Jersey zu kaufen, da er schon lange davon träumte, sein Geschäft zu erweitern. Die Verhandlungen zogen sich hin, was teilweise am undurchsichtigen Charakter des Mannes lag, der das Restaurant verkaufte, teilweise aber auch an allen möglichen zufälligen und unvermeidlichen Ereignissen, die den Vertragsabschluß immer wieder verzögerten. Marcos Frustration wuchs, denn er wollte endlich anfangen, das Lokal umzubauen und neu zu gestalten, Personal anzuheuern und auszubilden, Werbung zu machen und alles Nötige in die Wege zu leiten, damit sein neues Restaurant ein voller Erfolg würde. Das Gerangel schien kein Ende zu nehmen. Wenn alle Punkte endlich geklärt waren, tauchte prompt ein neues Problem auf.

Marcos Persönlichkeit und seine typisch italienische Mentalität prädestinieren ihn zum Unternehmer. Er ist extravertiert und voller Energie, hat volles Vertrauen in seine Fähigkeit, Vorhaben in die Tat umzusetzen, und läßt sich bei allen Entscheidungen von seinem Ich leiten. So hörte er auch nicht auf seine Frau, als sie ihm nach einer Weile riet, sich die Sache mit dem neuen Restaurant doch lieber noch einmal zu überlegen, und zu ihm sagte: »Dieser Platz ist verhext.« Erst nach fast einem Jahr unaufhörlicher Schwierigkeiten fragte er sich zaghaft, ob sie vielleicht recht hatte. Dann trat eine überraschende Wende ein. Es wurde ein letzter Termin für den Verkauf festgesetzt, und Marco war hocherfreut, seinen Traum, der ihn schon soviel Zeit, Mühe und Nerven gekostet hatte, nun endlich verwirklichen zu können.

Seine Freude erwies sich jedoch als verfrüht. In der darauffolgenden Woche wurde ihm mitgeteilt, daß der bisherige Besitzer das Restaurant doch behalten wolle. Da Marco so erpicht darauf war, es zu kaufen, vermutete er nun, daß es eine Goldmine sein könnte. Marco erzählte, er sei damals unbeschreiblich wütend gewesen. Seine monatelangen zähen Verhandlungen waren umsonst gewesen, ein erstklassiges Restaurant war ihm durch die Lappen gegangen und, für sein männliches Ego besonders schwer zu verkraften, seine Frau hatte Recht behalten.

Der letzte Termin verstrich. Marco war den ganzen Tag verärgert, weil alles so anders gekommen war als geplant. Irgendwann fand er sich zähneknirschend mit der Sache ab. Kurze Zeit später erhielt er einen Anruf von seinem Makler. Offenbar hatte das Amt für Umweltschutz dem Besitzer des Restaurants soeben mitgeteilt, daß es ihm die Konzession für das Restaurant bis auf weiteres entziehen müsse, da es Hinweise gebe, daß sich auf dem Gelände früher eine chemische

Reinigung befunden habe. Das Restaurant müsse für mindestens ein Jahr geschlossen werden, solange werde überprüft, ob der giftige Abfall ordnungsgemäß entsorgt worden sei. Sollte das nicht erfolgt sein, müßte das Gebäude möglicherweise abgerissen werden. Da begriff Marco erst, was für ein Glück sein »Mißerfolg« gewesen war. Hätten seine hartnäkkigen Bemühungen, das Restaurant zu kaufen, zum »Erfolg« geführt, wäre das sein finanzieller Ruin gewesen.

Es ist nicht Marcos Art, solche Erfahrungen psychologisch zu analysieren. Auf meine Frage, was das synchronistische Ereignis seiner Meinung nach bedeute, lachte er nur – ich glaube, um davon abzulenken, daß er damals eine bescheidenere Haltung einnehmen mußte, gegen die er sich lange gesträubt hatte. »Wer zuletzt lacht, lacht am besten«, sagte er und brachte damit auf anschauliche Weise zum Ausdruck, daß der erste Eindruck trügen kann und daß die Bedeutung von Ereignissen manchmal erst später erkennbar wird.

Obwohl ich mir damals einen Kommentar verkniff, mußte ich während unseres Gesprächs immer wieder an die Symbolik dieses synchronistischen Ereignisses denken und wünschte mir insgeheim, Marco wäre in der Lage, sie zu erkennen und aus dieser Erfahrung zu lernen, daß unter seinen Träumen und seinem unbändigen Drang, ein Imperium aufzubauen, nicht nur im wörtlichen, sondern auch im metaphorischen Sinne eine Giftgrube verborgen liegen könnte. Marco als Italo-Amerikaner der zweiten Generation, stammte aus einer einfachen Arbeiterfamilie und war in harten Verhältnissen aufgewachsen. Angesichts dieses Hintergrunds fragte ich mich, ob nicht unbewältigte Gefühle von Minderwertigkeit, Enttäuschung über einen Mangel an familiärem Rückhalt und Frustration über materielle Entbehrungen der Giftmüll sein könnten, der unter seinem Ehrgeiz lauerte.

Wie in jeder guten und interessanten Geschichte war es auch hier das Timing, das einen scheinbaren Mißerfolg in einen Glücksfall verwandelte. Eine Sache, die weniger Zeit in

Anspruch nehmen »sollte«, zog sich übermäßig lange hin, und nur wegen der Verzögerung fand sie schließlich einen glücklichen Ausgang. Wie die Geschichten über Liebe und Freundschaft im zweiten Kapitel zeigen auch die Geschichten aus dem Arbeitsleben, daß Dinge, die anders verlaufen als geplant, zwar unverhofft, aber keineswegs katastrophal enden können – daran sollten wir denken, wenn wir das nächste Mal mit einer Situation oder einer Sache konfrontiert sind, die sich ungünstig entwickelt, oder wenn wir aufgrund widriger Umstände eine Gelegenheit nicht ergreifen können.

Jung sagt, solche synchronistischen Ereignisse hätten den Zweck, unser Ich zu relativieren, das heißt sie zügeln unsere Allmachtsgelüste und helfen uns, die Dinge in einem größeren Zusammenhang zu sehen. Wenn wir die Relativität unseres Ichs erst akzeptieren können, sind wir in einer ähnlichen Situation wie ein Bergsteiger, der auf einem Berg von einem Sturm überrascht wird, ihn jedoch hinter sich läßt, indem er einfach etwas höher hinaufklettert und nun darauf hinunterblicken kann, statt darin gefangen zu sein. Das unerfreuliche Ereignis selbst verändert sich nicht – der Sturm tobt weiter, Marcos Projekt war endgültig geplatzt, Sam wurde nicht wiedereingestellt, und Gail konnte ihren Doktor nicht machen –, doch es nimmt eine andere Bedeutung an, da unsere Perspektive sich im Laufe der Zeit verändert. Wir verfolgen unsere Geschichte zurück und erkennen im nachhinein die letztendliche Bedeutung von Geschehnissen, die unser Ich zunächst als einen schweren Schlag oder eine weitere Niederlage empfunden hat.

Synchronistische Ereignisse können uns bewußt machen, daß ein Mißerfolg in Wirklichkeit ein Glücksfall war, doch manchmal zeigen sie uns auch auf, daß etwas, was wir als einen Erfolg feierten, eine vollkommen andere Bedeutung hatte.

Larry, der seit Beginn seiner Berufstätigkeit in therapeutischen Wohngemeinschaften für seelisch gestörte oder in ihrer Entwicklung zurückgebliebene Jugendliche arbeitete, erzählte mir die traurige Geschichte einer jungen Frau, die eine pathologische Angst vor Aufzügen hatte. Die Phobie beeinträchtigte ihr Leben zwar nicht, da sie Aufzüge einfach mied, doch die Betreuer bemühten sich mit dem Eifer und der Beharrlichkeit professioneller Helfer, das Mädchen von seinen Ängsten zu befreien. Nach einiger Zeit konnten sie es schließlich dazu bewegen, sie in ein nahegelegenes Einkaufszentrum zu begleiten und dort alleine den Aufzug zu nehmen.

Genau in diesem Augenblick verlor ein kleiner Junge, der sich zu weit über eine Brüstung im darüberliegenden Stockwerk gebeugt hatte, den Halt und stürzte direkt auf die ängstliche junge Frau hinunter. Das Gute an dem tragischen Zufall war, daß ihre Anwesenheit dem Kind das Leben rettete, da ihr Körper seinen Fall abfing; das Schlimme war, daß sie nach diesem traumatischen Erlebnis noch viel größere Ängste entwickelte.

Über die Bedeutung, die diese Geschichte für ihn hatte, äußerte sich Larry – ähnlich wie Marco – nur recht vage. »Man kann nie wissen«, faßte er in einem schlichten Kommentar die Begrenztheit unseres Ich-Bewußtseins zusammen. Man kann nie wissen, schien Larry sagen zu wollen, ob man einem Menschen, dem man helfen möchte, letztlich nicht vielleicht schadet, und man kann nie wissen, welche weitreichenden, unbeabsichtigten Konsequenzen eine gutgemeinte Tat haben kann. Larrys Stimme klang – wie die von Marco – ein wenig kleinlaut, als er zugeben mußte, daß seine zunächst so erfolgreichen professionellen Bemühungen, der jungen Frau zu helfen, durch ein unerwartetes Ereignis zunichte gemacht wurden.

»Man kann nie wissen« ist eine weitere Antwort auf die Frage: »Wie geht man mit synchronistischen Ereignissen um?« Diese Geschichten über synchronistische Erfahrungen im Berufsleben lassen eine bescheidenere »Man-weiß-nie-Haltung« durchaus angezeigt erscheinen, denn unsere Arbeit ist ein Lebensbereich, in dem unser Ich leider besonders aktiv sein kann, und in dem eher festgefügte Vorstellungen von Erfolg und Mißerfolg unser Handeln bestimmen als die Erkenntnis, daß alles, was wir tun, relativ ist.

Warum arbeiten wir? Womit wir unser Geld verdienen, ist ein bedeutsamer Zufall

Ich möchte die Leser dieses Buches zu einem kleinen Experiment auffordern: Fragen Sie zehn Personen, warum sie arbeiten. Dann können Sie vergleichen, ob sie Ihnen dieselben Gründe nennen wie die Menschen, die ich während meiner Arbeit an diesem Kapitel befragte.

Ich erhielt auf meine Frage im Grunde nur unterschiedliche Versionen von zwei Antworten. Die häufigste Antwort formulierte ein Freund von mir ganz spontan folgendermaßen: »Weil ich gerne esse« – eine originelle und sarkastische Umschreibung für »des Geldes wegen«. Doch andere gaben ebenso spontan zur Antwort »weil meine Arbeit mir Spaß macht«.

Wenn wir die beiden Gründe näher betrachten und dabei an die in diesem Kapitel erzählten Geschichten über Synchronizitäten im Arbeitsleben zurückdenken, erkennen wir, daß im Idealfall beide Antworten zusammenfallen: Eine Arbeit ist langfristig nur befriedigend, wenn sie uns nicht nur ernährt, sondern auch Freude bereitet. In diesem Zusammenhang kommt dem Unterschied zwischen Job und Beruf besondere Bedeutung zu. Ein Job kann zwar die Befriedigung unserer materiellen Bedürfnisse gewährleisten, muß aber nicht unbedingt Spaß machen, während bei der Entscheidung für einen bestimmten Beruf nichtmaterielle Ziele und Anliegen – zum Beispiel das befriedigende Gefühl, einen wichtigen Beitrag zu leisten, oder der Wunsch, bestimmte Werte oder Überzeugungen zu verkörpern und weiterzuvermitteln – oft eine wichtigere Rolle spielen als rein finanzielle Erwägungen.

Auch Menschen, die ihre Arbeit als reinen Broterwerb betrachten, können durchaus zufrieden sein. Allerdings habe ich festgestellt, daß viele, die mir zur Antwort gaben »Ich arbeite des Geldes wegen« ihre Arbeit im Grunde lieben. Doch selbst diejenigen, die ihrem Job nicht allzuviel abgewinnen können, sind oft zufrieden, weil sie mit dem Geld, das sie verdienen, wichtige, nichtmaterielle Bedürfnisse befriedigen können. Der Mann vom Cappuccino-Stand um die Ecke kocht gerne Kaffee, weil er mit dieser Arbeit seine Familie ernährt. Die Sicherheitsbeamtin an der Pforte des Gebäudes, in dem ich früher gearbeitet habe, ist ihren eigenen Aussagen nach auf ihren Job angewiesen; da er ihr finanzielle Sicherheit bietet und ihr damit auch zu einem höheren sozialen Status verhilft, ist sie damit zufrieden, Besucher zu empfangen und Anrufe weiterzuleiten. Mein ehemaliger Chef Marco würde wohl sagen, daß er ein Restaurant betreibt, weil man schließlich »von etwas leben muß«, doch das Engagement, das er bei seiner Arbeit an den Tag legt, verrät, daß sie für ihn mehr ist als nur ein reiner Broterwerb.

Eine in jeder Hinsicht befriedigende Arbeit ist insofern eine Koinzidenz, als sie gleichzeitig materielle und nichtmaterielle Bedürfnisse befriedigt. Doch was ist mit jenen Menschen, die in einer Tätigkeit Erfüllung finden, die ihnen kein gesichertes Einkommen garantiert? Auch sie können mit ihrer Situation durchaus zufrieden sein, und wenn man genauer hinsieht, stellt man fest, daß die meisten sich ihren Lebensunterhalt mit einer anderen Arbeit verdienen. Elise und Matthew hielten sich in der Zeit, in der sie ständig zu Anhörproben gingen und auf eine Chance hofften, ihre künstlerischen Ambitionen verwirklichen zu können, als Bedienung und mit Telefon-Marketing über Wasser. Ich arbeitete während meiner Ausbildung im Büro, tippte Berichte, leitete Mitteilungen weiter und reinigte jeden Freitagnachmittag den Personalkühlschrank. Selbst Menschen mit höheren Ambitionen verdanken ihre Zufriedenheit derselben Koinzidenz: einer Tätigkeit, die es ihnen erlaubt, ihre materiellen Bedürfnisse zu befriedigen und gleichzeitig ihre nichtmateriellen Ziele weiterzuverfolgen.

Wenn wir in unserem Arbeitsleben unzufrieden sind, dann liegt das wahrscheinlich daran, daß wir eine Seite dieser Koinzidenz ignorieren. Können wir unsere Situation bewußt verändern, wenn wir wie Val unseren Job hassen, weil unsere Seele dabei verkümmert, oder wenn wir wie Stephen unsere beruflichen Ambitionen aus materiellen Gründen aufgeben müssen? Natürlich können wir das. Wir können mit Berufsberatern oder Freunden sprechen, Anzeigen aufgeben oder auf Anzeigen antworten und alles tun, was in unseren Kräften steht, um unsere Einkünfte zu erhöhen oder um herauszufinden, welche Art von Arbeit uns in emotionaler und symbolischer Hinsicht mehr befriedigen würde.

Doch wie die Geschichten zeigen, ist es manchmal ein zufälliges Ereignis, daß die materiellen und die nichtmateriellen Aspekte unserer Arbeit auf synchronistische Weise miteinander in Einklang bringt. Manchmal verändert ein solcher Zufall unsere innere Einstellung. Patty mußte ihre Softwarefirma zum Beispiel nicht verlassen; der weise Spruch aus dem Glückskeks half ihr, ihre Fehler zu erkennen und sich einen anderen Führungsstil anzueignen. Auch Elises Terminverwechslung führte zu einer synchronistischen Haltungsänderung, denn durch diesen Zufall wurde ihr bewußt, daß sie sich und ihre Talente falsch eingeschätzt hatte. Und ich wurde durch synchronistische Erfahrungen dazu angeregt, mich endlich mit meinen emotionalen Bindungen an meine jeweiligen Arbeitsplätze auseinanderzusetzen, doch erst als sich dieselbe Situation im Verlaufe von fünfzehn Jahren dreimal wiederholte, durchschaute ich allmählich, was mich dort hielt und warum.

Oft helfen Synchronizitäten in unserem Arbeitsleben uns auch, unsere äußere Situation zu verändern. Tonys Freundin aus Los Angeles fand die dringend benötigte Stelle, weil sie einer Eingebung folgend ein mit Zetteln übersätes Schwarzes Brett durchforstete. Danielle brauchte eine Fachkraft, die in ihrer gemeinnützigen Einrichtung die Finanzen verwaltete, und ein Telefonanruf, der zur falschen Zeit zu ihr durchgestellt wurde, bescherte sie ihr. Val begriff erst, daß es höchste Zeit war zu kündigen, als die Situation im wörtlichen wie im übertragenen Sinne hochexplosiv wurde.

In all diesen Geschichten verbindet ein synchronistisches Ereignis die materiellen und die immateriellen Aspekte des Arbeitslebens, bringt die materielle Notwendigkeit, Geld zu verdienen, mit den immateriellen Zielen und Anliegen der Betroffenen in Einklang und macht so aus einem reinen Job eine befriedigende Arbeit. Gewiß gelingt es vielen Menschen, eine Übereinstimmung zwischen objektiven Notwendigkeiten und subjektiver Bedeutung bewußt herbeizuführen, aber die Geschichten zeigen, daß unser Ich nicht die *einzige* Quelle ist, der wir Wachstum in unserem Leben verdanken.

Vielleicht erliegen wir in unserem Arbeitsleben allzuoft der Versuchung, daß wir ausschließlich auf unsere Fähigkeit vertrauen, Ereignisse, Menschen und Dinge zu kontrollieren und zu lenken. Das ist die Geschichte, die alle jene zu leben glauben, die sagten, sie arbeiteten nur des Geldes wegen. Zudem werden wir in einer kapitalistischen Gesellschaft wie der unseren dazu ermuntert, auch uns selbst gegenüber eine materialistische Haltung einzunehmen. Wir erhalten sozusagen ein Drehbuch, in dem wir die Rolle haben, zur Produktivitätssteigerung beizutragen.

Das Wissen, daß synchronistische Ereignisse tatsächlich geschehen, kann uns beruhigen, ermutigen und beflügeln. Wir haben von Menschen gehört, daß der potentiell schöpferische Aspekt ihrer Arbeit erst offenbar wurde, als es ihnen gelang, ihre eigenen Pläne beiseite zu legen und Zufälligkeiten einen Platz in der Geschichte ihres Arbeitslebens einzuräumen. Wir haben auch gehört, daß es, wenn wir die äußeren Umstände unseres Lebens ändern wollen, hilfreich sein kann, den subjektiven Regungen unseres Herzens und unseres Geistes – unseren Eingebungen, Ahnungen, Gefühlen und Idealen – zu folgen. Wenn eine Haltung ein synchronistisches Ereignis »hervorbringen« und dazu beitragen kann, daß die Geschichte unsereres Arbeitslebens ein glückliches Ende nimmt, dann eine solche, die den materiellen und den nichtmateriellen Aspekten unserer Arbeit gleichermaßen Rechnung trägt, so daß wir uns mit dem Beruf, von dem wir leben, zugleich auf bestimmte Wertvorstellungen und Überzeugungen berufen.

4
Eine innere Geschichte: Synchronizität und unser Traumleben

Der Dichter und der Träumer sind verschieden,
Anders, schier gegensätzlich, Antipoden,
Der eine schüttet Balsam auf die Welt,
Der andere peinigt sie.

John Keats, *Der Fall des Hyperion*

Diejenigen, welche unser Leben mit einem Traume verglichen haben, haben vielleicht mehr Recht gehabt, als sie gedacht. Wenn wir träumen, lebt und wirkt unsere Seele und übt alle ihre Kräfte aus; nicht weniger, als wenn wir wachen.

Montaigne, *Essais*

Träume, um Keats' Worte zu gebrauchen, peinigen unsere helle Alltagswelt. Selbst Menschen, die besonders hartnäckig auf ihrer Rationalität beharren, werden sich zu irgendeinem Zeitpunkt ihres Lebens an einen Traum erinnern, von einem Alptraum erwachen oder sich den ganzen Tag von einem Bild, einem Gefühl oder einer Situation verfolgt fühlen, die sie im Schlaf erlebt haben. In den bisher behandelten Beispielen für Synchronizitäten, in den Liebesgeschichten und den Geschichten über das Arbeitsleben, kam es zu bedeutsamen Koinzidenzen, wenn ein äußeres Ereignis – eine Begegnung, eine ungewöhnliche Reihe von Ähnlichkeiten zwischen Menschen oder Ereignissen, ein zufälliger Telefonanruf, ein unerwartetes Stellenangebot, ein Unglück wie eine Explosion oder eine Schießerei – auf bedeutungsvolle Weise schlagartig oder allmählich mit dem inneren Zustand der betreffenden Person zusammenfiel. Die Richtung der Synchronizitäten war bisher gewissermaßen »von außen nach innen«: Ein ungewöhnliches äußeres Ereignis nahm eine bestimmte emotionale und symbolische innere Bedeutung an.

In diesem vierten Kapitel werde ich Synchronizitäten behandeln, bei denen es um die entgegengesetzte Richtung geht: von innen nach außen. Dies ist dann der Fall, wenn ein inneres Ereignis durch reinen Zufall und auf bedeutsame Weise mit einem äußeren Umstand zusammentrifft und so eine Transformation bewirkt. Entscheidend an der Synchronizität ist natürlich, daß die Unterscheidung zwischen »innen« und »außen« möglicherweise nicht so streng ist, wie es scheinen könnte. Darum sollten wir uns über den folgenden Punkt im klaren sein: Wir unterscheiden in der Regel zwischen »innen« und »außen« je nachdem, inwieweit andere Menschen an unseren Erfahrungen teilhaben.

An sogenannten »äußeren« Ereignissen sind außer uns selbst noch andere Menschen und Dinge auf erkennbare Weise beteiligt. Wenn vor mir ein Zug explodiert oder wenn ich in einem Hotel mitten in der Wüste einer bestimmten Person in die Arme laufe, so sind dies Erlebnisse, die ich mit anderen Menschen teile. In Geschichten, die wir lesen, bezeichnen wir das, was die Figuren erleben, als die »Handlungsstruktur«: Erst geschah dies, dann geschah das, und schließlich geschah jenes. »Innere« Ereignisse hingegen betreffen nur eine einzige Person. Bei den Geschichten, die wir lesen, ebenso wie bei den Geschichten, die wir leben, werden die meisten Menschen diese Erfahrungsebene wohl als »Figur« bezeichnen: Wir erfahren, was die Protagonisten für Menschen sind, was sie fühlen und denken und worin ihre Hoffnungen, Träume und Konflikte bestehen.

Das Wundersame an den in diesem Kapitel behandelten Synchronizitäten liegt darin, wie zufällige Geschehnisse der äußeren Welt in bedeutsamer Weise auf eine spezifische Manifestation des Innenlebens einer Person – in Form eines

Traums – folgen. Die auf einen Traum bezogenen Synchronizitäten in den folgenden Beispielen vertiefen unser Verständnis der Geschichten, die wir leben. Denn sie zeigen uns, daß unser Leben nicht nur durch die äußeren Ereignisse, die uns widerfahren, Struktur erhält – durch die amüsanten Geschichten der Abenteuer, Romanzen und Intrigen –, sondern auch durch die Geschichte unseres Innenlebens, unserer Persönlichkeit. Wie in einem modernen Roman, in dem die Handlung gewissermaßen die Figur *ist* und in dem sich die Ereignisse im Inneren des Protagonisten abspielen, wird das subjektive Erleben unserer Seele auch in den folgenden Geschichten im Mittelpunkt stehen.

Unsere Träume haben ein Eigenleben, mehr als jedes andere Phänomen unseres Innenlebens sind sie persönlich, einzigartig und subjektiv. Wir können mit einem empathischen Menschen ein Gefühl teilen. Wir können mit Gleichgesinnten eine Sehnsucht, eine Hoffnung oder eine Vision teilen. Doch unsere Träume sehen, fühlen, hören und leben nur wir selbst. Ganz gleich, wie detailliert wir sie beschreiben, nur wir erleben den roten Sessel, den Geruch von Großmutters Plätzchen oder die Angst, wir könnten zu spät zu einer Prüfung erscheinen. Der durch und durch persönliche Charakter unserer Träume macht sie gelegentlich so quälend, insbesondere für Menschen, die aufgrund ihrer Persönlichkeit, ihrer Geschichte oder ihrer Gewohnheiten dem »Äußeren« eine sehr viel größere Bedeutung beimessen als dem »Inneren«.

In dem privaten Bereich unseres Seelenlebens verfügen wir über eine einzigartige Existenzweise, eine individuelle Sprache sowie eigene Sicht- und Reaktionsweisen. Auf die Lebendigkeit dieser inneren Welt bezieht sich Montaigne in der oben zitierten Stelle mit der Bemerkung, daß wir im Schlaf »wach« sind. Wer ist nicht schon einmal morgens völlig erschöpft aufgewacht nach einer unruhigen Nacht mit lebhaften Träumen, schrecklichem Alpdrücken und quälenden, halbbewußten Ängsten, die sich in wirren Gestalten, Formen und Phantasiegebilden manifestierten? Montaignes

Wort, daß wir bisweilen im Schlaf wacher sind als bei Tage, klingt, obgleich als geistreiches Paradox gemeint, sehr wahr. Ein Teil von uns ist hellwach, wenn wir schlafen, und unsere Träume sind der Beweis dafür.

Da unser Innenleben vollkommen individuell ist – es gehört uns und sonst niemand –, scheint es mir manchmal, als könne man die Psyche mit einer Insel vergleichen, die einst mit einem größeren Kontinent verbunden war, nun aber isoliert ist. Pflanzen, Tiere und Landschaft entwickeln allmählich ihre eigenen Besonderheiten, ihren eigenen Rhythmus, ihre speziellen Farben und Formen. Nicht daß die Pflanzen und Tiere an diesem Ort absolut keine Ähnlichkeit mit anderen aufwiesen: Die Flora und Fauna eines Kontinents wie etwa Australien zeigt eindeutige Ähnlichkeit zu Flora und Fauna anderer Kontinente; der Koala ist mit den Bären verwandt, das Känguruh mit den Kaninchen. Doch den Tieren unterschiedlicher Kontinente sind jeweils unterschiedliche, einzigartige Verhaltensweisen eigen. Das gleiche gilt für unsere Träume, und es erklärt weitgehend die Merkwürdigkeit unserer Träume, wenn wir sie mit der hellen Alltagswelt der äußeren Wirklichkeit vergleichen.

Angesichts dieser Tatsachen könnte man sich durchaus fragen, worin eigentlich der Sinn unserer Träume besteht. Welche Rolle spielen sie? Auf diese Frage gibt es so viele Antworten wie psychologische und philosophische Denkrichtungen auf der Welt. Besonders überzeugend erscheint mir die Antwort der modernen Traumforschung.

Zahlreiche Wissenschaftler haben in jüngster Zeit Versuche unternommen, um herauszufinden, was Tiere träumen. Jeder Besitzer eines Haustiers hat sicherlich schon einmal das Zittern der Pfoten bemerkt, das erstickte Knurren und die unbewußten Bewegungen, die das Tier bisweilen im Schlaf vollführt. Doch erst in den letzten Jahrzehnten fanden Forscher heraus, was im Gehirn schlafender Tiere abläuft. Sie maßen die Hirnströme bei bestimmten Aktivitäten im Wachzustand und während des Schlafens und stellten aufgrund von Ähnlichkeiten und Unterschieden in der Struktur der

Ströme die Hypothese auf, daß die Tiere mit großer Wahrscheinlichkeit von gattungsspezifischen Überlebensstrategien träumen. Die Tiere speichern und verinnerlichen die Erfahrungen, die sie im Wachzustand machen: Katzen jagen, Kaninchen und Ratten erforschen ihre Umgebung.*

Wir können solche Forschungsergebnisse übertragen und annehmen, daß menschliche Träume einen ähnlichen Sinn haben: Wir Menschen träumen von gattungsspezifischen Überlebensstrategien, entweder als Übung, um Situationen im äußeren Leben meistern zu können, oder um unser Bewußtsein mit Informationen über uns selbst und unsere Umgebung zu versorgen, die für unser Überleben und unser Wachstum von größter Wichtigkeit sind. Da sich die Menschen im Gegensatz zu anderen Säugetierarten ihrer selbst bewußt sind, könnte ein Großteil der Informationen, auf die unsere Träume uns möglicherweise hinweisen, auch unsere innere Umwelt betreffen und unser seelisches Wachstum, unsere seelische Gesundheit, unsere geistige Entwicklung und andere Aspekte unserer subjektiven Erfahrungen fördern. Sie sind für unser Überleben zweifellos ebenso wichtig wie körperliches Wohlbefinden.

Unsere Träume sind in gewissem Sinn für die »Gesunderhaltung« unserer Seele verantwortlich. Sie sagen uns in einer nächtlichen, symbolischen Geschichte, wer wir sind. Auf diese Weise können wir unsere täglichen Erlebnisse verstehen. Die moderne Tiefenpsychologie geht ebenso wie die Traumdeuter sämtlicher Kulturen, Epochen und Konfessionen davon aus, daß Träume eine Bedeutung haben. Und in der Tat ist die Erkenntnis, daß ein Traum ein Text ist – eine Geschichte mit einer narrativen Struktur und einem Zweck –, einer der wichtigsten Beiträge der Psychologie zum menschlichen Selbstverständnis.

* Jonathan Winson, »The Meaning of Dreams«, *Scientific American*, November 1990, S. 86–96; June Kinoshita, »The Dreams of a Rat«, *Discover*, Juli 1992, S. 34–41; Doug Stewart, »Do Fish Sleep? And What's That on Your Eyelash?«, *National Wildlife*, April/Mai 1994, S. 50–59.

Sind prophetische Träume synchronistisch?
Sind synchronistische Träume prognostisch?
Sind übersinnliche oder außersinnliche Träume prophetisch?

Schon lange vor der Entstehung der modernen Psychologie glaubten die Menschen, daß Träume, so seltsam und bisweilen lästig sie auch sein mögen, eine Bedeutung haben, die man durch Weisheit und Einsicht herausfinden kann. Diese Einstellung dem Traum gegenüber spiegelt sich in den Mythen, Sagen und Ritualen zahlreicher Kulturen auf der ganzen Welt und in allen Zeitaltern wider. Sie drückt die Anerkennung der Tatsache aus, daß alle Menschen in gewisser Hinsicht »zweisprachig« sind: Wir sprechen die Sprache der äußeren Wirklichkeit, die Sprache, die von anderen gehört und verstanden wird.

Gleichzeitig verfügen wir über unsere persönliche, innere Sprache, auf die wir in ganz besonderer Weise hören müssen, damit wir sie vollständig verstehen. Diese Sprache, die Sprache unserer Träume, wurde schon immer symbolisch verstanden. Man muß wirklich nicht allzuweit in die Ferne schweifen, um zu zeigen, daß die moderne Psychologie im Hinblick auf die Träume schlichtweg eine Sichtweise übernommen hat, die schon lange vor Freuds *Traumdeutung* existierte.

In der Genesis etwa, dem ersten Buch der Bibel, spielt Josefs Fähigkeit, seine eigenen Träume und die anderer Menschen zu deuten, eine wichtige Rolle, der Fortgang seiner Lebensgeschichte ist eng damit verknüpft. Zu Beginn der Geschichte hat Josef zwei Träume, die in seinem weiteren Leben Realität werden: Während er zusammen mit seinen elf Brüdern auf dem Feld Weizengarben bindet, verneigen sich deren Garben vor seiner Garbe. In einem anderen Traum sieht Josef, wie sich die Sonne, der Mond und elf Sterne vor ihm verneigen. Die Deutung seines Vaters und seiner Brüder – sie erkennen in diesen Symbolen Josefs Anmaßung – ist ebenso verständlich wie ihre Eifersucht und ihr Groll.

Doch wie wir bereits gesehen haben, hat unser Ich nicht immer die vollständige Kontrolle über die Ereignisse. Und so bringen Josefs Brüder, bemüht, sich des begabten Bruders zu entledigen, indem sie ihn als Sklaven an die Midianiter verkaufen, ihn schließlich ungewollt in eine Situation, in der er durch die Deutung zweier weiterer Träume die Aufmerksamkeit des Herrschers über Ägypten, des Pharaos, erregt. Josef, durch reinen Zufall zusammen mit dem Mundschenk und dem Bäcker des Pharaos eingesperrt, erfährt von den Träumen der beiden Männer: Der Mundschenk träumte von einem Weinstock mit drei Ranken, an dem Trauben wuchsen, die er in den Becher des Pharaos drückte. Der Bäcker träumte, daß er drei Körbe Feingebäck auf seinem Kopf trug und daß die Vögel aus einem davon fraßen. Josef deutet die Traumbilder so: Der Mundschenk werde in drei Tagen die Gunst des Pharaos zurückerlangen. Der Bäcker hingegen werde enthauptet und an einem Baum aufgehängt werden, die Vögel würden das Fleisch von seinen Knochen picken. Später erinnert sich der Mundschenk, nun wieder in der Gunst des Pharaos, an Josef. Der Pharao hatte zwei beunruhigende Träume, die ihn umtrieben und quälten: In seinem ersten Traum träumte er von »sieben gut aussehenden, wohlgenährten Kühen« neben »sieben häßlichen, mageren Kühen«. Im zweiten Traum träumte er von »sieben prallen und schönen Ähren«, die am selben Halm neben »sieben kümmerlichen, ausgedörrten Ähren« wuchsen.

Als der Pharao durch seinen Mundschenk von dem jungen Hebräer erfährt, der anhand eines Traums die Versöhnung zwischen dem Pharao und dem Mundschenk treffend voraussagte, schickt er nach Josef. Im Gegensatz zu Josefs Vater und Brüdern sträubt sich der Pharao nicht gegen die Ereignisse, die durch die Träume prophezeit wurden. Josef erklärt ihm, daß die Symbole seines Traums auf sieben Jahre des Wohlstands hinwiesen, denen sieben Hungerjahre folgen würden. Der Pharao bereitet sich auf die mageren Jahre vor, indem er während der Zeit des Überflusses Korn in Speichern sammelt. Josef wird zum Verwalter erhoben und erlangt damit jene hohe Position, die ihm lange zuvor in seinen Träumen von den Weizengarben und der Sonne, dem Mond und den Sternen prophezeit wurde.

Diese biblische Geschichte, die erstmals vor rund 3000 Jahren niedergeschrieben wurde und zweifellos noch viel älter ist, kann aus verschiedenen Blickwinkeln betrachtet werden. Für den Verfasser, der sie als Teil der heiligen Geschichte eines Volks erzählt, soll sie in erster Linie Josefs prophetische Kräfte veranschaulichen sowie die Weisheit, die ihm geschenkt wurde, da Gott ihn für einen außergewöhnlichen Zweck erwählt hatte. Neben der religiösen Absicht des Verfassers ist festzuhalten, daß diese Passage aus dem Buch Genesis von großer Bedeutung für das Thema der Synchronizität und des Traumlebens ist. Josefs Brüder, der Mundschenk, der Bäcker und der Pharao selbst haben allesamt Träume, die Wirklichkeit werden, Träume, deren Symbolik entscheidende Parallelen zu den nachfolgenden äußeren Ereignissen der Geschichte aufweist. In moderner Sprache würden wir die Situationen als für die Betroffenen synchronistisch bezeichnen: Ein ungewöhnliches, zufälliges Ereignis in der äußeren Welt entspricht einem subjektiven Zustand in einer Weise, die emotionale wie symbolische Bedeutung besitzt. Somit zeigt Josefs Geschichte, daß die Synchronizität keineswegs eine ausschließlich moderne Erfahrung darstellt, auch wenn der Begriff modern ist.

Natürlich sind nicht alle Träume synchronistisch. Viele, wenn nicht die meisten, handeln von Situationen, die in der äußeren Welt niemals eingetreten sind und auch nicht eintreten können. Unsere Träume sind von Menschen bevölkert, die in der Realität nicht existieren. In unseren Träumen verfügen wir über Fähigkeiten, die wir in Wirklichkeit nicht besitzen: Wir können fliegen, in einem Satz hohe Gebäude überspringen, auf Erbsengröße schrumpfen. Doch hin und wieder träumen wir tatsächlich von einem Ereignis, das in der Realität stattfindet, und der Traum führt uns dieses Ereignis entweder in direkter oder, wie in Josefs Geschichte, in symbolischer Weise vor Augen. Diese Art von Traum werde ich synchronistisch nennen: Im Traum wird die innere Geschichte erzählt, bevor die entsprechende äußere Begebenheit eintritt.

Von solchen Träumen handelt Josefs Geschichte im Buch Genesis. Im Laufe der Jahrhunderte hat das Phänomen viele verschiedene Bezeichnungen erhalten: prophetisch, außersinnlich, prognostisch, übersinnlich. Diese Begriffe sind nicht rein deskriptiv, vielmehr implizieren sie alle eine bestimmte Auffassung vom Sinn eines synchronistischen Traums. Die Koinzidenz eines inneren Bildes mit einem äußeren Ereignis »prophetisch« zu nennen heißt, auf den religiösen Charakter ihrer Bedeutung zu verweisen. Das gilt für den Verfasser des Buches Genesis, der damit seinen Glauben an Josefs Auserwähltheit bezeugen und eine wichtige Möglichkeit aufzeigen möchte, Gottes Handeln in der Weltgeschichte zu verstehen. Einen solchen Traum »außersinnlich« zu nennen, ist abermals nicht einfach eine Beschreibung, sondern eine Aussage über die Kausalität. Das Zusammentreffen eines Traums mit einem Ereignis wird hier auf die Fähigkeit zurückgeführt, einen Teil der Wirklichkeit zu erkennen, der mit unseren gewöhnlichen fünf Sinnen nicht erfaßt werden kann. Bezeichnen wir das Zusammentreffen als »prognostisch« oder »übersinnlich«, so drücken wir damit aus, daß die Zukunft eine objektive Realität besitzt und daß bestimmten Menschen in bestimmten Umständen eine Vision davon zuteil wird. Es ist, als würden sie ein Video vorspulen oder die letzten Seiten eines Kriminalromans aufschlagen, um den Schluß zu lesen. Die Ausdrücke »prognostisch« und »übersinnlich« enthalten wiederum eine Aussage über die Kausalität: Das vermeintliche zukünftige Eintreten eines Ereignisses hat demnach rückwirkend unsere Vision in der Gegenwart verursacht.

Im Grunde implizieren all diese Begriffe einen kausalen Zusammenhang zwischen dem Traumbild und dem nachfolgenden äußeren Ereignis. Die objektive Realität des Traums in der Zukunft oder das Eintreten des Ereignisses in einer anderen Dimension bewirken demnach, daß wir es durch irgendeinen besonderen Sinn oder eine außergewöhnliche Fähigkeit träumend wahrnehmen. Von einem religiösen Blickwinkel aus betrachtet könnte man sagen, Gott in seiner Allwissenheit habe uns die Fähigkeit der Vorausschau gewährt und uns im Interesse seiner Pläne für die Welt vorübergehend einen Einblick in die Zukunft gestattet. Aus der Perspektive unseres eigenen Ichs ist es natürlich schwer, keinen kausalen Zusammenhang zu erkennen, wenn eine innere Vision später Realität wird.

Doch wie wir bereits wissen, führt Jungs Verständnis der Synchronizität im Hinblick auf die Träume zu einer vollkommen anderen Auffassung. Anstatt eine objektive kausale Erklärung anzuwenden – daß nämlich das Ereignis rückwirkend unseren Traum verursacht habe –, betont Jung, daß der tiefere Sinn der Koinzidenz eines Traumbilds mit einem nachfolgenden äußeren Ereignis in der subjektiven Bedeutung liegt, die das Ereignis für uns besitzt, in seiner emotionalen Wirkung oder, wie ich bereits gezeigt habe, in der Rolle, die es in der Geschichte unseres Lebens spielt. Ich werde die folgenden Träume aus dieser akausalen Perspektive betrachten, aus der Perspektive der inneren, subjektiven Bedeutung der Koinzidenz.

Jung entwickelte sein Konzept der Synchronizität als ein Prinzip akausaler Verknüpfung, um das Phänomen der bedeutsamen Koinzidenzen – eine universale menschliche Erfahrung – auf rein deskriptive Weise behandeln zu können, ohne metaphysische Aussagen über die Natur und Struktur des Universums machen zu müssen. Diese theologische und philosophische Aufgabe fiel seiner Meinung nach nicht in das Ressort einer empirischen Psychologie. Ob wir nun die Auffassung des Verfassers der Bibel von Josefs Rolle als Prophet teilen oder nicht, fest steht, daß synchronistische Träume – Träume, die in bedeutungsvoller Weise mit äußeren Ereignissen zusammenfallen – seit jeher in den Lebensgeschichten zahlreicher Menschen vorkommen.

Warum die Fragen der Terminologie wichtig sind und warum ich der Ansicht bin, daß es eine sorgfältigere und letztlich nützlichere Methode ist, derartige Koinzidenzen als synchronistisch anstatt als prognostisch, außersinnlich oder prophetisch zu bezeichnen, läßt sich wohl am besten mit Hilfe eines Beispiels aus dem wirklichen Leben veranschaulichen. Anhand der Geschichte eines Patienten, den ich William nenne, werde ich meinen Standpunkt erläutern.

William wachte eines Morgens in panischer Angst auf. Er hatte geträumt, daß seine Mutter in dem Familienwagen, den er aus seiner Kindheit kannte, mit hoher Geschwindigkeit und in äußerst riskanter Weise eine kurvenreiche Küstenstraße entlangsteuerte. Er hatte sich mit seiner Mutter nie richtig gut verstanden, und ein Großteil meiner therapeutischen Bemühungen galt ihrer Beziehung. Tragischerweise starb Williams Mutter eine Woche nach seinem Traum tatsächlich bei einem Autounfall, sie kam von der Fahrbahn ab und stürzte in eine Schlucht. Ein Unfall war ebenso wahrscheinlich wie ein Selbstmord.

Die Koinzidenz des vorausgehenden Traums mit dem nachfolgenden Ereignis war sicherlich synchronistisch, denn sie hatte unbestreitbar eine große emotionale Wirkung und Bedeutung für Williams Leben. Aber war sie prognostisch, prophetisch oder außersinnlich? Erst nach dem Eintreten des Ereignisses kann diese Frage bejaht und die Behauptung formuliert werden, William habe durch seinen Traum erfahren, daß ein solches Ereignis stattfinden werde. Zum Zeitpunkt seines Traums wußte William noch nichts von einem Ereignis dieser Art, da es noch nicht eingetreten war. William hatte keine Ahnung davon, daß er ein Prophet war oder daß sein Traum prophetischen Charakter besaß. Und ohne diese Perspektive können wir allenfalls feststellen, daß ein Traum und ein nachfolgendes Ereignis in auffallender Weise ähnlich und unglaublich bedeutsam sind.

Sieht man Williams Traum als etwas anderes als eine akausale, bedeutsame Koinzidenz, so könnte dies manche Menschen – vielleicht sogar William selbst – dazu verleiten, ihm eine gewisse Verantwortung für den Tod seiner Mutter zuzuschreiben. Angesichts seiner im Traum gewonnenen Einsichten, die aus einer »prognostischen« oder »außersinnlichen« Perspektive den Wahrnehmungen durch die normalen Sinnesorgane entsprechen, hätte er seine Mutter warnen müssen. Oder, schlimmer noch, William hätte ohne die akausale Perspektive, daß die Parallele zwischen seinem Traum und dem nachfolgenden Unfall völlig willkürlich war, glauben können, seine Feindseligkeit der Mutter gegenüber und ihr schlechtes Verhältnis seien in irgendeiner Weise für ihren Tod verantwortlich, seine negativen Gefühle und Wünsche hätten ihren tödlichen Unfall »verursacht«. Immerhin war es *sein* Traum.

Nach dem Tod seiner Mutter empfand William gelegentlich beides. Das zeigt, wie schwer es ist, sich von der kausalen Denkweise zu lösen, die unserem Ich schmeichelt, obgleich sie uns unnötiges Leiden beschert. Da Träume vollkommen privater und persönlicher Natur sind, ist die Versuchung groß, daß wir uns für die Wirklichkeit, die sie darstellen, verantwortlich fühlen, zumal Träume bisweilen einen Funken Wahrheit enthalten. Somit bedurfte es einiger Mühe, William klarzumachen, daß die Koinzidenz des Traums vom Tod seiner Mutter tatsächlich genau dies war: eine Koinzidenz, ein ungewöhnliches äußeres Ereignis, über das er keine Kontrolle hatte.

Ein Traum kann erst *nach* dem entsprechenden Ereignis synchronistisch sein, so bedeutsam er auch auf Anhieb erscheinen mag. Im genannten Beispiel lag die Bedeutung der Koinzidenz in der Art und Weise, wie der Traum vor dem Tod der Mutter Williams Gefühl der Verbundenheit mit ihr verstärkte, obwohl sie sich seit vielen Jahren voneinander entfremdet hatten. Und in anderer Hinsicht diente der Traum sogar dazu, William auf die Eventualität ihres Todes vorzubereiten, indem er ihn mit der Situation konfrontierte.

Bei der Beschäftigung mit dem Sinn und dem Wesen der Träume, insbesondere der synchronistischen Träume, sollten wir uns stets vor Augen halten, daß Träume eine symbolische Bildersprache verwenden. In Josefs Geschichte verneigten sich die Sterne aus seinem Traum später nicht im wörtlichen Sinne vor ihm. Ebensowenig trieben drei bestimmte Weinranken Blüten oder magerten sieben bestimmte Kühe ab. Die von Josef gedeuteten Träume beinhalteten symbolische Situationen, die später in der Realität bedeutungsvolle Parallelen erhielten. Das heißt, daß der synchronistische Charakter bestimmter Träume nicht immer auf einem konkreten Traumbild beruht, das später in der äußeren Wirklichkeit realisiert wird, sondern daß das Traumbild seine Entsprechung auch in einer bedeutsamen symbolischen Verbindung zwischen innerem Bild und äußerem Ereignis haben kann. Wäre etwa William selbst am Tag nach seinem Traum durch Umstände, die sich seiner Kontrolle entzogen hätten, mit seinem Wagen von der Fahrbahn abgekommen, wäre die Parallele zwischen dem Traum und dem nachfolgenden äußeren Ereignis immer noch bedeutsam. Aber der synchronistische Charakter der Koinzidenz läge in diesem Fall mehr in der Symbolik des Traums – in der Bedeutung, die es für William hätte, sich in einer äußeren Situation wiederzufinden, die symbolisch als eine Situation dargestellt wurde, in der sich seine Mutter befand. In diesem Fall wäre die Versuchung, dem Traum eine objektive Ursache zuzuschreiben, erheblich geringer.

Kurzum: Träume aus dem Blickwinkel der Synchronizität zu betrachten heißt stets, die subjektive Bedeutung der Koinzidenz zwischen einer symbolischen, der Phantasie entsprungenen inneren Welt und einem bestimmten, konkreten äußeren Ereignis zu untersuchen. Es geht um unsere Interpretation derartiger Koinzidenzen und die Bedeutung, die sie in der Geschichte unseres Lebens für uns haben. Durch synchronistische Träume erkennen wir Aspekte unserer Geschichte, Facetten unseres Charakters, die uns vielleicht noch nicht richtig bewußt waren. Wir erkennen, auf welche Weise die innere Handlung unserer Seele elementare Verbindungen zur Außenwelt besitzt.

Was sein wird, wird sein: »Prognostische« Träume

Williams synchronistischer Traum vom Tod seiner Mutter war dramatisch und tragisch. Es ist jedoch tröstlich zu wissen, daß die Koinzidenz eines inneren Bildes mit einem nachfolgenden äußeren Ereignis nicht immer so spektakulär und niederschmetternd, ja nicht einmal überhaupt nach außen hin dramatisch sein muß. Val, deren Geschichte von der Koinzidenz zwischen ihrer Unzufriedenheit in der Arbeit und der Explosion der Lokomotive ich im letzten Kapitel erzählt habe, erlebte einen synchronistischen Traum auf andere Weise: Er war schlicht im Inhalt und einfach in der Wirkung, für Val jedoch denkwürdig und bedeutsam.

Vals Traum ereignete sich noch in der Zeit vor ihren Problemen mit dem tyrannischen Chef. Sie war damals, wie sie es ausdrückte, »eine mittellose Mutter, auf Sozialhilfe angewiesen, die mehr schlecht als recht über die Runden kam«. Innerlich hatte sie mit einem extremen Mangel an Selbstachtung zu kämpfen. Sie hielt sich selbst für zu dumm, um im Leben vorwärtszukommen, für nicht tüchtig genug, um es zu etwas zu bringen, für nicht intelligent genug, um an ihrer Situation etwas ändern zu können. Da hatte sie folgenden Traum:

»Ich befand mich in einem großen Bett in einem großen Raum und hatte das sichere Gefühl, dort nicht hinzugehören. Doch rings um das Bett herum lagen mehrere Menschen, und zwar so, daß ich keine Möglichkeit sah, aus dem Bett zu steigen, ohne auf sie zu treten. Ich wußte weder aus noch ein und grübelte über die Situation nach. Da fiel mir auf einmal der Grund ein, warum ich das Bett verlassen mußte: Ich lag im Bett des Dalai Lama. Das verstärkte noch mein Gefühl der Dringlichkeit. Dann betrat der Dalai Lama höchstpersönlich das Zimmer. Er sah mich in seinem Bett liegen, blickte mich mitleidig an, und dann hörte ich im Traum die folgenden Worte: ›Wer auch immer im Bett des Dalai Lama liegt, gehört in das Bett des Dalai Lama.‹ Der Traum endete ohne eine Lösung.«

Val erwachte verwirrt aus ihrem Traum und hatte das seltsame Gefühl, daß alle Probleme sich von selbst lösen würden und daß sie ihren Platz im Leben gefunden hatte. Zu diesem Zeitpunkt, erzählte sie mir, sei das Gefühl der Sicherheit, das der Traum ihr gegeben habe, nicht darauf zurückzuführen gewesen, daß sie gewußt hätte, wer oder was der Dalai Lama war. Sie habe lediglich schon einmal seinen Namen gehört und eine vage Vorstellung von einer religiösen Gestalt gehabt. Am Abend nach dem Traum hörte sie, daß der Dalai Lama tatsächlich in die Stadt gekommen war, um seine Anhänger zu besuchen und seine Lehre zu verkünden. Verblüfft darüber, daß sie seinen Besuch »vorausgesehen« hatte, dachte sie über ihren Traum nach und schenkte seiner offensichtlichen Botschaft noch mehr Beachtung.

Man braucht nicht auf Theorien über rückwirkende Kausalität zurückzugreifen, um zu erklären, warum Val von dem Besuch des heiligen Mannes aus Tibet träumte, ohne bewußt davon Kenntnis zu haben. Die moderne Theorie des Unbewußten liefert uns mit der Vermutung, es könne sich um eine unterschwellige Wahrnehmung gehandelt haben, eine rationale anstatt einer mystischen oder metaphysischen Erklärung: Val hatte in der Zeitung oder in den Nachrichten von dem bevorstehenden Besuch erfahren und ihn wieder vergessen. Oder irgend jemand hatte den Besuch in einem Gespräch, das sie zufällig mithörte, beiläufig erwähnt, und sie hatte nicht weiter darauf geachtet. Doch ihre Wahrnehmung blieb so lange unbewußt, bis das Unbewußte ihr das Ereignis in Form eines Traums vor Augen führte.

Keine Theorie der Kausalität trägt indes der Bedeutung Rechnung, die der »prognostische« Traum für Val hatte. Der Traum entzog sich jeglicher kausalen Erklärung. Vals nachfolgende Erkenntnis, wer der Dalai Lama war und was er symbolisierte, stellte den wahren Grund für ihre Betroffenheit durch den Traum dar. Denn sie träumte ihn zu einer Zeit, als sie keine sehr hohe Meinung von sich hatte, mit ihrer Situation unzufrieden war und keinen Ausweg sah.

Ich kannte Val als eine Kollegin, die besonders gut mit physisch und psychisch angeschlagenen Menschen umgehen konnte. Als ich mit ihr über den Traum sprach, äußerte ich daher die Vermutung, daß ihre eigene Erfahrung des Elends möglicherweise eine Art »heiliges Bett« der Prüfung gewesen sei und daß ihre spätere Stärke und ihre Fähigkeit, anderen Menschen zu helfen, aus dieser Erfahrung resultierten. Obwohl der Traum diese Vermutung auf symbolische Weise nahelegte, antwortete Val, ihr sei eigentlich erst durch das äußere Ereignis klar geworden, was sie damals mitgemacht habe. »Es war wirklich verblüffend zu sehen, daß mein Traum an jenem Abend Wirklichkeit wurde, und zu wissen, daß ich eine Verbindung dazu hatte, ohne mir dessen bewußt zu sein. Ich empfand den Gedanken als sehr tröstlich, daß ich mich im Bett des Dalai Lamas befinden sollte, daß ich dorthin gehörte, daß alles seine Ordnung hatte.«

Obwohl dramatische synchronistische Träume wie der von William unweigerlich unsere Aufmerksamkeit erregen, bin ich ausführlich auf Vals Traum eingegangen, um zu zeigen, daß die synchronistischen Ereignisse in unserem Leben, vor allem in unserem Innenleben, häufig schlicht und alltäglich anmuten und weder die ungeheure Dramatik noch die extreme Unwahrscheinlichkeit vieler Geschichten besitzen, über die ich bisher berichtet habe. Bei Träumen handelt es sich um gewöhnliche Ereignisse, und darum sind auch die synchronistischen Ereignisse, die mit Träumen zu tun haben, oftmals nicht sehr spektakulär, aber deshalb nicht weniger bedeutsam.

In der Tat hat mich der durch und durch alltägliche Charakter eigener synchronistischer Träume einige Male verleitet, zu ignorieren, was sie im Verlauf meiner Lebensgeschichte für mich bedeuteten. Ein Ereignis aus meiner Assistentenzeit in der Klinik ist besonders markant. Es betraf eine junge Frau, zu der ich eine sehr wechselvolle therapeutische Beziehung hatte.

Diese Patientin, ich werde sie Grace nennen, kam aus schwierigen Verhältnissen. Sie war ein Einzelkind und wurde von ihren Eltern abwechselnd verwöhnt und vernachlässigt. Sie tat sich mit Beziehungen sehr schwer, und es mangelte ihr an Selbstachtung. Zunächst idealisierte sie immer irgend jemanden, gewöhnlich einen Mann, der älter war als sie. Sie versuchte, mit ihm zu verschmelzen, um ihr Selbstbewußtsein zu steigern. Doch schon bald kam sie sich in der Beziehung verloren vor und beendete sie deshalb rasch und ohne Rücksicht auf den anderen, um ihr Gefühl der Unabhängigkeit zu bewahren. Diese Brüche, obgleich von ihr selbst veranlaßt, führten stets dazu, daß sie sich noch einsamer fühlte als zuvor, und der Kreislauf begann von neuem.

Da Grace sich als Teenager und als junge Frau immer so verhalten hatte, tat sie es natürlich auch bei mir, obwohl sie therapeutische Hilfe gesucht hatte, um ihr Verhalten zu verstehen und zu ändern. Der einzige Unterschied bestand darin, daß ich sie, wenn sie bei mir das Gefühl der Vereinnahmung hatte, davon überzeugen konnte, die Beratungsgespräche fortzusetzen. Sie kam ein ganzes Jahr lang regelmäßig und attackierte mich lediglich hin und wieder, um innerlich Abstand zu gewinnen. Unter diesen Umständen war das Verhältnis zwischen uns natürlich stürmisch, doch glücklicherweise weniger stürmisch als ihre selbstzerstörerischen Romanzen.

Nachdem sich dieser Kreislauf mehrmals wiederholt hatte, beendete Grace die Sitzungen von einem Tag auf den anderen. Sie führte anderweitige Verpflichtungen als Grund an, daß sie keine Zeit, keine Energie und kein Geld mehr habe, um unsere gemeinsame Arbeit fortzusetzen. Ich drängte sie zu bleiben, wiederholte immer wieder, daß sie bei mir stets willkommen sei, und ließ sie nur widerwillig gehen. Viele Monate vergingen, und mein Supervisor versicherte mir, daß Graces Weggang nicht zwangsläufig ein Zeichen meiner therapeutischen Inkompetenz sei, sondern möglicherweise ein notwendiger Teil ihrer Entwicklung. Und dann träumte ich eines Nachts von ihr – das erste Mal in meinem Leben, daß ich von einem Patienten träumte.

In meinem Traum sah ich, wie Grace durch die Tür das Zimmer betrat, in dem wir normalerweise unsere Gespräche geführt hatten, sich ruhig hinsetzte und mit warmer Stimme sagte, daß sie zu einem Neuanfang bereit sei. Sie habe darüber nachgedacht, was zwischen uns passiert sei, und wolle sich dafür entschuldigen, daß sie mich schlecht behandelt habe. Sie sei mir wirklich dankbar, daß ich während all der Höhen und Tiefen ihres Gefühlslebens zu ihr gehalten habe. Der Traum erschien mir derart realistisch und lebensnah, daß ich nicht einmal mit dem Gedanken spielte, ihn meinem Supervisor gegenüber zu erwähnen. Denn ich nahm an, daß ich unbewußt versuchte, mein angeknackstes Selbstbewußtsein zu kitten, weil ich glaubte, als ihr Therapeut »nicht gut genug« gewesen zu sein, und daß ich versuchte, sie weiter zu behandeln – wenigstens in meinen Träumen.

In der darauffolgenden Woche erkannte ich allerdings, daß möglicherweise mehr dahintersteckte, als ich angenommen hatte. Denn Grace hatte in der Klinik angerufen, um einen Termin mit mir zu vereinbaren, und als sie erschien, war es genau so, wie ich es in meinem Traum erlebt hatte: Sie war ruhig und gefaßt, ohne die schroffe Feindseligkeit oder die Hilfsbedürftigkeit, die sie in ihren Beziehungen stets an den Tag gelegt hatte. Sie sagte, unsere Beziehung habe ihr das ganze Jahr über sehr geholfen, und meine Beharrlichkeit habe dazu beigetragen, daß sie sich einer spirituellen Gemeinschaft angeschlossen habe. Durch mich habe sie erkannt, daß andere Menschen ehrlich und auf ihr Wohl bedacht sein könnten. Und da sie spürte, daß dieser Teil ihrer Entwicklung darin bestand, ihr Leben zu überdenken und die Verantwortung für ihr Verhalten zu übernehmen, wollte sie zumindest noch einmal kommen, um mir zu sagen, daß es ihr leid tue, mir so viele Schwierigkeiten bereitet zu haben.

Ich war damals verblüfft, wie präzise mein Traum die schließlich eingetretenen Umstände »prophezeit« hatte. Im Rückblick ist mir natürlich klargeworden, daß die einzigartige Bedeutung, die der Traum für mich hatte, mit dem tatsächlichen – koinzidenten – Eintreten des Ereignisses zusammenhing. Hätte die Flut der Zufallsereignisse mir meinen Traum nicht in dieser Koinzidenz wieder vor Augen geführt und wäre die Patientin nicht eine Woche später zurückgekommen, um mit mir zu sprechen, hätte mein Traum zu den vielen Träumen gehört, in denen die Symbolik – in dem Fall das, was diese Patientin mir bedeutete – völlig subjektiv blieb.

Die Synchronizität bestand darin, daß das zufällige äußere Ereignis und das innere Bild zeitlich so eng aufeinanderfolgten. Dies veranlaßte mich, meine Gefühle gegenüber der Patientin mit der objektiven Beziehung zu konfrontieren. Die Bedeutung der Synchronizität für mich und meine berufliche Entwicklung bestand in der Erkenntnis, daß die therapeutischen Beziehungen zu meinen Patienten *echte* Beziehungen waren und nicht nur künstliche Konstrukte oder Dienstleistungen gegen Entgelt. Ich begriff, daß mir die Patienten am Herzen lagen – sie existierten für mich auf subjektive Weise –, genauso wie sie eine echte und tiefe Verbundenheit mit mir empfanden. Die Verbundenheit war so tief, daß die Patienten aus eigenem Entschluß in der Realität – und nicht nur in meinen Träumen – wiederkamen. Ich wundere mich noch immer darüber, daß mein erster Traum von einer Patientin einen derart synchronistischen Charakter aufwies.

Diesen Traum nicht als synchronistisch, sondern als »prognostisch« zu bezeichnen, hieße, das Ereignis auf völlig andere, sehr viel weniger subjektive Weise zu deuten. Wenn ich mit meinen Träumen die Zukunft voraussagen könnte, würde dies voraussetzen, daß ich über sehr spezielle Fähigkeiten verfügte. Und dann würden diese speziellen Fähigkeiten – mein ungewöhnlicher Scharfblick, meine übersinnlichen Gaben, meine Erwähltheit durch Gott – und nicht die subjektive symbolische Bedeutung des äußeren Ereignisses den zentralen Platz einnehmen. Dies würde eine Gewichtsverlagerung implizieren, die für das Ich der meisten Menschen sehr schmeichelhaft wäre. Den Traum als »prognostisch« zu betrachten, hieße auch, daß die übliche Kette von Ursache und Wirkung, in der Ereignisse der Gegenwart eine

Reaktion auf Ereignisse der Vergangenheit darstellen, gelegentlich aus unbekannten und unerklärlichen Gründen umgekehrt würde, so daß in der Zukunft stattfindende Ereignisse rückwirkend Ereignisse in der Gegenwart wie etwa prognostische Träume auslösen könnten.

Vielleicht weil ich selbst so sehr mit meinem Ich zu kämpfen habe und in Versuchung bin, manchen schmeichelnden Deutungen entsprechender Ereignisse Glauben zu schenken, fasziniert mich Jungs Synchronizitätskonzept als eine Übung in Bedächtigkeit, in Vorsicht. Denn dieses Konzept basiert auf Tatsachen und nicht auf Spekulationen. Aus demselben Grund ist es auch erfreulich zu wissen, daß manche Menschen den synchronistischen Charakter ihrer Träume auf ganz natürliche Weise und ohne jegliche Anleitung außer ihrer eigenen Erfahrung erkennen.

Marie, eine langjährige Bekannte von mir, erzählte mir von ihrer Erfahrung mit einem Traum, den sie nach der Geburt ihres Sohnes hatte. Sie und ihr Ehemann hatten sich jahrelang vergeblich bemüht, ein Kind zu bekommen. Somit wurde die Unfruchtbarkeit zu einem zentralen Thema in Maries Leben. Nachdem sie schließlich doch einen Sohn zur Welt gebracht hatte, erforderte es die wirtschaftliche Situation der Familie, daß Marie weiterhin als Krankenschwester arbeitete, obgleich sie spürte, daß sie eine Veränderung nötig gehabt hätte.

Marie hatte sich stets ihrem Inneren zugewandt, um Orientierung zu finden. Eines Abends ging sie ins Bett mit dem inständigen Wunsch, eine Lösung ihres Dilemmas zu finden. Eine andere, weniger an ihrem Innenleben interessierte Person hätte den darauf folgenden Traum gewiß rasch aus ihrem Gedächtnis verbannt: Marie träumte, daß sie die Fruchtbarkeitsklinik aufsuchte, in der sie so oft als Patientin gewesen war. Doch diesmal – in ihrem Traum – ging sie dorthin, um zu arbeiten.

Nach dem Aufwachen erinnerte sich Marie lebhaft an ihren Traum. Sie wurde das Gefühl nicht los, daß er synchronistische Bedeutung haben könnte, zumal sie sich am Abend vor dem Einschlafen vorgenommen hatte, für alle Lösungen, die sich ihr bieten sollten, offen zu sein. Sie rief sofort in der Klinik an. Die Frau am Empfang erinnerte sich natürlich an Maries Namen und fragte sie ein wenig verwundert, ob sie einen Termin vereinbaren wolle. Marie antwortete, sie rufe nicht wegen eines Termins an. Dem Baby gehe es gut. Sie rufe an, um zu fragen, ob es freie Stellen gebe, sie suche nämlich einen Job.

Die Frau am Empfang sagte, sie habe tatsächlich genau an diesem Tag erfahren, daß an einer Schule eine Krankenschwester gesucht werde. Sie fragte, ob Marie die genauen Angaben haben wolle. Marie bejahte und bewarb sich. Sie bekam die Stelle und hatte damit die Veränderung ihres beruflichen Schwerpunkts erreicht, die sie seit der Geburt ihres Sohnes anstrebte. Marie selbst drückte es so aus: »Es ist der ideale Job für mich. Ich arbeite mit Kindern im schulpflichtigen Alter. Deshalb kann ich all das, was ich in meinem Job tue, auch auf meine Familie übertragen und umgekehrt. Es ist genau die Veränderung, die ich nötig hatte.«

Über die Ursachen einer solchen Koinzidenz könnte man vermutlich endlos diskutieren. Ließ Gott Marie eine Vision in Form eines Traums zuteil werden? Registrierte sie bei ihrem letzten Besuch in der Klinik unbewußt Informationen, oder hörte sie auf der Straße ein Gespräch mit, das dann unbewußt die Gestalt des Traums annahm, an den sie sich erinnerte? Hat sie im Schlaf hellseherische Fähigkeiten? Diese Fragen werden sich nie beantworten lassen und sind für unsere Zwecke auch nicht weiter relevant. Auf jeden Fall kann kein Zweifel daran bestehen, daß das Ereignis synchronistische Bedeutung für Marie hatte. Die Tatsache, daß sie diese Stelle fand, stellte für sie eine höchst bedeutsame Koinzidenz dar. Ebenso unbestritten ist, daß Marie, ohne irgendwelche Bücher über Synchronizität gelesen zu haben, allein durch Offenheit gegenüber einem möglichen Zusammenhang zwischen subjektiver Erfahrung und äußerer Wirklichkeit verschiedene Elemente ihrer Geschichte zu einem kohärenten Ganzen zusammenfügen konnte.

Traumsymbole und synchronistische Ereignisse

Bislang habe ich mich auf Träume konzentriert, deren Bilder in unmittelbar nachfolgenden äußeren Ereignissen gewissermaßen Realität wurden. In anderen Fällen findet der symbolische Gehalt der Traumbilder im Verlauf des äußeren Lebens eines Menschen auf bedeutsame Weise ein Echo. Bobbies in der Einleitung erzählte Geschichte, in der ihre Träume von den Tarotkarten mit dem überraschenden Geschenk ihres Ehemannes zusammenfielen, zeigt, wie ein inneres Symbol durch Zufall im äußeren Leben seine Entsprechung finden kann. Bobbie hatte nicht geträumt, daß ihr Ehemann ihr Tarotkarten schenkte. Die synchronistische Verbindung bestand in dem Symbol, das in ihrem äußeren Leben durch einen bedeutungsvollen Zufall erneut auftauchte.

An einem regnerischen Nachmittag in San Francisco erzählte mir Jonathan, ein befreundeter Computer-Fachmann, dem ich von der Arbeit an diesem Buch berichtet hatte, eine ähnliche Geschichte: Im Winter zuvor war der Friseur, der Jonathan über fünfzehn Jahre lang die Haare geschnitten hatte, nach langer Krankheit gestorben. Jonathan betrachtete ihn nicht als engen Freund, obwohl sie sich seit geraumer Zeit kannten und sich gegenseitig zu Parties eingeladen hatten, gelegentlich nach dem Haareschneiden zusammen essen gegangen waren und gemeinsame Geschäfts- und persönliche Freunde gehabt hatten. Da ihre Beziehung weder eine enge Freundschaft noch eine entfernte Bekanntschaft gewesen war, wußte Jonathan nach seinen eigenen Worten nicht recht, wie er mit dem Tod des Friseurs umgehen sollte. Was sollte er tun? Was sollte er fühlen? Welche Reaktion sollte er zeigen?

Am Morgen vor dem Trauergottesdienst träumte Jonathan, daß er vor einem halbfertigen Haus stand. Der Rohbau war errichtet, aber die Wände im Innern fehlten noch. Und er hatte das Gefühl, es sei nun an ihm, die Arbeit zu vollenden. Er sagte, daß er ständig an den Traum habe denken müssen, weil die Bildersprache so eindeutig gewesen sei und das Gefühl, die Arbeit vollenden zu müssen, so intensiv. Später an jenem Tag erfuhr Jonathan, daß der Pfarrer für den Trauergottesdienst mehrere Verse aus den Sprichwörtern ausgewählt hatte. Er begann mit dem folgenden: »Die Weisheit hat ihr Haus gebaut, ihre sieben Säulen behauen.« Auch in den weiteren Versen spielte die Symbolik des Hauses eine Rolle: »Die Frevler werden gestürzt und sind dahin, das Haus der Gerechten hat Bestand.« Und ebenso: »Frau Weisheit hat ihr Haus gebaut, die Torheit reißt es nieder mit eigenen Händen.«

Jonathan schüttelte den Kopf, als er mir die Geschichte erzählte. »Ich war so überrascht über die Art und Weise, wie mein Traum und die Lesung des Trauergottesdienstes zusammenpaßten. Vor allem erstaunte mich, wie der Pfarrer immer wieder das Leben meines Friseurs als ein Haus bezeichnete, das er errichtet hatte, ein Gebäude, zu dessen Bau wir alle, die ihn kannten, beigetragen hatten. Dies veranlaßte mich, über mein eigenes Leben und über den bedeutungsvollen Traum nachzudenken, den ich ausgerechnet an jenem Morgen gehabt hatte. War ich klug oder töricht? Warum wurde das Haus, von dem ich träumte, in einem halbfertigen Zustand gelassen? War dies etwa mein Leben?

Es schien mir, als würde ich durch das Symbol des Hauses und durch den Tod meines Friseurs darauf hingewiesen, daß es bestimmte Dinge gab, die ich erledigen mußte, um mein eigenes Haus in Ordnung zu bringen, Dinge, die ich am liebsten ignoriert hätte oder die andere für mich hätten erledigen sollen, Dinge, die ich gewissermaßen nicht an andere weitergeben konnte. Ich bin nicht gerade jemand, der an Träume glaubt, aber wenn es bedeutsame Koinzidenzen gibt, dann war das bestimmt eine.«

Ich fragte Jonathan, was genau er meinte, welche Dinge er glaubte erledigen zu müssen, um sein Haus in Ordnung zu bringen.

»Nun, erst einmal habe ich mein Testament geschrieben. Und ich habe einen Termin mit einem Finanzberater vereinbart, was ich immer wieder aufgeschoben hatte, und Geld für die Rente angelegt. In meinen Augen hatte das zum Aufgabenbereich meiner Frau gehört: Ich verdiente das Geld, sie verwaltete es. Doch als ich an jenem Tag in der Kirche unmittelbar nach meinem Traum die Worte aus der Bibel hörte, war ich irgendwie betroffen.«

»Könnte das nicht einfach eine Reaktion darauf gewesen sein, daß jemand aus deinem Bekanntenkreis gestorben war?« drängte ich ihn ein wenig.

»Das spielte sicherlich auch eine Rolle, obwohl ich schon auf zahlreichen Beerdigungen von Menschen war, die mir sehr viel näher gestanden hatten. Und das hat mich nie in derselben Weise berührt. Es war die seltsame Koinzidenz zwischen dem Traum und den Bibelversen an jenem Tag. Noch heute spreche ich die Worte vor mich hin. ›Frau Weisheit hat ihr Haus gebaut, die Torheit reißt es nieder mit eigenen Händen.‹ Starke Worte.« Jonathan schüttelte den Kopf und wechselte das Thema.

Ich gebe zu, daß ich solche Geschichten über synchronistische Träume besonders beeindruckend finde, denn daran scheitern alle Versuche, den Traum in einen kausalen Zusammenhang zu bringen. Der Traum, den Jung selbst verwendete, um die Grenzen der Rationalität und die Macht unserer nächtlichen Vorstellungskraft zu verdeutlichen, wird in der Fachliteratur zum Thema Synchronizität als ein geradezu klassisches Beispiel immer wieder zitiert. Er eignet sich somit hervorragend, unsere Erörterung der »prognostischen« Träume abzuschließen. Ich lasse Jung selbst zu Wort kommen:

»Das Problem der Synchronizität hat mich schon lange beschäftigt, und zwar ernstlich seit Mitte der zwanziger Jahre, wo ich bei der Untersuchung der Phänomene des kollektiven Unbewußten immer wieder auf Zusammenhänge stieß, die ich nicht mehr als zufällige Gruppenbildung oder Häufung zu erklären vermochte. Es handelte sich nämlich um ›Koinzidenzen‹, die sinngemäß derart verknüpft waren, daß ihr ›zufälliges‹ Zusammentreffen eine Unwahrscheinlichkeit darstellt, welche durch eine unermeßliche Größe ausgedrückt werden müßte. Ich erwähne nur beispielsweise einen Fall aus meiner Beobachtung ...

Mein Beispiel betrifft eine junge Patientin, die sich trotz beidseitiger Bemühung als psychologisch unzugänglich erwies. Die Schwierigkeit bestand darin, daß sie alles besser wußte. Ihre treffliche Erziehung hatte ihr zu diesem Zwecke eine geeignete Waffe in die Hand gegeben, nämlich einen scharfgeschliffenen cartesianischen Rationalismus mit einem geometrisch einwandfreien Wirklichkeitsbegriff. Nach einigen fruchtlosen Versuchen, ihren Rationalismus durch eine etwas humanere Vernunft zu mildern, mußte ich mich auf die Hoffnung beschränken, daß ihr etwas Unerwartetes und Irrationales zustoßen möge, etwas, das die intellektuelle Retorte, in die sie sich eingesperrt hatte, zu zerbrechen vermöchte. So saß ich ihr eines Tages gegenüber, den Rücken zum Fenster gekehrt, um ihrer Beredsamkeit zu lauschen. Sie hatte die Nacht vorher einen eindrucksvollen Traum gehabt, *in welchem ihr jemand einen goldenen Skarabäus (ein kostbares Schmuckstück) schenkte*. Während sie mir noch diesen Traum erzählte, hörte ich, wie etwas hinter mir leise an das Fenster klopfte. Ich drehte mich um und sah, daß es ein ziemlich großes fliegendes Insekt war, das von außen an die Scheiben stieß mit dem offenkundigen Bemühen, in den dunkeln Raum zu gelangen. Das erschien mir sonderbar. Ich öffnete sogleich das Fenster und fing das hereinfliegende Insekt in der Luft. Es war ein *Scarabaeide*, Cetonia aurata, der gemeine Rosenkäfer, dessen grüngoldene Farbe ihn an einen goldenen Skarabäus am ehesten annähert. Ich überreichte den Käfer meiner Patientin mit den Worten: ›Hier ist Ihr Skarabäus.‹ Dieses Ereignis schlug das gewünschte Loch in ihren Rationalismus, und damit war das Eis ihres intellektuellen Widerstandes gebrochen. Die Behandlung konnte nun mit Erfolg weitergeführt werden.«*

* Carl Gustav Jung, *Gesammelte Werke*, Olten 1971, Bd. 8, S. 496 f., S. 584.

Zugegeben, der ungebrochene Reiz der Geschichte liegt zum Teil an der Leidenschaftlichkeit, mit der Jung berichtet, wie er der Synchronizität etwas nachgeholfen und sichergestellt hat, daß seine durch und durch intellektuelle Patientin die Parallele zwischen dem Traum und dem Ereignis in der äußeren Welt auch erkannte. Wie an früherer Stelle angemerkt, kann die verändernde Wirkung akausaler Zusammenhänge durch die richtige Darbietungsweise oft erhöht werden.

Obschon jede synchronistische Erfahrung auf ihre Art einzigartig ist, liegt allem Anschein nach immer ein bestimmtes Muster zugrunde. Das gilt ganz besonders für Menschen, die sich weigern, die unbewußten, irrationalen und symbolischen Ebenen ihrer Existenz anzuerkennen. Wenn der erste Akt unserer Geschichte darin besteht, daß unser Ich sich aufbäumt und um jeden Preis seinen Willen durchsetzen will – wie etwa bei Kathryns »Horror-Rendezvous mit einem Unbekannten« oder Elises Weigerung, ein Musical-Engagement in Betracht zu ziehen –, dann sind alle Voraussetzungen geschaffen, daß der Vorhang aufgeht und ein akausales Ereignis den gänzlich anderen zweiten Akt eröffnet.

Einmal arbeitete ich über Monate hinweg mit einem Patienten, der behauptete, er wolle seine Träume mit mir analysieren, aber gleichzeitig all meine Bemühungen sabotierte, den Träumen, die er mir in den Sitzungen trotzig erzählte, einen Sinn abzugewinnen. Er wischte alle Deutungen beiseite. Ohne große Hoffnung setzte ich meine Bemühungen fort, nahm seine Träume sehr ernst und hatte dennoch das sichere Gefühl, daß wir nicht weiterkamen. Doch jedesmal, wenn ich sagte, daß die Traumanalyse vielleicht nicht so ergiebig sei, beharrte er darauf, daß sie es sei, und so machten wir weiter.

Als wir wieder einmal am Ende unserer Sitzung angekommen waren, in der wir uns lange mit einem Traum beschäftigt hatten, der von einem Hund handelte, mußte ich zugeben, daß ich Erleichterung verspürte. Ich hatte Assoziationen zusammengetragen, die mein Patient verschmähte, Möglichkeiten ersonnen, die er zurückwies, und mögliche, durch den Hund evozierte Gefühle benannt, die er abstritt. Schließlich stand ich auf und öffnete die Tür meines Büros, das sich in einem Geschäftsgebäude in der Innenstadt von Berkeley befand. Ich wünschte, ich hätte Jungs Charme besessen, um meinem Patienten zu zeigen, was ich sah: Vor der Tür saß brav und aufmerksam, als wartete er darauf, daß wir die Tür öffneten, ein großer, wohlerzogener Golden Retriever.

Vor Überraschung brachte ich keinen Ton heraus. Ich betrachtete meinen Patienten, der immer abwechselnd auf den Hund und auf mich starrte. Ohne ein Wort, doch sichtlich fassungslos, ging er davon. Wir wunderten uns beide, wie in aller Welt es möglich war, daß im Flur vor meinem Büro im Inneren des Gebäudes ein Hund so brav saß und die Tür anstarrte.

In der darauffolgenden Woche stellte ich erfreut fest, daß mein Patient sich nicht mehr ganz so hartnäckig gegen die Möglichkeit sträubte, seine Träume könnten eine Bedeutung für ihn haben. Das Erscheinen des Hundes vor der Tür, eine Begebenheit, über die wir im übrigen nie sprachen, markierte das Ende jenes Widerstands gegen die Traumanalyse, den er während der ersten Hälfte unserer gemeinsamen Arbeit an den Tag gelegt hatte. Manchmal bedarf ein synchronistisches Ereignis keiner Analyse, um eine verändernde Wirkung zu zeigen, ebenso wie eine Geschichte so perfekt konstruiert sein kann, daß sie ihre Wirkung erzielt, ohne daß sich der Leser dessen bewußt ist.

Mehr als wir wissen: »Außersinnliche« Träume

Neben Träumen, die synchronistisch mit nachfolgenden Ereignissen koinzidieren, gibt es offenbar auch Träume, die nicht nur verraten, was sein wird, sondern auch, was *ist*, und zwar auf eine Art und Weise, die durch das normale Sinnesinstrumentarium nicht erfaßt werden kann. Die meisten Menschen würden solche Träume wohl mit dem Begriff »außersinnlich« bezeichnen. Doch meines Erachtens konstruieren wir mit der Verwendung dieses Begriffs ein Kausalitätsverhältnis und werden dem Synchronizitätskonzept nicht gerecht.

Betrachten wir ein weiteres Beispiel, das ebenfalls mit einem Hund zu tun hat: Eine meiner Patientinnen erzählte mir, sie habe geträumt, daß ich im Hinterhof eines Hauses mit einem großen weißen Hund spielte. Da beschlich mich zunächst das vertraute, jedoch unheimliche Gefühl, daß sich eine Synchronizität anbahnte. Denn ich habe zu Hause tatsächlich einen großen weißen sibirischen Hirtenhund, der meinen Freunden und meiner Familie dank seines impulsiven und herrischen Temperaments wohlbekannt ist.

Ich ließ mir meine Erregung jedoch nicht anmerken. Wahrscheinlich tat ich gut daran, nicht Jungs Beispiel zu folgen und dramatische Kommentare über die »außersinnlichen« Fähigkeiten jener Patientin abzugeben. Denn als sie über den Traum zu sprechen begann, äußerte sie sich sehr sachlich über ihren ungewöhnlichen Scharfsinn: »Vermutlich habe ich von Ihrem weißen Hund geträumt, weil ich immer die weißen Haare an Ihrem Hosenaufschlag sehe. Entweder ist es ein Hund, oder Sie besitzen eine Himalajakatze. Was ist es?« Ich mußte verlegen zugeben, daß diese Synchronizität möglicherweise weniger den »sechsten Sinn« der Patientin bewies, sondern vielmehr die Tatsache, daß ich mir nicht oft genug die Hose abbürstete.

Wir profitierten durchaus von dem Traum und arbeiteten produktiv damit. Meine Patientin hatte Assoziationen zu Hunden im allgemeinen und zu dem Hund in ihrem Traum im besonderen. Wir untersuchten, was das Bild, wie ich mit dem Hund spielte, darüber aussagte, wie die Patientin zu mir als Person und zu unserem Verhältnis stand. Kausale Zusammenhänge – sie sah die weißen Haare auf meinen Hosen und träumte von dem, was sie damit assoziierte – können offensichtlich ebenso bedeutsam sein wie die akausalen Zusammenhänge der Synchronizitäten.

Andererseits haben mir Patienten schon von Träumen berichtet, in denen viele Details meines Privatlebens vorkamen, von denen sie auf keinen Fall Kenntnis gehabt haben konnten und die ich ihnen mit Sicherheit nicht erzählt hatte. Eine Frau träumte, daß ich Geburtstag hatte, und es war tatsächlich mein Geburtstag. Eine andere träumte mehrmals von der Hausnummer 909, meiner nicht verzeichneten Privatanschrift. Eine dritte träumte einmal von einer Handlung, die genau einer Kurzgeschichte entsprach, an der ich gerade arbeitete und von der ich der Patientin nie etwas erzählt hatte.

Waren diese Ereignisse synchronistisch in dem Sinne, wie wir den Ausdruck mittlerweile verstehen, das heißt bedeutsam? Für mich waren sie es, auch wenn sie ganz und gar nicht die gewaltige Dramatik mancher anderer Begebenheiten aufwiesen, von denen ich gehört oder die ich selbst erlebt hatte. Sie waren insofern bedeutsam, als sie die persönliche Komponente meiner Beziehung zu den betreffenden Patienten verstärkten. Sie waren gewissermaßen die sekundären Attribute, die ein Schriftsteller dem Schauplatz verleiht, an dem sich die Hauptereignisse seiner Geschichte abspielen – ein dunkelvioletter Vorhang, dessen Farbe die Empfindungen einer Figur widerspiegelt, die Liebkosung einer Wange, die gefühlvolle Zärtlichkeit evoziert, oder die muntere Stimme einer Empfangsdame, die einen Wechsel der Atmosphäre anzeigt.

Ob dramatisch oder alltäglich, spektakulär oder unscheinbar, synchronistische Träume und ihre Auswirkungen auf unsere Geschichten fordern uns stets heraus, die bedeutsame Zufälligkeit der Handlung, die wir leben, anzuerkennen. Ebenso wie mein Traum von meiner ehemaligen Patientin Grace, eine Woche bevor sie ihre Therapie wieder aufnahm, gab auch mein Erlebnis mit Jerry meinem beruflichen Lebensweg eine neue Richtung. Es verdeutlicht auf treffende, wenn auch schmerzliche Weise, wie schwer es mitunter sein kann, nicht auf eine objektive Kausalität zu schließen, wenn Träume und äußere Ereignisse sich überschneiden.

Meiner Erfahrung nach suchen Menschen im allgemeinen aus zweierlei Gründen therapeutische Hilfe. Manche sind grundsätzlich imstande, mit dem Leben fertigzuwerden, und sie kommen zur Beratung, wenn außergewöhnliche Umstände sie überrumpelt und veranlaßt haben, Hilfe zu suchen. Andere wiederum suchen therapeutische Hilfe, weil ihre Erziehung und ihre Entwicklung sie nicht ausreichend befähigt haben, mit den gewöhnlichen Belastungen und Beschränkungen des täglichen Lebens umzugehen.

Jerry entsprach genau der ersten Kategorie. Er war lebenstüchtig und übte eine produktive, kreative Tätigkeit aus. Er kam aufgrund von zwei außergewöhnlichen Situationen, die er ohne fremde Hilfe nicht meistern konnte: Man hatte bei ihm Aids diagnostiziert, und er mußte nach dem Tod der Mutter seinen alternden Vater pflegen. Schon eine Situation allein wäre selbst für den tüchtigsten Menschen Grund genug gewesen, Hilfe zu suchen. Beides zusammen überstieg sogar Jerrys emotionale Kräfte, die in der Tat enorm waren. Obwohl ich zunächst mit einer kurzen Beratung rechnete, arbeitete ich schließlich mehrere Monate lang mit ihm, leistete ihm Beistand, fragte jede Woche nach, was er bezüglich seiner Gesundheit unternommen hatte, und überlegte gemeinsam mit ihm, was er tun konnte, um das Verhältnis zwischen ihm und seinem Vater so zu verändern, daß sie beide mit ihren Bedürfnissen zum Zuge kamen. Nach knapp einem Jahr schien die akute Krise überstanden. Jerrys Gesundheitszustand war stabil – nicht zuletzt dank der Präventivbehandlung der HIV-Infektion –, und der Vater war mit Jerrys Hilfe und auf dessen Drängen hin in ein Altenheim gezogen, wo viele seiner sozialen und physischen Bedürfnisse ohne die ständige Fürsorge seines Sohnes befriedigt werden konnten.

Jerry stand mit beiden Beinen fest im Leben und hatte realistische Erwartungen an die Therapie. Als wir beide der Meinung waren, er habe sein Ziel erreicht, beendeten wir unsere Beziehung, und ich wünschte ihm alles Gute. Ein Jahr später träumte ich unerwartet von Jerry. Er lag reglos im Bett eines Strandhotels und atmete sehr langsam. Es war ein beunruhigender Traum, ich spürte, daß irgend etwas nicht stimmte. Doch da ich selbst nicht in dem Traum vorkam, konnte ich nur hilflos zusehen. Verstört wachte ich am nächsten Morgen auf, den Traum hatte ich in lebhafter Erinnerung. Während der restlichen Woche mußte ich viel an meinen ehemaligen Patienten denken. Oft war ich drauf und dran, nach dem Telefonhörer zu greifen und Jerry anzurufen, nur zur Sicherheit. Doch dann beherrschte ich mich, zerstreute meine Befürchtungen und sagte mir, daß Jerry nicht der Typ Mensch war, der besorgte Telefonanrufe ehemaliger Therapeuten positiv aufnehmen würde. Kurzum, ich tat, was die meisten Menschen unter diesen Umständen wohl tun würden: Ich redete mir ein, der Traum sei ein Hirngespinst, und bemühte mich, nicht mehr daran zu denken.

Viele Monate vergingen, bis ich schließlich erkannte, welche Macht derartige Hirngespinste haben können. Eines Tages erhielt ich ganz unerwartet einen dringenden Telefonanruf von Jerry. Er kam gleich am nächsten Tag in mein Büro und wirkte apathisch, erschöpft und offensichtlich deprimiert. Im Verlauf einer schwierigen Beziehung, die nach der Beendigung unserer gemeinsamen Arbeit begonnen hatte, waren all die Gefühle aufgebrochen, die er jahrelang mit rastloser Geschäftigkeit unterdrückt hatte. Vor mehreren Monaten sei er dann in ein Hotel nahe am Meer gefahren, wo er als Kind oft mit seinen Eltern die Ferien verbracht habe. Dort schluckte er die in einem Buch über Hilfen zum Selbstmord empfohlene Mixtur aus Medikamenten und Chemikalien, um sich das Leben zu nehmen. Er sagte, er sei des Lebens überdrüssig gewesen, schließlich werde er ja doch qualvoll an Aids sterben, und er habe sich von allen Menschen verlassen gefühlt. Deshalb habe er damals beschlossen, daß er ebensogut gleich alles hinter sich bringen könne.

»Und was geschah dann?« fragte ich alarmiert und dachte mit Unbehagen an meinen Traum vor vielen Monaten.

»Nun, ich lag ungefähr drei Tage bewußtlos da, bis ich aufwachte. Ich fühlte mich scheußlich, aber ich war immerhin nicht tot, und ging nach Hause. Niemand hat mich gesucht. Überhaupt schien mich eigentlich keiner zu vermissen. Im Büro dachten sie, ich sei spontan über ein verlängertes Wochenende verreist. Zu meinem Vater habe ich keinen regelmäßigen Kontakt, und die Frau, von der ich mich gerade getrennt hatte, wunderte sich natürlich nicht, daß ich für eine Weile von der Bildfläche verschwunden war.«

Ein guter Therapeut, so hatte ich gelernt, sollte sich jede Intervention bei einem Patienten gründlich überlegen. Doch ich muß zugeben, daß ich diesmal, falls ich überhaupt nachdachte, mich schnell und intuitiv entschied. »Wann war das?« fragte ich. Er nannte mir die Daten.

Sofort nach unserer Sitzung blätterte ich in meinem Traumtagebuch und stellte fest, daß ich den Traum genau eine Woche vor Jerrys Selbstmordversuch gehabt hatte. Als Jerry in der folgenden Woche wiederkam, erzählte ich ihm von meinem Traum und vom Zeitpunkt des Traums. Ich las ihm sogar meinen Tagebucheintrag vor. Lange hatte ich überlegt, wie er wohl auf die Mitteilung, daß mein Traumbild eine so unheimliche Parallele zu dem tatsächlichen Vorfall aufwies, reagieren würde. Ich hoffte, mein synchronistischer Traum würde ihn davon überzeugen, daß Verbindungen zu anderen Menschen bestanden, selbst wenn er sich damals keiner Verbindung zu irgend jemand oder irgend etwas bewußt gewesen war. Ich freue mich, sagen zu können, daß Jerry meine persönliche Offenbarung tatsächlich in diesem Sinne aufnahm. Wir setzten die Therapie danach noch einige Zeit fort.

Doch monatelang machte ich mir insgeheim Vorwürfe, daß ich ihn nach meinem Traum nicht angerufen hatte. Unbewußt verhielt ich mich genauso, wie ich es oft bei anderen Menschen angesichts eines synchronistischen Erlebnisses beobachtet hatte: Ich tat so, als wäre es ein prognostischer Traum gewesen, und das war lediglich eine andere Art und Weise, mein Ich in den Mittelpunkt zu stellen. Ich bildete mir ein, daß ich durch meine ungeheure Weisheit tatsächlich einen kurzen Einblick in die Zukunft erhalten haben könnte und wie Gott hätte eingreifen sollen, um den Lauf der Geschichte zu ändern. Der springende Punkt ist, daß der Traum für mich erst dann synchronistischen Charakter hatte, als ich durch puren Zufall erfuhr, daß ein äußeres Ereignis eine ungewöhnliche Entsprechung in meiner eigenen inneren Erfahrungswelt hatte. Und darin liegt die Gefahr, wenn wir solche Träume im nachhinein als »prognostisch« betrachten: Wir können und dürfen uns keine Vorwürfe machen, wenn wir in einer Situation, die nach unserer eigenen subjektiven Erfahrung noch nicht existierte, nicht eingegriffen haben.

Die Bedeutung dieses Ereignisses lag nicht in meinem Handeln oder Nichthandeln, sondern vielmehr darin, daß Jerry durch meinen Traum seine Ansichten, was andere Menschen wohl über ihn dachten und für ihn empfanden, in vielen Punkten revidierte. Wie es bei einem synchronistischen Ereignis oftmals der Fall ist, wird die Grenze zwischen subjektiv und objektiv, zwischen innen und außen, zwischen uns selbst und anderen Menschen zu einem Berührungspunkt, einem Ort, an dem die Handlung unserer Geschichte und wir als Person in dieser Geschichte zusammentreffen und von wo, wie in allen guten Geschichten, die Lösung ausgeht.

Das psychotherapeutische Verhältnis ist offenbar nicht der einzige Bereich, in dem synchronistische Träume eine wichtige Rolle spielen, obgleich es einen der wenigen Bereiche unserer Kultur darstellt, in dem Träume gefördert, untersucht und entsprechend gewürdigt werden. Die besondere Verbindung zwischen Mutter und Kind ist erwartungsgemäß eine Beziehung, in der alle möglichen Synchronizitäten auftreten, einschließlich synchronistischer Träume. Der Traum meines Kollegen Pete, der von seiner Mutter träumte, die er noch nie gesehen hatte, verdeutlicht, auf welch entscheidende Weise ein synchronistischer Traum die Geschichte unseres Lebens verändern kann.

Pete wurde als Baby adoptiert und verspürte zeit seines Lebens kein großes Verlangen, seine leiblichen Eltern ausfindig zu machen. Doch von seinem 27. Lebensjahr an hatte er mehrere eindringliche Träume von seinen leiblichen Eltern. Die Träume, so erzählte er, seien so intensiv gewesen, daß sie ihn jedesmal mehrere Tage lang in Atem gehalten hätten und er sie unbedingt seinen Freunden habe erzählen müssen. Seinen Adoptiveltern gegenüber hegte er Gefühle von Fürsorglichkeit und enger Verbundenheit, und er hatte nie vorgehabt, nach seinen leiblichen Eltern zu suchen, bis sich diese Träume unaufhörlich wiederholten. Schließlich machte er sich auf und holte bei dem Jugendamt, das seine Adoption vermittelt hatte, alle Informationen ein, die er bekommen konnte.

Dabei stellte Pete fest, daß ihm in seinen Träumen viele Informationen über seine leiblichen Eltern sehr präzise offenbart worden waren: seine ethnische Herkunft etwa oder die Tatsache, daß er zu dem Zeitpunkt, als die Träume begannen, genauso alt war wie seine leibliche Mutter, als sie ihn weggegeben hatte. Pete hoffte, daß die Träume nun, da er soviel über seine Eltern wußte, aufhören würden. Doch er träumte weiterhin von seinen leiblichen Eltern. Eines Nachts hörte er im Traum die unmißverständlichen Worte: »Der Name deiner Mutter ist Gladys.« Beim Erwachen maß Pete dem Traum keine Bedeutung bei, da Gladys der Name seiner *Adoptivmutter* war. Er sagte, er habe damals nicht bedacht, daß ihm der Traum eine ganz andere Botschaft vermitteln könnte.

Nachdem sich die Träume ein weiteres Jahr fortgesetzt hatten, nahm Pete die Hinweise seiner Freunde ernst, die ihm sagten, die Träume hätten einen unbewußten Grund. Er überlegte, nach seinen leiblichen Eltern zu suchen. Die Gesetze des Staates, in dem die Adoption stattgefunden hatte, waren in dieser Hinsicht sehr liberal. Es mußten lediglich die Einwilligungen der leiblichen Mutter sowie des erwachsenen Kindes vorliegen, damit die persönlichen Daten freigegeben wurden. Pete nahm an, daß es keine Schwierigkeiten geben würde, denn die Sozialarbeiterin, mit der er beim ersten Mal gesprochen hatte, hatte angedeutet, daß die Einwilligung seiner leiblichen Mutter vorliege. Doch als er erneut Kontakt mit dem Jugendamt aufnahm, teilte ihm die neue Sozialarbeiterin mit, daß keine derartige Einwilligung aktenkundig sei und daß Pete sich selbst auf die Suche machen müsse. Da kam dem enttäuschten und bestürzten Pete sein Traum sehr gelegen.

Um die Sozialarbeiterin am Telefon dazu zu bringen, daß sie ihm zumindest den Namen seiner leiblichen Mutter sowie ihre letzte bekannte Adresse nannte, erzählte er ihr, daß er geträumt habe, ihr Name sei Gladys. Die Sozialarbeiterin verstummte vor Überraschung und schwieg lange. »Aha, ich verstehe«, sagte sie mit zitternder Stimme. »Nun, ihr Name ist tatsächlich Gladys.« Sie spürte die Macht, die Petes synchronistischer Traum besaß, und ließ sich dazu bewegen, ihm die nötigen Informationen zu geben. »Sollten Sie jemals von irgend jemandem gefragt werden, sagen Sie einfach, es sei Ihnen im Traum offenbart worden.« Zwei Tage lang durchforstete Pete die Telefonbücher, dann hatte er seine leibliche Mutter gefunden. Es gelang ihm, eine sehr befriedigende Beziehung zu ihr aufzubauen.

Während Pete mir diesen Abschnitt seiner Biographie erzählte, staunte er noch immer, und zwar nicht nur über die Koinzidenz zwischen dem Traum und dem Namen seiner Mutter, die schon bedeutsam genug ist, sondern auch über die merkwürdige Koinzidenz, daß seine beiden Mütter denselben Namen tragen. Er meinte, da er durch die Suche nach seiner leiblichen Mutter von Anfang an in einen solchen Konflikt geraten sei, liege die Bedeutung der Koinzidenz in ihrem symbolischen Wert, in der Kohärenz, die sie für sein Leben repräsentiere. Tatsächlich verleiht sie seiner Lebensgeschichte jene Dimension der Schönheit, von der Kundera sprach: ein kleines, jedoch entscheidendes koinzidentes Detail, das, wie wir spüren, in einem Roman ebenso wie in Petes Biographie seinen Platz hat.

Die bisher behandelten »außersinnlichen« Träume hatten meist mit dem Zusammenfallen eines äußeren Ereignisses mit einem inneren, unbewußten Bild zu tun. Das Phänomen des gemeinsamen Traumes – zwei oder mehr Menschen träumen zur selben Zeit das gleiche – stellt innerhalb der allgemeinen Kategorie der Traumsynchronizitäten, die wir untersucht haben, eine Subkategorie dar. Durch einen Freund, der von meiner Arbeit an diesem Buch wußte, lernte ich Naomi kennen. Sie erzählte mir von einem synchronistischen Traum besonderer Art.

Naomi hatte als junge Frau einer engen Gruppe von Freunden angehört. Eines Tages saß sie zu Hause und erzählte einer neuen Gruppe Geschichten über jene ehemalige Gruppe. Da kam ein Anruf von einem Freund aus der früheren Gruppe, der die alten Zeiten wieder aufleben lassen wollte. Naomi freute sich, auf solch synchronistische Weise von ihm zu hören, und ließ sich nicht auf ein langes Telefongespräch ein, sondern vereinbarte gleich ein Treffen für die kommende Woche.

Naomi und der ehemalige Freund sprachen über die alten Zeiten und insbesondere über einen gemeinsamen Freund, der mittlerweile gestorben war. Dieser Mann war in der ganzen Gruppe sehr beliebt gewesen und hatte den Spitznamen »heiliger Chris« erhalten. Naomi bereute, daß sie den Kontakt zu Chris während seiner letzten Jahre nicht aufrechterhalten hatte, und gestand dem alten Freund, daß sie lange Zeit immer wieder von Chris geträumt habe. Sie habe ihn in ihren Träumen an verschiedenen Orten gesehen, und er habe unterschiedliche Dinge getan. Da veränderte sich der Gesichtsausdruck ihres Freundes. »Was, du auch?« fragte er und begann, seine eigenen Träume vom heiligen Chris zu erzählen, Träume, über die er noch nie zuvor mit jemandem gesprochen hatte und die mit Naomis Träumen identisch waren.

Ich fragte Naomi, was sie von dieser Koinzidenz hielt. Sie antwortete, daß eigentlich zwei Koinzidenzen vorlägen. Erstens habe ihr früherer Freund sie genau zu der Zeit angerufen, als sie ihre alten Freunde vermißt habe. Zweitens habe ihr die Feststellung, daß sie mit ihrem Kummer um Chris und die alte Gruppe nicht alleine gewesen sei, genau jenes Gefühl der Verbundenheit vermittelt, das sie unbedingt habe wiederherstellen wollen.

Bei dem Gespräch mit Naomi beschlich mich ein Gefühl, das in der Literatur über Synchronizität manchmal damit erklärt wird, daß ein unbewußtes Feld aktiviert wird, analog einem elektrischen oder magnetischen Feld, und viele Menschen beeinflußt, die sich zufällig in seinem Wirkungsbereich befinden. Jung beschreibt in seinen Werken diese Erfahrung der koinzidenten Gleichzeitigkeit häufig damit, daß durch die identischen Gefühle zweier Menschen angesichts eines entscheidenden Wendepunkts in ihrer Lebensgeschichte eine bestimmte Gruppe archetypischer Komplexe »konstelliert« werde. Meines Erachtens eignet sich das Bild eines aktivierten unbewußten Feldes hervorragend dazu, jenes Gefühl zu bezeichnen, das einen überkommt, wenn man mit einem ehemaligen Freund gemeinsame Träume hat. Denn dieses Bild drückt auf anschauliche Weise das Gefühl der Zugehörigkeit aus, der gegenseitigen Verbundenheit und des Gruppenbewußtseins, und genau darin lag für Naomi die Bedeutung des Ereignisses.

Das Problem mit derartigen Bildern ist jedoch, daß wir in Versuchung geraten, sie als ein konkretes Mittel zu verwenden, mit dessen Hilfe wir erklären, was die Koinzidenz »verursacht« haben könnte, so wie man tatsächlich erklären kann, warum zwei Kompaßnadeln an verschiedenen Orten des Globus gleichzeitig zum magnetischen Nordpol zeigen. Das Erstaunliche an Naomis Traum ist meiner Meinung nach eben gerade, daß er *nicht* durch »energetische Felder« oder »kosmische Schwingungen« verursacht sein konnte und sich jeder bewußten wie unbewußten Kontrolle entzog. Der außergewöhnliche und letztlich unerklärliche Charakter des Ereignisses machte Naomi deutlich, wieviel Chris und die alten Freunde ihr bedeutet hatten, als ein neues Kapitel ihres Lebens begann. Das subjektive Resultat der Koinzidenz, das heißt Naomis Verständnis für ihre Geschichte, stellt – zumindest in meinen Augen – ein Ergebnis dar, das auch ohne erkennbare Ursache höchst bedeutsam ist.

Jeder kann träumen: Wie wir mit Träumen arbeiten

Um synchronistische Träume zu verstehen, seien es eigene oder die eines anderen Menschen, müssen wir, wie ich am Anfang dieses Kapitels bemerkt habe, die Fähigkeit besitzen, produktiv mit unseren Träumen zu arbeiten. Zunächst müssen wir überzeugt sein, daß unsere Träume eine Bedeutung haben. In den Anfängen der modernen Psychologie galt dies als eine kühne These. Heute, nach vielen Jahrzehnten der Theoriebildung und der experimentellen Forschungen, ist klar, daß die Annahme, unsere Träume seien bedeutsam, weder von Naivität noch von Selbstüberschätzung zeugt.

Dennoch impliziert die These von der Bedeutsamkeit der Träume keineswegs, daß ein Traum eine Botschaft des Unbewußten darstellt, die auf geheime Hinweise zu bestimmten Situationen entschlüsselt werden muß, wie im Supermarkt erhältliche Lexika zur Traumdeutung uns glauben machen wollen. Dort werden alle erdenklichen Traumsymbole alphabetisch aufgelistet, von A wie »Affe« bis Z wie »Zebra«, und es werden allgemeine Standarddeutungen angeboten, die auf alle Menschen zu allen Zeiten passen.

Die Bedeutung eines Traumes gleicht eher der Bedeutung einer Geschichte. Wie die unzähligen Bücher mit literarischen Interpretationen zeigen, kann ein und dieselbe Geschichte viele verschiedene »richtige« Bedeutungen haben, die uns helfen können, uns selbst als Leser und die Welt des Autors der Geschichte zu verstehen. *Der Zauberer von Oz* von L. Frank Baum ist ein solches Buch, das aus den verschiedensten Blickwinkeln interpretiert wurde. Viele Jungianer, mich eingeschlossen, deuteten den psychologischen Gehalt der Geschichte so, daß Dorothy ein Symbol des archetypisch Weiblichen ist und ihre Reise die Geschichte einer Heldin auf dem Weg zur psychischen Reife darstellt. Aber das ist nur eine von vielen möglichen Deutungen. So hatte ich einmal das Vergnügen, mich mit der Interpretation eines Mannes zu befassen, der behauptete, Baum sehe seine Geschichte als ein Gleichnis für die wirtschaftliche Situation der Vereinigten Staaten zu Beginn des 20. Jahrhunderts, als das Vertrauen der Amerikaner in die Goldwährung – die mit gelben Steinen gepflasterte Straße – durch das Vertrauen in eine andere Quelle des Reichtums, symbolisiert durch die Smaragdene Stadt und den Zauberer von Oz, ersetzt werden mußte.

Ich verweise im Zusammenhang mit der Traumanalyse auf unterschiedliche literarische Interpretationen, weil ich davor warnen will, jene Haltung einzunehmen, die leider allzu viele Literaturwissenschaftler angesichts ihrer eigenen Interpretationen an den Tag legen: Nur meine Ideen sind richtig, die der anderen sind falsch; nur ich kenne die wahre Bedeutung des Werkes, die anderen kennen sie nicht. Bei der Beschäftigung mit einem literarischen Werk mag eine solche Haltung vielleicht noch eine gewisse Berechtigung haben, je nachdem mit welcher Vollständigkeit die Interpretation den Inhalt des Textes erläutert. Eine Interpretation vom *Zauberer von Oz* etwa, in der nichts über die Rolle der Bösen Hexe des Westens gesagt wird, wäre sicher keine sehr gute Interpretation.

Doch bei Träumen mit ihrem durch und durch subjektiven »Text« kann es keine absolut richtigen oder falschen Deutungen geben, es gibt allenfalls bessere und schlechtere Deutungen. Wie in der Literaturkritik hängt die Brauchbarkeit der Deutung zum Teil davon ab, in welchem Maße sie der komplexen Bildersprache eines Traums oder mehrerer Träume gerecht wird. Doch im Gegensatz zur Literaturkritik müssen wir bei der Deutung von Träumen immer unsere subjektiven Erfahrungen mit einbeziehen: welche Gedanken und Gefühle der Traum in uns entstehen ließ und wie er sich in die gesamte Geschichte unseres Lebens einfügt. Eine Traumdeutung, bei der zwar sämtliche Bilder erläutert werden, die innere Erfahrung und die subjektive Bedeutung für den Träumenden jedoch unberücksichtigt bleiben, ist nicht viel wert, und sei sie noch so elegant und umfassend. Und wie mittlerweile hoffentlich deutlich geworden ist, entscheidet insbesondere bei synchronistischen Träumen unsere Fähigkeit, subjektiven Erfahrungen eine Bedeutung beizumessen, darüber, ob derartige Koinzidenzen unser Leben bereichern oder nicht.

Manchen Menschen, die mir ihre Geschichten erzählt haben, waren diese beiden Haltungen von Natur aus eigen: Sie gingen davon aus, daß Träume eine Bedeutung haben, und achteten auf subjektive innere Erfahrungen, da sie sich im allgemeinen mit ebenso großer Ernsthaftigkeit um ihr Innenleben – ihre Gefühle, Phantasien und Träume – kümmerten wie um ihr äußeres Leben – ihre Beziehungen und ihren Beruf. Für Therapeuten, die einen Großteil ihres Berufs- und Privatlebens der Entwicklung ihres eigenen Innenlebens und des Innenlebens anderer Menschen widmen, können Synchronizitäten sogar als eine Art »Handwerkszeug« betrachtet werden. Doch die Geschichten, die ich erzählt habe, zeigen, daß die Therapeuten keineswegs das Monopol für Träume innehaben. Man braucht weder bestimmte Anlagen noch besondere Talente, um derartige Traumerlebnisse zu haben. Wie Jonathan mit dem Traum, sein Haus vollenden zu müssen, oder Pete mit den Träumen von seiner leiblichen Mutter müssen wir uns nur beharrlich unserem Innenleben zuwenden und eine außergewöhnliche Koinzidenz wahrnehmen, damit die Notwendigkeit, uns um unser Innenleben zu kümmern, zur Selbstverständlichkeit wird.

Da alle Menschen träumen, kann man diese Einstellung am besten entwickeln, indem man regelmäßig auf Träume achtet und sie sorgfältig untersucht. Manche Menschen führen Traumtagebücher, andere schreiben ihre Träume nur hin und wieder auf, wenn ihnen gerade danach zumute ist. Zeitaufwendiger ist das Zeichnen, Malen oder Meißeln der Traumbilder. Doch für Menschen, die sich sprachlich nicht gut ausdrücken können, ist dies die einzige Möglichkeit, dem Traumleben gerecht zu werden.

Bei allen Methoden der Aufzeichnung von Träumen ist nicht das »Wie« wichtig. Es gibt kein Patentrezept, ebensowenig wie es ein Patentrezept dafür gibt, auf welche Weise man einen Roman lesen oder einen Film ansehen soll. Die beste Methode ist die, mit der jemand am besten zurechtkommt. Meine Freundin Yvonne etwa setzt sich hin und liest einen Roman von der ersten bis zur letzten Seite in einem Zug durch, um ganz in die Welt einzutauchen, die der Autor geschaffen hat. Ich hingegen ziehe es vor, die Erfahrung über einen bestimmten Zeitraum zu verteilen und nach jedem Kapitel eine Pause einzulegen, damit meine eigenen Eindrücke in mir gären und langsam an die Oberfläche steigen können. Das gleiche gilt für unsere inneren Geschichten. Wenn Sie überzeugt sind, daß Träume eine Bedeutung haben, und sich eine Zeitlang auf eine Weise, die Ihrer Persönlichkeit am besten entspricht, mit Ihren Träumen befassen, werden Sie mit Sicherheit mehr über Ihr Innenleben in Erfahrung bringen, als Sie je für möglich gehalten hätten.

Da Träume ihrer Natur nach symbolisch sind, ist das Resultat einer bedeutsamen Koinzidenz zwischen einem Traum und einem Ereignis in unserem äußeren Leben oft identisch mit dem, was entsteht, wenn ein gutes Buch die vom Autor beabsichtigte Wirkung erzielt: Wir werden sensibilisiert, unser Bewußtsein dessen, wer wir sind und welchen Platz wir im Universum einnehmen, wird erweitert und vertieft. Im nächsten Kapitel führt unsere Reise uns noch weiter ins Innere und ins Geistige, von der Welt der Träume in den Bereich unserer Spiritualität, wo der Koinzidenz zwischen Innenleben und äußerem Ereignis eine noch größere, über das Individuum hinausweisende Bedeutung zukommt.

5

Mit dem Schöpfer in Verbindung treten: Synchronizität und unser spirituelles Leben

Der Geist ist das wahre Selbst.
Cicero

Seit der Aufklärung, jener bedeutenden Epoche in der Geschichte der westlichen Welt, als der Glaube an die Rationalität und die empirische Wissenschaft die religiösen Überzeugungen allmählich in Frage stellte und das Vertrauen in spirituelle Erfahrungen erschütterte, haben viele Menschen ihren inneren Halt verloren. Sie wissen nicht, was sie von Erfahrungen halten sollen, die früher als ein Eingreifen Gottes in das menschliche Leben verstanden worden wären, aus rationaler Sicht jedoch entweder keinen Sinn ergeben oder schlichtweg nicht möglich sind. Zudem scheint die aus der Aufklärung herrührende Wissenschaftsgläubigkeit angesichts des sensationellen Erfolgs der Industriellen Revolution, die das Leben auf der Erde grundlegend veränderte, wohlbegründet gewesen zu sein.

Dies machte es für viele Menschen noch schwieriger, die irrationalen und subjektiven Aspekte ihres Lebens anzuerkennen. Unsere religiösen und spirituellen Erfahrungen, um weiterhin das zentrale Bild dieses Buches zu verwenden, gelten aus rationaler, empirischer Sicht lediglich als »Fiktion«. Und da wir die Bedeutungen, die wir derartigen Erfahrungen zuschreiben, nicht beweisen können – die »Gründe« dieser Phänomene können nicht mit Gewißheit ermittelt werden –, wurde die »Glaubenskrise« zu einem hervorstechenden Merkmal unserer modernen Zeit.

Als Einführung in meine Überlegungen zu Synchronizität und Spiritualität werde ich den gegenwärtigen Stand der Diskussion kurz umreißen. Ich will keineswegs bestreiten, daß sehr viele moderne Menschen feste religiöse Überzeugungen und Gepflogenheiten haben, oftmals mit bestimmten Gemeinschaften, Konfessionen oder Traditionen verknüpft, die ihrem inneren wie ihrem äußeren Leben einen Rahmen und Orientierung geben. Doch selbst innerhalb solcher Glaubensgemeinschaften herrschen Spannungen.

Bei anderen Menschen wiederum tritt die moderne Glaubenskrise in unterschiedlichen Formen in Erscheinung. Die Menschen lehnen traditionelle religiöse Überzeugungen ab oder kehren religiösen Gemeinschaften und Gepflogenheiten den Rücken, weil sie nicht zu ihrer Lebensweise passen. Allein schon die Begriffe »Religion« und »Spiritualität« werden so unterschiedlich und häufig willkürlich definiert, daß sie nur etwas ganz Individuelles bezeichnen. Der Begriff »religiös« wird meiner Erfahrung nach oft ganz explizit für die institutionelle Religion verwendet. »Spiritualität« bedeutet nicht mehr »meine persönlichen Überzeugungen« oder »meine eigenen individuellen Erfahrungen«, das Wort hat vielmehr eine semantische Verschiebung erfahren und bezeichnet heute das breite, allenfalls lose institutionalisierte Feld von Überzeugungen und Gebräuchen, die gewöhnlich als »New Age« zusammengefaßt werden.

Diese »Fiktionen«, unsere religiösen und spirituellen Erfahrungen, Überzeugungen und Gepflogenheiten, seien sie nun im traditionellen Sinne religiöser oder eher spiritueller Natur, sind jedenfalls weiterhin ein essentieller und universeller Bestandteil des menschlichen Lebens. Dabei spielt es keine Rolle, wie nachhaltig verändernd das Vertrauen in die Vernunft und die Wissenschaft rein äußerlich bisher wirkte und in Zukunft wirken wird. Mensch zu sein bedeutet Geschichten zu erzählen, zu leben und Symbole zu verwenden, die das Leben erklären. Es bedeutet ferner, nach einer tiefen, unmittelbaren Erfahrung dessen zu suchen, was jenseits unserer begrenzten sterblichen Existenz liegt. Selbst wenn wir von noch viel mehr Technik umgeben sind als heute, wird sich an diesen wesentlichen Merkmalen der menschlichen Spezies wohl nichts ändern. Im Wettlauf der frühen Psychologen um die Identifizierung der elementaren Triebe des Menschen leistete Jung seinen Beitrag, indem er den sogenannten »religiösen Instinkt« anführte. Er stützte sich dabei auf die Beobachtung, daß alle menschlichen Kulturen seit jeher Geschichten über die Entstehung aller Dinge der Welt erzählen, um das Universum zu erklären, und daß sie den Erklärungen in Ritualen Ausdruck verleihen, die Erfahrungen einer transzendenten Wirklichkeit herbeiführen sollen.

Heute bestehen große Spannungen zwischen einer rein wissenschaftlichen Betrachtung der Welt und einer Betrachtung, welche die Existenz einer Macht voraussetzt, die größer ist als wir selbst. Und ob uns der Gedanke nun gefällt oder nicht, wir befinden uns in einem tiefgreifenden Umbruchprozeß, was den Platz betrifft, den die heiligen Geschichten in unserem Leben einnehmen. Sind unsere Überzeugungen »Fiktionen« in dem am wenigsten schmeichelhaften Sinn, das heißt eine Reihe eigennütziger Phantasien, die wir über das Leben formuliert oder ersonnen haben, um uns zu beruhigen, zu trösten oder zu täuschen? Ist es möglich, die Existenz Gottes irgendwie zu »beweisen«, wenn wir nur unsere subjektiven Erfahrungen haben – was uns als Individuen widerfahren ist und was es unserem Gefühl nach bedeutet hat?

Bisher haben wir gesehen, daß dort, wo tiefgründige Fragen gestellt, eine Geschichte erzählt und Übergänge geschaffen werden sollen, sehr oft synchronistische Ereignisse eine wichtige, bisweilen sogar entscheidende Rolle gespielt haben. Im Hinblick auf die Geschichten unseres spirituellen oder religiösen Lebens bietet das Prinzip der akausalen Zusammenhänge, das allen synchronistischen Erfahrungen zugrunde liegt, die bedeutsame Verbindung der objektiven Wirklichkeit mit einer subjektiven Erfahrung, eine Möglichkeit, die widersprüchlichen Forderungen der Vernunft und des Glaubens miteinander in Einklang zu bringen.

Somit werde ich in diesem Kapitel nicht nur untersuchen, auf welche Weise bedeutsame Koinzidenzen die Geschichten bestimmter Menschen in der spirituellen Dimension geprägt haben. Vielmehr wird die große Bedeutung, die den subjektiven Erfahrungen eines Menschen zukommt, uns dazu führen, grundlegende Fragen über die Natur religiöser Erfahrungen zu stellen, ihr Verhältnis zu wissenschaftlichen Betrachtungsweisen der Welt sowie die Haltung der Psychologie gegenüber Naturwissenschaft und Religion zu erörtern. Ausgehend von den folgenden Geschichten über die Synchronizitäten im spirituellen Leben einiger Menschen werden wir mit größerer Klarheit erkennen, was es heißt, Mensch zu sein.

Wie ich meinen spirituellen Lehrer traf

Bei meinen Recherchen zum Kapitel über Liebe und Freundschaft stellte ich fest, daß ich die Menschen nur zu fragen brauchte, wie sie ihren Ehemann, ihre Ehefrau, ihren Liebhaber oder ihren Lebensgefährten kennengelernt hatten, und schon wurde mir in den meisten Fällen die Geschichte eines synchronistischen Erlebnisses erzählt. Insofern wunderte ich mich nicht, daß es bei Fragen nach spirituellen Dingen genauso ging. Man braucht einen Menschen nur zu fragen, wie er seinen spirituellen Lehrer getroffen hat und wie es gekommen ist, daß er einen bestimmten »spirituellen Weg« eingeschlagen hat, und schon hört man mit großer Wahrscheinlichkeit, daß ein synchronistisches Erlebnis den Ausschlag gab. Überrascht war ich allerdings, wie wenige Menschen jemals einem anderen Menschen die Geschichte ihres spirituellen Erwachens erzählt hatten. Dies zeigt meines Erachtens, was für einen abwertenden (oder vielleicht auch defensiven) Standpunkt die Menschen mittlerweile gegenüber solchen heiligen Geschichten einnehmen, denen in anderen Kulturen ein zentraler Platz innerhalb der menschlichen Beziehungen zukommt. Daher fühlte ich mich ziemlich privilegiert, als ich mir eine Geschichte nach der anderen anhörte, in denen die Menschen offenbarten, wie sie durch reinen Zufall auf den Weg zu einem höheren Bewußtsein gestoßen waren.

Im Rückblick erscheint es mir gar nicht mehr so merkwürdig, daß ich, gerade als ich mich hinsetzen und mit dem ersten Entwurf dieses Kapitels beginnen wollte, einen Telefonanruf von einer jungen Frau namens Ellie erhielt. Sie sagte, sie habe von einem Freund erfahren, daß ich ein Buch über Synchronizität schreibe, und habe mich angerufen, um mir die Geschichte ihres spirituellen Erwachens zu erzählen. Eigentlich wollte ich diesen Tag mit Schreiben verbringen, doch ich beschloß, das, was ich über die Synchronizität predigte, auch zu praktizieren und für die mögliche Bedeutsamkeit dieser Koinzidenz offen zu sein. Ich änderte mein Vorhaben und verabredete mich noch für denselben Tag mit ihr. Wenig später trafen wir uns tatsächlich im strahlenden Sonnenschein eines kalifornischen Frühlingstages in einem überfüllten Einkaufszentrum in der Nähe ihrer Fakultät.

»Eigentlich habe ich es noch niemandem erzählt«, sagte sie, gleichzeitig schüchtern und selbstbewußt. »Doch daß ich mich hier mit Ihnen unterhalte und überhaupt, daß ich in meinem Leben das tue, was ich tue, ist reiner Zufall.« Sie stellte sich als Studentin der Naturwissenschaften an der Universität von Kalifornien in Los Angeles vor und erzählte, sie habe an Spiritualität und Psychologie nie Interesse gehabt. Ein Jahr zuvor, im Alter von fünfundzwanzig Jahren, habe sie eine »Midlife crisis« durchgemacht. Sie habe gemerkt, daß die wissenschaftliche Karriere, auf die sie immer hingearbeitet hatte, doch nicht das war, was sie eigentlich wollte. Aber sie habe keine Vorstellung gehabt, worin ihre Berufung liegen könnte.

»Es war mir, als wäre ich am Ende meines Lebens angekommen, so wie ich es gekannt hatte. Nicht daß ich jemals an Selbstmord oder dergleichen gedacht hätte, aber ich wußte einfach, daß das Leben, das ich bisher geführt hatte, vorbei war.« Zufällig gab ihr eine Freundin ein Buch von Marianne Williamson, und Ellie las es mit Interesse. Es war das erste Mal in ihrem Leben, daß sie ein solches Buch las. Sie war fasziniert von der spirituellen Sicht und spielte mit dem Gedanken, ihre Vorträge zu besuchen. Doch da die Vorträge an einem anderen Ort stattfanden und Ellie kein Auto besaß, verwarf sie den Gedanken. Sie stellte fest, daß Marianne Williamson eine eigene Radiosendung hatte, und nahm sich die Zeit, die Sendung regelmäßig anzuhören. Über ein halbes Jahr hinweg geriet sie mehr und mehr in den Bann dieser spirituellen Botschaft.

Ganz besonders neugierig machten Ellie Marianne Williamsons häufige Hinweise auf ein spirituelles Gemeinschaftszentrum, das »Agape-Zentrum«. Mit Hilfe des Telefonbuchs fand sie die Nummer heraus; von ihrer Wohnung zu dem Zentrum waren es nur zehn Minuten zu Fuß. Von nun an besuchte Ellie regelmäßig die Veranstaltungen des Zentrums. Zur selben Zeit fragte ihr Onkel, der gerade eine Ausbildung zum Hypnotherapeuten absolvierte, ob sie nicht einige hypnotherapeutische Übungen mit ihm machen wolle, nicht zu psychotherapeutischen Zwecken, sondern um sich das Nägelkauen abzugewöhnen.

»Und so besuchte ich, ohne es geplant zu haben, das Agape-Zentrum und beschäftigte mich mit Hypnotherapie«, erzählte sie mir ein wenig stockend, als könne sie ihre Geschichte selbst nicht recht glauben. Eines Abends, während der Prozeß der inneren Bewußtwerdung in beiden Einrichtungen schon ein Stück vorangekommen war, saß sie in einer Buchhandlung und blätterte in einer Zeitschrift. Da fiel ihr Blick auf ein Buch, das jemand anders auf dem Tisch vor ihr liegengelassen hatte. Sie schaute hinein und überflog ein paar Seiten. Zwar war sie nicht übermäßig beeindruckt, aber sie blieb an einem Hinweis auf Ken Wilbur und die Transpersonale Psychologie hängen. Von beidem hatte sie noch nie zuvor etwas gehört, und sie wußte nichts darüber.

Kurz nach dieser zufälligen Bekanntschaft mit der Transpersonalen Psychologie machte Ellie während ihrer gewohnten Meditation eine transformative spirituelle Erfahrung, die sie als eine »Verbindung mit ihrem höheren Selbst« bezeichnet. In diesem Augenblick nahm die lange Zeit ihrer Verwirrung und Orientierungslosigkeit ein Ende. Sie hatte eine Vision, die ihr offenbarte, was sie mit ihrem Leben anfangen sollte, worin ihr Ziel bestand und wohin sie gehen sollte. Sie erzählte mir, sie habe durch die Vision erfahren, daß die Transpersonale Psychologie der Weg sei, den sie einschlagen sollte. Und dabei hatte sie bis zu der Vision noch nicht einmal gewußt, was Transpersonale Psychologie überhaupt war.

Als Ellie kurz nach dieser Erfahrung in einem Café saß, hatte sie Blickkontakt mit einem jungen Mann auf der gegenüberliegenden Seite des Raums. Zuerst wich sie seinen Blicken mehrmals aus, dann ließ sie die Dinge »einfach geschehen«, trat auf ihn zu, stellte sich vor und begann ein Gespräch. Gegen Ende ihres Gesprächs, als sie hörte, daß er im Hauptfach Soziologie studierte, fragte sie ihn aufs Geratewohl, ob er wisse, was Transpersonale Psychologie sei. Zuerst sagte er, er habe keine Ahnung. Doch nach einigem Nachdenken erinnerte er sich an einen Freund, dessen Mutter auf eine für Psychologie spezialisierte Hochschule im Norden gegangen sei. Sie heiße John-F.-Kennedy-Universität, viel mehr wisse er nicht. Ellie lächelte, als sie in ihrer Geschichte fortfuhr.

»Am nächsten Tag erfragte ich bei der Auskunft die Nummer der Universität. Ich rief an und stellte dem Mann am anderen Ende der Leitung jene Frage, die ich in den Monaten seit meiner Erleuchtung so vielen Menschen gestellt hatte: ob er wisse, was Transpersonale Psychologie sei. Der Mann lachte. ›Das können Sie hier nur mit Magisterabschluß studieren.‹ Und so kam es, daß ich schließlich erneut die Universität besuchte und beschloß, Psychotherapeutin zu werden. Eine ganze Reihe von Zufällen also: Ich erhalte unerwartet ein Buch von Marianne Williamson, ich stoße zufällig auf dieses andere Buch in der Buchhandlung, mein höheres Selbst offenbart mir, daß die Transpersonale Psychologie der richtige Weg für mich ist, und schließlich treffe ich – abermals durch reinen Zufall – einen Mann, der mich an die John-F.-Kennedy-Universität verweist, obwohl er selbst nicht einmal weiß, was Transpersonale Psychologie ist!«

Die Abfolge der Ereignisse, die nach außen hin schlichtweg wie eine Reihe von Zufällen aussehen, machte Ellie ganz sicher, daß sie sowohl in spiritueller wie in beruflicher Hinsicht auf dem richtigen Weg war. Und die Rolle, die der Zufall offenbar dabei spielte, daß sie ihre wahre Bestimmung fand, verlieh ihrer Geschichte etwas Wundersames, wie es bei synchronistischen Erfahrungen immer der Fall ist.

Wahrscheinlich könnten viele Leser ähnliche Geschichten darüber erzählen, wie sie schließlich zu dem fanden, wozu sie in ihrem Leben bestimmt waren, sei es innerlich oder äußerlich. Und Ellies Geschichte besitzt mit ihren Zufallsereignissen keineswegs die Dramatik oder die extremen Unwahrscheinlichkeiten mancher anderer Berichte über bedeutsame Koinzidenzen, die wir bisher gehört haben. Das Entscheidende ist wie immer die subjektive Bedeutung der zufälligen Begebenheiten: Eine Reihe von äußeren Zufällen führte Ellie offenbar in geographischer und in spiritueller Hinsicht an jenen Ort, wo sie das fand, was sie als ihre spirituelle Berufung betrachtet. Sie machte sich nicht etwa auf die Suche nach der John-F.-Kennedy-Universität. Sie beschloß nicht, Psychotherapeutin zu werden. Sie setzte sich auch nicht eines Tages hin und sagte: »Ich werde etwas tun, um meine spirituelle Leere auszufüllen.« Sie begann nicht, auf der Suche nach spiritueller Erfüllung gezielt in die Kirche zu gehen. Vielmehr hatte sie zu Beginn dessen, was sie schließlich als ihr spirituelles Erwachen betrachtete, keine Ahnung, was sie nach der Ernüchterung durch die naturwissenschaftliche Karriere, die sie verfolgt hatte, tun und wohin sie gehen sollte.

Die bedeutungsvollen Ereignisse, die Ellie widerfuhren, *widerfuhren* ihr im wahrsten Sinne des Wortes, sie hatte nicht daran mitgewirkt. Dennoch gaben sie ihrem inneren wie ihrem äußeren Leben die entscheidende Orientierung. Interpretierte Ellie die Ereignisse ihres Lebens vielleicht rückblikkend auf diese Weise? Dachte sie sich die Geschichte aus, indem sie in die Zufallsereignisse eine Bedeutung hineinlas? Ja und nein. So wie sie die Geschichte erzählte, traten die äußeren Gelegenheiten, die sich durch das Agape-Zentrum, die Hypnotherapie und die transpersonale Psychologie ergaben, zufällig zu einem Zeitpunkt in ihr Leben, als sie für Veränderungen offen war und aktiv darauf reagierte. Wie bei allen bisher gehörten Geschichten hängt die Bedeutung einer Koinzidenz davon ab, welche Einstellung wir dazu haben.

Eine andere Frau, Roberta, fand ihren spirituellen Weg durch eine unwahrscheinlichere, aber nicht weniger transformative Koinzidenz. Sie war mit dem Auto unterwegs, und nach einiger Zeit wurde sie der nicht enden wollenden Autobahn um Ohio überdrüssig. So folgte sie einer Eingebung, verließ die Autobahn und setzte ihren Weg nach Westen zumindest für eine Weile über Landstraßen fort. Da erspähte sie ganz in der Ferne, inmitten weiter Felder, eine Ansammlung von Gebäuden und Menschen. Die Menschen schienen alle sehr beschäftigt, offensichtlich war gerade ein farbenprächtiges Fest oder eine Parade im Gange. Roberta wunderte sich, daß sie in einer derart abgelegenen Gegend ausgerechnet auf eine Festveranstaltung gestoßen war, und beschloß, auf Entdeckungsreise zu gehen. Sie traf auf eine spirituelle Gemeinschaft, die sich um einen Guru scharte, und just an diesem Tag wurde die Gründung der Gemeinschaft durch den Guru feierlich begangen. Daß an diesem Tag ein fremder Besucher auf traditionelle Weise begrüßt werden konnte, galt als gutes Omen.

Roberta war fasziniert von der Koinzidenz all dieser Ereignisse. Ihre Faszination erinnert an Petes Gefühl, als er in dem Motel in der Mohave-Wüste zufällig Mary in die Arme lief, oder an das Gefühl meines Freundes John, als er jenen Mann traf, der in einem abgelegenen Aschram in Indien sein Mentor werden sollte. Roberta erzählte mir, sie sei dortgeblieben, um mehr über die Gemeinschaft, ihren Lehrer und ihre Bräuche zu erfahren. Sie fügte hinzu, sie betrachte jenen

Tag, an dem sie mitten in der Wildnis auf die feiernden Menschen stieß, als den Beginn ihres spirituellen Erwachens. Wenn diese Geschichte eine Moral hat, so lautet sie vermutlich, daß selbst die Straße ins Niemandsland irgendwohin führt.

Eine weitere synchronistische Koinzidenz hat ebenfalls damit zu tun, daß jemand durch die Welt zieht und seinen Intuitionen folgt. Naomi erzählte mir eine Geschichte, die sich ereignete, als sie siebzehn Jahre alt war und in einem Aschram in Nepal lebte. Seit langer Zeit schon litt sie an einer Krankheit, deren Ursache keiner der vielen Ärzte feststellen konnte, die sie im Osten und im Westen konsultiert hatte, geschweige denn, daß sie ein Heilmittel dagegen wußten. Eines Nachts hatte sie einen sehr aufwühlenden Traum von einem Mann, der ihr gänzlich unbekannt war, dessen Gesicht sie aber gleichwohl sehr deutlich vor sich sah. Daraufhin verließ sie trotz ihrer Krankheit den Aschram und beschloß, eine Reise zu unternehmen.

In Anbetracht ihrer chronischen Erkrankung war dies mit Schwierigkeiten verbunden. Dennoch legte sie für ihre Reise genau wie Roberta keine spezielle Route fest, Zufall und Intuition leiteten sie in eine bestimmte Stadt in Indien. Dort entdeckte sie eine Klinik für Naturheilkunde und überlegte, ob man ihr vielleicht angesichts ihres zunehmend schlechteren Gesundheitszustands helfen könne. Zu ihrer Überraschung stand in der Klinik der Mann vor ihr, von dem sie so viele Monate zuvor geträumt hatte und dessen Gesicht sie immer noch genauso deutlich vor sich sah wie in jener Nacht. Sie hatte das sichere Gefühl, daß die Koinzidenz zwischen ihrem Traum und der tatsächlichen Begegnung mit dem Mann ein bedeutungsvolles Zeichen war, das sie nicht ignorieren durfte. Deshalb unterzog sie sich der Behandlung, die er anordnete, und tatsächlich wurde sie von ihrer Krankheit geheilt. Sie blieb danach noch drei weitere Jahre in der Klinik, um sich in jungen Jahren, als sie noch entwicklungsfähig war, von jenem Mann unterweisen zu lassen. Sein spiritueller und medizinischer Sachverstand schärfte ihren Blick für die Zusammenhänge zwischen Körper, Seele und Geist.

Eine weitere Geschichte handelt von der Begegnung zwischen Barry und seinem Astrologielehrer. Die Geschichte beginnt wieder mit einer Synchronizität, und sie endet damit, daß Barry eine Lektion erhielt, die gänzlich anders ausfiel, als er es erwartet hatte. Barry selbst berichtete die Geschichte folgendermaßen:

»Im Jahr 1981, während meiner Zeit an der Universität von Chicago, bekam ich ein Stipendium, das es mir ermöglichte, in Kalkutta Bengali zu studieren. Da ich meine Abschlußarbeit über die hinduistische Astrologie schreiben wollte, zog ich Erkundigungen ein und fand einen Astrologen, einen alten Bengalen, der sich bereit erklärte, mir die Grundlagen der hinduistischen Astrologie zu vermitteln. Harihar war ein interessanter Mann und hatte ein sehr bewegtes Leben hinter sich. Etwa nach der Hälfte meines Aufenthalts meinte er, ich solle mich doch einmal mit seinem Sohn in Verbindung setzen, er sei ebenfalls Astrologe und könne aus der Hand lesen. Der Sohn hieß Pronab.

Indische Astrologen und Handleser mieten sich gewöhnlich bei einem Juwelier ein, da sie Steine verschreiben. Als ich mich schließlich entschloß, Pronab zu besuchen, stieß ich auf ein kleines Juweliergeschäft, versteckt zwischen anderen Läden. Es lag in einer sehr malerischen Straße in Kalkutta, wo alles in jener faszinierenden, für Indien typischen Weise verfiel. Ich klopfte an die Tür von Pronabs Kammer – sie sagen dort tatsächlich ›Kammer‹ –, trat ein und sah einen Mann in einem kleinen, sehr engen Raum an einem Schreibtisch sitzen. Er war ziemlich dick, etwa Mitte vierzig, dunkelhäutig, und er hatte sehr eindringliche Augen. Ich stellte mich vor und erzählte ihm, daß sein Vater mich zu ihm geschickt habe. Er las mir auf die Schnelle aus der Hand, doch seine Worte beeindruckten mich nicht sonderlich, und so stand ich bald auf, bedankte mich und ging.

Nach einem Jahr in Indien kehrte ich nach Chicago zurück und legte meine schriftlichen Prüfungen ab. Ich hatte gehofft, mit einem weiteren Stipendium ein zweites Mal nach Indien reisen zu können, und als sich diese Hoffnung zerschlug, fragte ich mich, ob es überhaupt meine Bestimmung war, dorthin zurückzukehren. Doch dann erhielt ich im letzten Augenblick ein anderes Stipendium, und Anfang 1983 machte ich mich erneut auf die Reise. In dem Jahr entdeckte ich, daß ein Teil meiner Seele in Kalkutta zu Hause war. Kalkutta ist wirklich eine faszinierende Stadt, eine der faszinierendsten Städte Indiens, wenn nicht der ganzen Welt. Sie ist sehr kosmopolitisch, aber gleichzeitig überaus traditionell und von der Stammeskultur geprägt. Die verfallenden Gebäude sind von dekadenter Schönheit. Kalkutta vereinigt in ihren Mauern alle nur erdenklichen Schicksale und Laster, gleichzeitig birgt sie eine ungeheure Wärme und kulturellen Reichtum.

Da ich die bengalische Sprache mittlerweile sehr gut beherrschte, nahm ich mir vor, zu Harihar zurückzukehren und meine Studien weiterzuführen. Doch auf meine entsprechende Bitte antwortete er, es tue ihm leid, doch er sei zu alt und könne keine Schüler mehr annehmen. Meine Enttäuschung war groß. Ich bat ihn noch einmal, aber er blieb hartnäckig und riet mir, mich von seinem Sohn unterweisen zu lassen. ›Hast Du meinen Sohn getroffen?‹ fragte er. Ich bejahte leichthin, es schien mir nebensächlich. Harihar drängte mich, ihn zu besuchen und erneut mit ihm zu sprechen. Entmutigt verabschiedete ich mich, ohne große Lust, Harihars Rat zu befolgen und seinen Sohn aufzusuchen.

Eine Woche streifte ich ziellos umher und machte mir Gedanken, welchen Lehrer ich mir wählen sollte. Eines Tages schlenderte ich frohen Mutes zu dem Institut, wo ich zu der Zeit studierte. Ich hatte beschlossen, mich an diesem Tag nach einem Astrologielehrer umzusehen, und als ich um die Ecke bog und an dem Institutsgebäude an einer langen, dreckigen Straße entlangging, sah ich links von mir zwei Männer stehen. Ich blickte zu ihnen hinüber, wandte mich wieder ab, blickte erneut hinüber. Ich sah, daß die beiden Männer mich ebenfalls anschauten. Der jüngere wurde ganz aufgeregt, als er mich sah, aber ich erkannte ihn nicht. Er kam freudestrahlend auf mich zu und fragte: ›Hallo, wie geht's?‹ Ich erwiderte zögernd: ›Kennen wir uns?‹ Es stellte sich heraus, daß ich ihn tatsächlich noch nie gesehen hatte. Sein Begleiter stand nur da und starrte mich mit so eindringlichen Augen an, daß ich den anderen Mann, der um mich herumscharwenzelte, schließlich ignorierte. Ich lächelte ihn an, ohne zu wissen warum, und er lächelte zurück. Ich erinnerte mich nicht an ihn, ging aber dennoch auf ihn zu und sagte: ›Hallo.‹

Er fragte: ›Erinnern Sie sich an mich?‹

Ich antwortete: ›Nein. Aber Sie kommen mir irgendwie bekannt vor.‹

Er sagte: ›Ich bin Pronab, der Sohn von Harihar.‹

›Ach ja, natürlich‹, erwiderte ich. ›Ich wollte sowieso einmal zu Ihnen kommen und fragen, ob ich bei Ihnen studieren könnte.‹

Er wurde schlagartig sehr freundlich. ›Wunderbar‹, sagte er. ›Kommen Sie doch gleich mit.‹ Er nahm meine Hand, und von diesem Augenblick an waren wir unzertrennlich. Bei dieser zufälligen Begegnung auf der Straße veränderte sich etwas von einer Sekunde zur anderen. Obwohl ich zuvor in keinster Weise an ihm interessiert gewesen war, übte er auf einmal eine geradezu magnetische Anziehungskraft auf mich aus, ohne daß ich mir den Grund dafür erklären konnte. Doch in dem Moment hatte ich das sichere Gefühl, daß diese Beziehung sein sollte. Und so hatte ich schließlich den Menschen gefunden, bei dem ich studieren würde, obgleich ich es bis dahin nicht einmal geahnt hatte.«

Aus der zufälligen Begegnung mit einem Mann, den Barry schon einmal getroffen hatte, den er auf der Straße jedoch nicht erkannte, entstand eine lebenslange Beziehung. Zunächst vertiefte Barry mit Pronabs Hilfe seine Kenntnisse in Astrologie. Er erfuhr mehr über den Hinduismus und über seinen eigenen spirituellen Weg. Im Lauf der Zeit, als Pronabs Grenzen offenbar wurden, wurde die Beziehung komplexer und schwieriger. Pronab machte Barry klar, daß er seinen eigenen Weg gehen müsse und sich nicht blind darauf verlassen dürfe, daß ein Lehrer ihm den Weg zeigte.

Synchronizitäten spielen auch in Lisas Geschichte über ihre spirituelle Entwicklung eine Rolle. Im Grunde ist sie eine Illustration dessen, was Barry in seiner langen Beziehung zu Pronab lernte: Die spirituelle Erkenntnis findet statt, wenn wir auf die Regungen unserer Seele achten, und nicht immer durch das äußerliche Vertrauen auf Lehrer und Lehren. In Lisas Fall diente die Natur als spiritueller Lehrer, und zwar durch Koinzidenzen, die einen entscheidenden Einfluß darauf nahmen, wie Lisa sich ihrer Umwelt zuwandte.

Lisa war in der ausgeprägt protestantischen Tradition der Südstaaten groß geworden und hatte ihr Leben der Kirche gewidmet. In vielfältiger Weise war sie in der Kirchengemeinde aktiv. Sie war mit einem Handelsvertreter verheiratet und hatte drei Kinder. Die häufige Abwesenheit ihres Ehemannes, so erzählte sie mir, sei seit vielen Jahren ein Problem für sie gewesen. Sie habe ihn geliebt, aber allmählich habe sie erkannt, daß er zu der Art von Nähe, die sie immer gesucht habe, nicht fähig sei. Sie lebten sich auseinander. Die Kinder wurden größer und selbständiger, Lisa besuchte noch einmal eine Fachschule, um sich einen Traum zu erfüllen und Physiotherapeutin zu werden, und schließlich beschlossen sie und ihr Mann, die unbefriedigende Beziehung nicht fortzusetzen und sich in gegenseitigem Einvernehmen zu trennen.

Lisa hatte sich keine Gedanken darüber gemacht, wie die Kirchengemeinde, der sie und ihr Mann seit langem angehörten, die Nachricht von ihrer Scheidung aufnehmen würde. Sie stellte fest, daß viele Mitglieder der Kirche, denen sie einst nahegestanden hatte, ihrem Mann gegenüber sehr viel mehr Mitgefühl entgegenbrachten. Er war schließlich Handelsvertreter und konnte ihnen seine Version der Geschichte auf eine Art und Weise darlegen, die Sympathie und Verständnis weckte. Manche Menschen machten kein Hehl daraus, daß sie in Lisas Unabhängigkeitsdrang und ihrem selbstbewußten Verhalten die Ursache für die Trennung sahen. Daß viele Gemeindemitglieder so falsch über sie urteilten und nicht zu ihr standen, war für Lisa eine einschneidende Erfahrung. Sie kam in eine Lage, die, wie wir mittlerweile wissen, ein charakteristischer Hintergrund für synchronistische Ereignisse ist: eine Übergangszeit.

Lisa erzählte, sie habe damals Träume und Visionen erlebt, wie sie sie noch nie in ihrem Leben gehabt habe. Eine Traumsequenz handelte von Ritualen und religiösen Gestalten der amerikanischen Ureinwohner wie heilenden Kreisen, Medizinmännern und Schamanen. Und am Tage, wenn ihre Gedanken einen Augenblick ins Leere schweiften, hatte sie wiederholt die Vision, daß die Männer ihr erschienen und zu ihr sprachen. Eine weitere Serie von Träumen und Visionen betraf Gestalten, die Lisa damals unbekannt waren und sich im nachhinein als hinduistische Gottheiten entpuppten: den Elefantengott Ganesha und den bedeutenden Gott Shiva, mit Shiva verbrachte sie in ihrer Vision eine Liebesnacht. Vom Standpunkt ihrer streng christlichen Erziehung aus betrachtet, war sie schon ein wenig schockiert über diese »heidnische« Bildersprache. Sie erzählte mir, ihr damaliger Therapeut – an den sie sich hauptsächlich wegen ihrer zerrütteten Ehe hilfesuchend gewandt hatte – habe sie ermuntert, den Visionen nachzugehen und abzuwarten, wohin sie führen würden.

Sie führten in die Natur. Während die Gestalten ihrer Visionen allmählich verblaßten, tauchten in ihrem spirituellen Leben immer wieder Erscheinungen auf, die sie »geleitende Tiere« nannte. Diese Phase ihrer spirituellen Entwicklung begann mit einer besonders bedeutsamen Synchronizität: Zunächst hatte sie die Vision einer riesigen Schlange, so groß, daß Lisa weder ihren Kopf noch ihren Schwanz sehen konnte. Die Schlange lag wie ein heiliges, verehrungswürdiges Objekt vor ihr auf einem Altar. Einige Tage später in derselben Woche ruhte sich Lisa auf einem Baumstamm in einer verwilderten Gegend unweit ihres Zuhauses aus. Während der Zeit ihrer Scheidung ging sie oft dorthin, um zu meditieren. Auf einmal raschelte es im Laub. Sie blickte hinunter und sah, wie eine wunderschöne Schlange durch das Gestrüpp langsam an ihr vorbeiglitt. In diesem Augenblick spiegelte die äußere Wirklichkeit für Lisa ihr Innenleben wider, es war ein Augenblick der synchronistischen Bestätigung. Das Ereignis vermittelte ihr eine größere Sicherheit in dem einsamen und für sie selbst überraschenden Prozeß des spirituellen Wachstums, den sie in den letzten Monaten in ihren Träumen und Visionen erlebt hatte.

Von diesem Tag an suchte Lisa gezielt nach ihren Visionen. Sie kehrte regelmäßig an jene Stelle im Wald zurück und entwickelte ein Ritual, das auf ihren eigenen Visionen und zum Teil auf dem Wissen beruhte, das sie sich durch Bücher über die Spiritualität der Natur angeeignet hatte. Sie zog auf der Erde einen rituellen Kreis um sich, der Ganzheit und Schutz symbolisierte, und sie brachte den dort beheimateten Tiergeistern als Symbol ihres Respekts und ihrer Verbundenheit Nahrung und andere Gaben. Dann ließ sie sich nieder und wartete ab, was geschah. Fast jedesmal erhielt sie Besuch von dort lebenden Tieren: Vögel, Eidechsen, Schlangen und Insekten erschienen, manchmal als Antwort auf Lisas Bitte, von ihnen geleitet zu werden, manchmal einfach, um ihr Gesellschaft zu leisten.

Mir fiel an Lisas Geschichte die Ähnlichkeit zwischen ihren selbst entwickelten spirituellen Ritualen und den Ritualen der amerikanischen Ureinwohner auf, und ich fragte sie, wie sie das interpretierte. Sie meinte, nach der Befreiung aus ihrer einengenden Ehe und der Aufgabe ihrer bisherigen religiösen Haltung sei sie fähig gewesen, mit dem ursprünglichen Geist ihres Landes in Berührung zu kommen. Das Land habe mehrere Jahrtausende jenem Volk gehört, dessen Rituale sie offenbar für sich selbst neu geschaffen hatte. Sie lebte damals zwar in einem Neubaugebiet am Rande einer größeren Stadt im Süden, aber die Geschichte ihrer Familie in dieser Region reichte über zweihundert Jahre zurück. Deshalb deutete Lisa ihre Erfahrungen als Anerkennung ihrer tiefen Verbundenheit mit dem Land, aus dem sie stammte.

Im Gegensatz zu den vorangegangenen Berichten darüber, wie Menschen durch eine Reihe von Zufallsereignissen ihren spirituellen Lehrer fanden und zu einem erweiterten Bewußtsein gelangten, stellt die Geschichte von Lisa, die ihrem spirituellen Lehrer in der Natur und der lebendigen Vergangenheit des Landes begegnete, eine andere Art der Synchronizität dar. Lisa schuf spontan Rituale, ohne daß sie ahnte, wie ähnlich sie traditionellen Gebräuchen waren. Die Rituale basierten auf ihren Visionen von Führern und Gottheiten, die auffallende Parallelen zu bestimmten religiösen Gestalten aufwiesen. Dies zeigt offenbar, daß es sich bei Synchronizitäten nicht notwendigerweise um einzelne dramatische Ereignisse handeln muß. Vielmehr können sie auch in Form eines langsamen Prozesses auftreten, in dessen Verlauf sich in der Lebensgeschichte eines Menschen Ganzheit manifestiert.

Ist alles eine Synchronizität? Über das Erkennen einer Bedeutung in Ereignissen

Wenn ich meine Arbeit bisher gut gemacht habe, ist es durchaus möglich, daß meine Leser angesichts so vieler unterschiedlicher synchronistischer Erfahrungen – dramatischer wie bescheidener, äußerlich bedeutsamer wie innerlich verändernder – nun die Frage stellen: »Und was ist *keine* Synchronizität?« Diese Frage könnte im Kontext der Spiritualität und der Religion besonders angebracht erscheinen. Die bisherigen Beispiele haben gezeigt, wie Menschen Zufallsereignisse in ihrem Leben als bedeutsam empfanden, und zwar nicht etwa, weil sie zu bestimmten äußeren Veränderungen führten – einem Job, einer Liebesbeziehung, einer Freundschaft –, sondern aufgrund bestimmter *innerer* Veränderungen, die das Bild der entsprechenden Person von sich selbst beeinflußten – Veränderungen also, die offensichtlich von niemand anderem bestätigt oder abgestritten werden können. Dies wirft eine entscheidende Frage auf: Wie erkennen Menschen etwas Bedeutsames in ihrem Leben?

Es könnte doch sein, daß Lisa in jene Tiergestalten, die ihr erschienen, einfach eine spirituelle Bedeutung hineininterpretierte und sich danach besser fühlte. Genauso könnte es sein, daß Ellie die Geschichte ihres Universitätsbesuchs rückblickend so erzählt, um den Anschein zu erwecken, sie sei durch eine spirituelle Kraft, die sich ihrer Kontrolle entzog, gelenkt worden. Lassen sich nicht aus fast allen Ereignissen, die uns widerfahren, faszinierende philosophische und religiöse Schlüsse ziehen? Könnte es nicht sein, daß wir in unserem Leben bedeutsame Dinge sehen, weil wir uns dadurch als wichtige oder gar erwählte Menschen fühlen? Voltaire, der Inbegriff des aufgeklärten Denkers, verfaßte seine wunderbare Satire *Candide* eigens zu dem Zweck, sich über das unkritische, oberflächliche und daher törichte Verhalten mancher Menschen lustig zu machen, die in allem eine Bedeutung erkennen wollen. Er gibt auf Fragen wie die oben zitierte eine Antwort.

Candides Lehrer Doktor Pangloss behauptet beharrlich, daß in der besten aller möglichen Welten alles zum besten stehe, obwohl die Realität das Gegenteil beweist, und folgt seinem Schützling Candide, dem Helden der Geschichte, auf Schritt und Tritt, durch alle Katastrophen. Voltaires Roman endet damit, daß Pangloss Candide erklärt: »Alle Ereignisse sind in der besten aller möglichen Welten miteinander verknüpft; denn wäret Ihr schließlich nicht um der Liebe zu Fräulein Kunigunde willen mit ordentlichen Tritten in den Hintern aus einem schönen Schloß gejagt worden, hätte man Euch nicht vor die Inquisition gebracht, hättet Ihr nicht Amerika zu Fuß durchwandert, dem Baron einen tüchtigen Degenstoß versetzt und alle Eure Hammel aus dem guten Land Eldorado eingebüßt, dann würdet Ihr hier jetzt nicht eingemachte Zedrafrüchte und Pistazien essen.«

Tatsächlich werden in einem Buch über Synchronizität alle Geschichten über Zufallsereignisse von den Menschen, die sie erlebten, als bedeutsam und transformativ geschildert. Das erinnert uns möglicherweise sehr an Pangloss, für den jedes Vorkommnis – das Erscheinen der Schlange, die Begegnung mit einem Astrologielehrer, der Besuch der Universität – eine überwältigende und lebensverändernde Bedeutung erhält. Voltaires Satire ist jedoch, wie alle Satiren, eine Frucht der Übertreibung. Ich kenne sehr wenige Menschen, die wie Pangloss mit unbeirrbarer Sicherheit daran glauben, daß die Ereignisse, die ihnen widerfahren, bedeutsam sind, daß gewissermaßen die Harmonie des Universums zerstört wäre, wenn sie nicht eine Schlange gesehen oder nicht ihren Ehepartner getroffen hätten.

Ich möchte meine Leser darauf hinweisen, daß es in den meisten der bisher erzählten Geschichten, einschließlich der im vorliegenden Kapitel, um Menschen geht, die nicht so recht wußten, was sie mit ihrem Leben anfangen sollten, die sich unsicher waren, wohin sie gehen und was sie tun sollten, die auf die Ereignisse ihres Lebens nicht den philosophischen Grundsatz anwendeten, daß »in den besten aller möglichen Welten alles zum besten steht«. Tatsächlich stellt ein synchronistisches Ereignis oft die bisherige Lebensauffassung eines Menschen radikal in Frage. Lisa war ihr ganzes Leben lang in die Kirche gegangen und reagierte verstört, als ihre Freunde ihr den Rücken kehrten. Sicherlich wollte sie die Gemeinde, der sie schon so lange angehörte, auf keinen Fall verlassen. Ähnliches gilt für Ellie: Ihre Krise ereignete sich, als sie um die Erkenntnis nicht herumkam, daß das, was sie gerne als bedeutsam angesehen hätte – eine Karriere als Wissenschaftlerin – ihr in Wirklichkeit keine Erfüllung brachte.

Bei vielen, wenn nicht bei den meisten synchronistischen Ereignissen, die mir erzählt wurden, wurden die Menschen mit einem anderen, oft dem bisherigen diametral entgegengesetzten Bild – in emotionaler, beruflicher, psychologischer und spiritueller Hinsicht – von sich und ihrem Leben konfrontiert, gegen ihren Willen, durch reinen Zufall. Da wir in einem Buch die Geschichten erst dann erzählen können, nachdem die Ereignisse eingetreten sind und nachdem die Betreffenden ihnen eine Bedeutung gegeben haben, ist sich der Leser häufig nicht bewußt, daß die Bedeutung der jeweiligen Ereignisse im Verlauf der Lebensgeschichte zu dem Zeitpunkt, als sie eintraten, keineswegs so klar und präzise war, wie es im nachhinein scheinen mag.

Wenn manche Leser Schwierigkeiten haben, die Pangloss'sche Leichtigkeit nachzuvollziehen, mit der einige Protagonisten der zitierten Geschichten banalen Ereignissen eine großartige, gelegentlich sogar kosmische Bedeutung beimessen, so ist dies meines Erachtens darauf zurückzuführen, daß wir die Geschichten nach dem Eintreten der Ereignisse hören. Der Leser sollte sich überlegen, welche subjektiven Erfahrungen die Person zum Zeitpunkt des Ereignisses machte. Wenn wir unser Leben als Geschichte betrachten, dann ist das, was man mir erzählte und was ich hier wiedergebe, die redigierte und überarbeitete Version. In der Rohfassung, das heißt in der ursprünglichen Erfahrung, erleben die Betroffenen die Bedeutung am intensivsten.

Doch auch damit ist das Problem noch nicht vollständig gelöst. Man könnte einwenden, daß die Menschen im Rückblick eine beliebige Bedeutung in die Ereignisse »hineinlasen«. Ich finde diesen Einwand höchst interessant, denn er rührt an das Gleichgewicht zwischen Subjektivität und Objektivität, das die Psychologie postuliert: Ist unsere subjektive Erfahrung wichtiger als unsere objektive Erfahrung? Oder, um das zentrale Bild dieses Buches zu verwenden: Sind wir die Autoren unserer Geschichten? Wenn Bedeutung ein ganz und gar subjektives Phänomen ist und wir Geschichten über unser Leben erzählen, um eine Erklärung dafür zu finden, müssen wir dann nicht notwendigerweise die Autoren sein?

Doch erstaunlicherweise haben wir in den Geschichten über synchronistische Ereignisse immer wieder gehört, daß die Betroffenen sich gar nicht als die »Urheber« der Ereignisse fühlten. Wenn eine Koinzidenz zwischen einem inneren Zustand und einem äußeren Zufallsereignis stattfindet, das wir selbst nicht verursacht und nicht angestrebt haben, scheint es uns, als hätten nicht etwa wir die Geschichte geschrieben, sondern als hätte eine objektive äußere Macht, nennen wir sie göttliches Ordnungsprinzip, Gott oder Schicksal, einen Plan für uns und unser Leben entworfen. Zum Zeitpunkt eines solchen Ereignisses oder beim Rückblick auf eine Reihe solcher Ereignisse erkennen wir eine Anordnung und eine Absicht, die objektiv *scheint*, wie eine von jemand anders verfaßte Geschichte, die wir selbst mit Sicherheit nicht so geschrieben hätten. In der Tat ist das Wundersame an dem Ereignis bisweilen, daß es überhaupt geschah, so unwahrscheinlich und unglaubwürdig, wie einige Koinzidenzen anmuten.

Wer ist aber dann der Autor? Woher haben die Geschichten unseres Lebens ihre Bedeutung? Für religiöse Menschen, die an die Existenz eines objektiven Gottes glauben, ist natürlich Gott der Urheber. Und in den bisher erzählten Geschichten hätten die Menschen, die an einen Gott glauben, der in das Alltagsleben eingreift, die Ereignisse wohl nicht synchronistisch genannt. Statt dessen hätten sie gesagt: »Gott führte mich zu meinem Gatten«, »Ich wurde von Gott zu der Aufgabe berufen, die man mir anbot«, oder »Es war Gottes Plan für mein Leben, daß ich dort war, wo ich war, als es geschah«.

Doch was ist mit jenen Menschen, die den religiösen Standpunkt, den Glauben an die objektive Existenz Gottes, nicht teilen oder nicht teilen können? Die Antwort auf die Frage nach dem Ursprung von Bedeutung, nach dem Autor unserer Geschichten, erinnert mich an einen geistreichen Ausspruch Voltaires. Auf seine typisch respektlose und rationalistische Art sagte er: »Wenn es Gott nicht gäbe, müßte man ihn erfinden.« Für die Beobachtung, daß die Menschen Gott erfinden müßten, lieferte Jung eine sehr viel fundiertere, ernsthaftere Erklärung. Er vertrat die Auffassung, daß wir Gott nicht, wie Voltaire behauptete, bewußt und in trügerischer Absicht »erfinden«, sondern daß alle Menschen die Fähigkeit besitzen, Ganzheit zu erkennen und sich vorzustellen.

Jungs Begriff des Archetypus wird, wie ich in meiner Einleitung bemerkte, als ein typischer Modus des Erkennens definiert, als ein Muster der psychischen Wahrnehmung und des psychischen Verständnisses, das allen Menschen gemeinsam ist. Ein solcher Wahrnehmungsmodus – vielleicht sogar einer der wichtigsten, die Jung identifizierte – ist der Archetypus der Ganzheit: die Fähigkeit, die fundamentale Einheit der unterschiedlichen Fragmente unserer Erfahrung zu erkennen. Wie aus den verschiedenen synchronistischen Erfahrungen, über die ich bisher berichtet habe, ersichtlich wird, hat die Wahrnehmung der Ganzheit bei diesen Ereignissen ihren Ursprung nicht in unserem Selbst, unserem Ichbewußtsein. Vielmehr resultiert sie aus der Tatsache, daß die Bedeutung *alle* Aspekte unserer selbst vereint, Fragmente unserer Erfahrung, von denen wir nichts wußten, Fähigkeiten, die in uns schlummerten oder brachlagen, Seiten unserer Persönlichkeit, von deren Existenz wir nichts ahnten.

Aus diesem Grund nannte Jung den Archetypus der Ganzheit das Selbst. Die Erfahrung dieses Archetypus impliziert in hohem Maße eine übergeordnete Persönlichkeit. Alle Aspekte unserer selbst werden zu einer kohärenten Struktur zusammengefügt, wie in einer Geschichte, in der alle Elemente ihren Platz und ihre Bedeutung finden. Jung zufolge erklären derartige Erfahrungen, bei denen durch ein Ereignis unsere archetypische Fähigkeit, Ganzheit zu erkennen, aktiviert wird, warum es unserem Ich erscheint, als käme die Bedeutung der Ereignisse von außen, von einer äußeren Quelle, von einem objektiven Ordnungsprinzip des Universums. Wenn wir die Ganzheit erkennen, ist es uns, als wären nicht wir, unser Ich, unsere Alltagspersönlichkeit der Urheber der Bedeutung, sondern als gäbe es einen gewissermaßen übergeordneten Urheber, das Selbst mit großgeschriebenem S, das einen in seiner Struktur und Kohärenz außergewöhnlichen Plan für unser Leben bereithält.

Der Archetypus der Ganzheit ist verantwortlich für das, was Jung das »Gottesbild« in der menschlichen Psyche nennt. Durch den Ausdruck »Gottesbild« anstelle von »Gott« will Jung weder die Möglichkeit eines objektiven Gottes leugnen, noch die Überzeugungen und Erfahrungen der Menschen herabsetzen, die glauben, objektive Aussagen über höhere Wirklichkeiten machen zu können. Er möchte lediglich auf die besonderen Merkmale der menschlichen Erfahrung hinweisen, die einigen von uns ermöglichen, Gottes Wirken in ihrem Leben zu erkennen. Andere, die nicht an Gott glauben, können dadurch begreifen, warum das Gottesbild so mächtig, universal und wichtig ist. Das ist der Grund, warum Voltaire sagte: »Wenn es Gott nicht gäbe, müßte man ihn erfinden.«

Unsere Fähigkeit, Ganzheit zu erkennen, der Archetypus des Selbst, ist der Autor unserer Geschichten und das Instrument, durch das Zufallsereignisse aufgrund ihrer subjektiven Bedeutung miteinander verknüpft werden. Für die Menschen, die wie Thomas von Aquin Gott als die erste Ursache der gesamten Kausalkette betrachten, deren Ergebnis das Universum ist, gibt es keine Zufälle. Denn Gott ist der Autor all unserer Geschichten. Für andere Menschen, deren Vertrauen in ein objektives Ordnungsprinzip des Universums nicht ganz so unerschütterlich ist, die nur eine vage Auffassung von der Rolle Gottes in ihrem Alltagsleben haben oder deren Glaube an einen objektiven Gott ein Interesse an jenen menschlichen Eigenschaften nicht ausschließt, welche uns ein Erkennen Gottes ermöglichen, stellt Jungs Konzept des Selbst eine nicht-theologische Möglichkeit dar, derartige bedeutsame Koinzidenzen zu erörtern und zu begreifen.

In dem psychischen Prinzip der Synchronizität erhält unsere subjektive Wirklichkeit einen hohen Wert unabhängig von einer eher religiösen oder eher naturwissenschaftlichen Einstellung gegenüber der objektiven Wirklichkeit. Indem Jung postulierte, daß unsere angeborene menschliche Fähigkeit, Ganzheit zu erkennen, dafür verantwortlich ist, daß wir in Zufallsereignissen Bedeutung erkennen, hat er eine Möglichkeit aufgezeigt, wie wir über die Veränderungen sprechen können, die Koinzidenzen in unserem Leben bewirken, und über die Erkenntnisse, die sie uns über unser innerstes Wesen offenbaren.

Wenn Welten zusammenprallen: Mystische Erfahrungen als synchronistische Ereignisse

Nachdem wir Jungs Konzept des Selbst erläutert und uns mit den wichtigen Fragen beschäftigt haben, die sich häufig im Kontext von Spiritualität und Synchronizität ergeben, wollen wir nun noch weiter ins Dickicht vordringen, und zwar in den Bereich dessen, was traditionell als mystische Erfahrung bezeichnet wird. Nach dem landläufigen Wortgebrauch ist jede synchronistische Erfahrung mystisch, insofern sie unserer normalen Auffassung vom Leben als einer Kette von Ursache und Wirkung zuwiderläuft. Doch obwohl synchronistische Erfahrungen oftmals unerklärlich sind, sind sie nicht unbedingt »mystisch« in dem Sinne, in dem der Begriff in der westlichen Religion üblicherweise verwendet wird: zur Bezeichnung einer direkten, bewußten Begegnung eines Menschen mit Gott.

Nach dieser Definition sind natürlich nicht alle mystischen Erfahrungen notwendigerweise synchronistisch. Oft handelt es sich nicht um eine Koinzidenz zwischen einem inneren Zustand und einem äußeren Ereignis, sondern ausschließlich um innere transformative Erfahrungen, durch die wir zu einem höheren Bewußtsein gelangen. In Ellies Geschichte etwa stellte die spirituelle Erleuchtung, die ihr in ihren meditativen Übungen zuteil wurde, kein synchronistisches Ereignis dar, denn sie implizierte keine Koinzidenz zwischen innerer und äußerer Welt. Aber wir können die Geschichte sehr wohl als ein Beispiel für eine mystische Erfahrung ansehen: als Kontakt mit einer höheren Bewußtseinsebene, die Ellies Innenleben veränderte. Synchronistisch erschien ihr die Reihe von Zufallsereignissen, die danach stattfanden und sie an jenen Ort führten, an dem sie glaubte, ihrer durch die mystische Erfahrung gefundenen Berufung, der Transpersonalen Psychologie, gerecht werden zu können.

Die folgenden Geschichten betreffen mystische Erfahrungen, die tatsächlich synchronistischer Natur waren. Es geht darin um bedeutsame Koinzidenzen zwischen einer inneren Vision und einem äußeren Ereignis, die entweder einen bestimmten religiösen oder spirituellen Gehalt hatten oder die Entwicklung des spirituellen Bewußtseins eines Menschen entscheidend beeinflußten. In den Geschichten wird deutlich, welche Rolle synchronistische Ereignisse sogar in unserer Beziehung zu Gott spielen können, unabhängig davon, welche Auffassung von Gott wir haben.

Stuart erzählte mir die Geschichte, wie er seine Berufung zum Therapeuten entdeckte. Sie ist ein Beispiel für eine mystische Erfahrung synchronistischer Natur. Wie viele andere Menschen, die mir ihre Geschichten erzählten, war Stuart unzufrieden mit seiner Situation als Schauspieler in New York City. Er bemühte sich verzweifelt um Jobs, war nach seinen eigenen Worten »hoffnungslos mit sich selbst beschäftigt« und spürte deutlich, daß sein Leben einer grundlegenden Veränderung bedurfte. Daraufhin kam es zu einer Reihe von Ereignissen, und die ersehnte Veränderung vollzog sich mit all ihren Aufregungen und Wirren. Ihm wurde ein Engagement als Schauspieler in einem anderen Bundesstaat angeboten bei einer Truppe, die mit Kindern arbeitete, um das Bewußtsein für Probleme der Kindesmißhandlung zu schärfen. Da erkrankte sein Partner an Aids, und er lernte die Frau kennen, die seine Beraterin werden sollte. Sie bot ihm spontan ein Zimmer in ihrem Haus an, ohne zu wissen, daß er gerade keine Bleibe hatte. Während all dieser Ereignisse hatte Stuart jedoch nicht das erleuchtende Aha-Erlebnis wie viele andere. Vielmehr fühlte er sich grundlegend verunsichert und grübelte: »Warum passiert mir das? Warum nicht? Wohin führt das?« Er hatte das vage Gefühl, zu irgendeinem Zweck irgendwohin geführt zu werden, ohne zu wissen, zu welchem Zweck und wohin.

Erst nach dem Tod seines Partners machte Stuart eine ganz einzigartige innere Erfahrung, die ihm auf synchronistische Weise offenbarte, was als nächstes zu tun war. Während er in einem Waschsalon in Manhattan geistesabwesend seine Wäsche zusammenlegte, hörte er, wie eine Stimme in seinem Kopf klar und deutlich zwei Worte sprach: »San Francisco.« An dieser Stelle der Geschichte lachte Stuart. »Ich weiß nicht, wie ich es beschreiben soll. Es war nicht meine Stimme. Es war nicht so, als würde ich zu mir selbst sprechen oder etwas in der Art. Ich hörte die Worte ganz deutlich. ›San Francisco.‹ Nur das.«

Während seiner Arbeit mit den Kindern, bei der die Psychotherapie, wie sich herausstellte, einen sehr viel breiteren Raum einnahm als die Schauspielerei im engeren Sinn, hatte Stuart wertvolle Einsichten gewonnen und gelernt, sorgfältig auf Signale zu achten. Als er zufällig erfuhr, daß einige seiner Freunde eine Reise nach San Francisco planten, schloß er sich ihnen an. Dort lebt er heute noch und ist als Psychotherapeut tätig. Er sagte zu mir: »Dies ist der Ort, wo ich hingehöre, der Ort, den ich aufsuchen sollte.« Und während er diese Worte aussprach, las ich auf seinem Gesicht die Antwort auf die zahlreichen Fragen, die er sich über sein Leben gestellt hatte. Wie die bereits erzählten Geschichten von Menschen, die zur richtigen Zeit an den richtigen Ort geführt wurden, handelt auch Stuarts Geschichte von einer direkten, unmittelbaren, bewußten und transformativen Erfahrung: Er hörte eine Stimme, die ihm auftrug, etwas Bestimmtes zu tun, und das befähigte ihn schließlich zu dem entscheidenden neuen Schritt in seinem Leben.

Bei dieser Geschichte drängt sich natürlich die Frage auf, woher die Stimme kam. Kam sie von Stuart selbst? Er verneint dies. Er beschreibt die Erfahrung *nicht* als das übliche schlagartige Bewußtwerden eines Wunsches – in seinem Fall des Wunsches, an die Westküste zu ziehen –, sondern als ein vollkommen zufälliges und ganz spezielles inneres Ereignis, das ihn dazu brachte, sein Leben zu verändern.

War es Gott? Im Gegensatz zu Ellie, die ihr Erlebnis einer inneren Stimme eher in eine religiöse Sprache kleidete, vermied Stuart die Schlußfolgerung, Gott habe ihm aufgetragen, nach San Francisco zu gehen. Aber gleichwohl war er überzeugt, daß er ohne dieses mystische Erlebnis heute nicht in San Francisco wäre – nie hätte er sich träumen lassen, jemals dort zu leben.

Genau wie Träume vollziehen sich mystische Erfahrungen dieser Art in synchronistischer Hinsicht »von innen nach außen«. Das akausale Element ist das innere Ereignis, das uns aus heiterem Himmel widerfährt und seinen Ursprung nicht im bewußten Ich des Menschen hat. Allein schon die Verwendung des Begriffs »mystisch« weist darauf hin, daß sich möglicherweise nie objektiv wird sagen lassen, woher die Stimme in Stuarts Beispiel kommt. Doch die subjektive Bedeutung des Ereignisses wird durch die äußere Befriedigung bestätigt, die Stuart danach in dem neuen Kapitel seines Lebens fand, und darum ist seine Geschichte synchronistisch. Denn die innere Stimme veranlaßte ihn auf direkte, jedoch zufällige Weise, sein Leben grundlegend zu verändern.

In allen Epochen und in allen Kulturen findet man zahllose Geschichten über Heilungen von körperlicher Krankheit, die auf synchronistische Weise mit mystischen Offenbarungen oder Anweisungen zusammenfielen. Ich möchte mich hier auf eine Geschichte beschränken, die mir erzählt wurde, und damit illustrieren, daß das, was aus traditioneller religiöser Sicht eine mystische Heilung darstellt, ebensogut als synchronistisches Ereignis bezeichnet werden kann.

Juanita, die mit ihrer Familie aus Puerto Rico in die Vereinigten Staaten eingewandert war, hatte die meiste Zeit ihres Lebens an einer Schuppenflechte an den Händen gelitten, und kein Arzt konnte ihr helfen. Die Ärzte probierten alle möglichen Behandlungsmethoden der Schulmedizin aus, Tabletten zum Einnehmen und Salben zum Auftragen. Nachdem alle Versuche vergeblich blieben, wandte sich Juanita den unkonventionelleren Behandlungsmethoden zu: natürlichen, pflanzlichen Arzneien, die von Freunden zubereitet wurden. Doch auch sie brachten keine Besserung.

Genau wie Stuart hörte Juanita eines Tages während eines Gebets, in dem es, wie sie sagte, nicht um ihre Gesundheit ging, die Stimme einer Frau, und sie wußte sofort, daß es die Stimme der Jungfrau Maria war. Sie riet Juanita, ihre Hände in Wasser zu tauchen und Gott für ihre Heilung zu danken. Juanita erinnerte sich vor allem an den freundlichen Klang ihrer Stimme, an den liebenswürdigen, mütterlichen Tonfall; die Stimme habe sie auf der Stelle in eine heitere Stimmung versetzt. Juanita tat, was die Stimme ihr geheißen hatte, füllte das Waschbecken im Badezimmer mit Wasser, tauchte die Hände hinein und dankte währenddessen Gott. Innerhalb einer Woche war sie von der Schuppenflechte geheilt, an der sie ihr ganzes Leben gelitten hatte.

Viele Menschen betreiben es als eine Art Hobby, für Ereignisse wie jenes, das Juanita widerfuhr, kausale Erklärungen zu suchen. Sie basieren gewöhnlich auf dem Begriff der psychosomatischen Erkrankungen oder, um einen älteren Ausdruck zu verwenden, der Konversionsstörungen, bei denen ein emotionaler Konflikt in körperlichen Symptomen zutage tritt oder in diese umgewandelt wird. Plötzliche Heilungen werden damit erklärt, daß ein verborgener, unbewußter Konflikt gelöst worden sei, so daß die betreffende Person ihre Krankheit oder ihr Leiden habe »aufgeben« können. Von einem theologischen oder religiösen Standpunkt aus ist die Erklärung natürlich eine ganz andere: Die Vorstellung, daß die Jungfrau Maria Juanita als Vermittlerin einer speziellen und ganz konkreten Offenbarung der Güte Gottes besucht habe – dies ist Juanitas eigene Interpretation der Ereignisse –, ist dann eine überzeugende Erklärung für die Heilung von der Schuppenflechte. Heutzutage, wo die Welt vom New-Age-Bewußtsein durchdrungen ist, reicht die Verbindung zwischen Körper und Geist *de facto* als Ursache derartiger Ereignisse aus, ohne daß auf eine Vorstellung vom Unbewußten oder eine spezielle Theorie zurückgegriffen werden müßte. Und natürlich können all diese kausalen Erklärungen überzeugend sein, je nach der Herkunft, der Denkungsart und den Erfahrungen eines Menschen.

Wenn wir jedoch darauf verzichten, die Kausalität des spezifischen physischen Ereignisses zu ermitteln, und statt dessen Juanitas subjektive Erfahrung würdigen – eine liebliche Stimme verspricht aus heiterem Himmel Heilung, die daraufhin tatsächlich eintritt, was offenbar damit zu tun hat, daß Juanita die erhaltenen Anweisungen befolgte –, erkennen wir jenes Phänomen, das wir bisher synchronistisch genannt haben: Ein inneres Ereignis, das nicht von der Person selbst ausgeht, sondern bei dem sie von einem anderen Wesen Anweisungen, Orientierung oder Ratschläge erhält, fällt später mit bedeutsamen Entwicklungen im äußeren Leben der Person zusammen.

Der entscheidende Punkt ist, daß wir keine religiöse oder psychologische Erklärung zu geben versuchen, wenn wir eine solche mystische Erfahrung als synchronistisch bezeichnen. Wir sagen lediglich etwas über die Struktur des Ereignisses aus, daß nämlich ein zufälliges, inneres Erlebnis mit bedeutsamen äußeren Begebenheiten zusammenfällt, und stellen fest, daß Juanita dieses Ereignis als eine wichtige Episode in ihre Lebensgeschichte integriert hat. Das Anliegen dieses Buches ist es zu untersuchen, wie die Menschen ihr Leben interpretieren, wie zufällige Geschehnisse zu einer Geschichte verwoben werden, die unserem Leben Kohärenz verleiht. Entsprechend gilt für die mystischen Erfahrungen, daß der Inhalt des Ereignisses, seine Bedeutung, immer von der betroffenen Person selbst gedeutet und gelebt werden muß.

Im Unterschied zu Juanita erzählt Val die Geschichte einer mystischen Erfahrung, die auf synchronistische Weise mit einer eher psychischen als physischen Heilung endete. Während der langen Krankheit ihres Vaters hatten sich Val und ihre Geschwister von ihm ferngehalten. In ihrer Kindheit war er immer grob zu ihnen gewesen, und auch im Alter war er nicht milder geworden. In seinen letzten Lebensjahren hatte sich sein Gesundheitszustand ständig verschlechtert, und er war vollkommen von Vals Mutter abhängig. Als Vals Mutter sie eines Tages anrief und fragte, ob sie kommen könne, um ihr eine Ruhepause zu ermöglichen, machte sich Val darum schweren Herzens und widerstrebend auf den Weg.

Die Situation zu Hause war so unerfreulich, wie sie es erwartet hatte. Sie schlief sehr unruhig in jenem Haus, aus dem sie viele Jahre zuvor geflohen war. Ihr Vater, von chronischen Schmerzen gepeinigt, verlor immer wieder das Bewußtsein. Ihre Mutter war zerstreut, erschöpft und kam ohne ihre Hilfe nicht zurecht. Nach einigen Tagen erwachte Val plötzlich eines Morgens mit dem »drängenden Impuls«, wie sie es ausdrückte, ins Auto zu steigen. Sie folgte dem Impuls und fuhr, wie von einer unbekannten Macht gelenkt, in einen ihr vollkommen unbekannten Stadtteil. Schließlich fand sie sich in einem Einkaufszentrum wieder, das sie noch nie im Leben betreten hatte. Ihr Verstand lieferte ihr keine Erklärung, warum sie das alles tat, sie wurde von einem starken Gefühl getrieben. Sie betrat eine Buchhandlung und ging, ohne sich weiter darin umzusehen, geradewegs in den hinteren Teil des Raums zu einem Regal mit Büchern über natürliche Heilmethoden. Dort nahm sie ein bestimmtes Buch heraus und schlug es an der Stelle auf, wo eine Behandlung zur Linderung von Schmerzen beschrieben wurde. Dazu brauchte sie Kampferöl und Flanell. Verblüfft kaufte Val das Buch, besorgte in einem nahegelegenen Geschäft Kampferöl und Flanell, wie in dem Buch empfohlen, und brachte beides nach Hause, wo ihre Mutter unten in der Küche beim Frühstück saß.

Val war sicher, daß ihre Mutter wütend auf sie sein würde, und sie erzählte ihr, was sie erlebt hatte. Dann lasen sie gemeinsam, was in dem Buch über die Behandlung von Schmerzen stand. Val fragte sich, ob vielleicht sie selbst dazu bestimmt war, die heilende Behandlung durchzuführen. Da sie jedoch glaubte, den unvermeidlichen Kontakt mit ihrem Vater nicht ertragen zu können, schob sie die lästige Aufgabe ihrer Mutter zu.

»Das Verhältnis zwischen den beiden war nie gut gewesen, und auch die Krankheit hatte nichts daran geändert«, erzählte mir Val, während aus der Jukebox in der Nähe plötzlich die Musik aus der Schlußszene von Wagners *Tristan und Isolde* ertönte – ein Hauch von Synchronizität, der einen realen Soundtrack zu der Geschichte lieferte, die ich gerade hörte. »Doch, man glaubt es kaum, diese Massage mit dem Kampferöl und dem Flanell veränderte ihr Verhältnis grundlegend. Ich weiß nicht, ob seine physischen Schmerzen dadurch gelindert wurden, ich denke, ein bißchen schon. Doch die wahre Heilung fand auf emotionaler Ebene statt. Denn nach der Massage verliebten sich meine Mutter und mein Vater tatsächlich wieder ineinander. Und alles war nur gekommen, weil ich zufälligerweise einem höchst merkwürdigen inneren Impuls von verblüffender Deutlichkeit gefolgt war! Ich verließ sie kurz nach diesem Ereignis, da ich eigentlich nicht mehr gebraucht wurde. In seinem letzten Jahr erlebten sie ihren zweiten Frühling. Sie waren wirklich lieb zueinander. Ich rief sie oft an, um mit ihnen zu reden, und beide waren ganz andere Menschen. Wirklich erstaunlich. Es schien, als wäre ich das Vehikel einer emotionalen Heilung gewesen. Ich habe keine Ahnung, warum und wie, ich weiß nur, daß der Impuls, den ich spürte, alles veränderte, wie irgendwelche Anweisungen aus dem Universum. Das war schon ein tolles Gefühl.«

Stuart, Val und Juanita erlebten ihre mystischen Erfahrungen in der Weise, daß ihnen etwas vollkommen Unbekanntes widerfuhr und sie zu Handlungen in der äußeren Welt bewegte, die ihr Leben oder das ihrer Mitmenschen veränderten, Handlungen, die sie andernfalls nie unternommen hätten. Vielleicht weniger sensationell, aber darum nicht weniger mystisch, ist Tony d'Aguannos Geschichte von seiner Vision. (Die Leser erinnern sich vielleicht noch an Tony und seinen

»magischen Geldschein«, den er einem Freund anstelle eines Jobs gegeben hatte.) Es ging um ein Ritual der amerikanischen Ureinwohner. Die Teilnehmer wurden aufgefordert, aus einem Haufen Steine in der Mitte eines Kreises einen Stein als »Kraft-Symbol« auszuwählen. Tony erklärte sich bereit anzufangen. Eigentlich hatte er sich vorgenommen, jeden einzelnen Stein in dem Haufen genau zu untersuchen und sich denjenigen auszusuchen, der ihm am geeignetsten schien. Doch dann sah er am Rande einer Vision einen besonderen Stein, der wie ein Berg geformt war, mit einem Wolfskopf an der Spitze. Der Stein habe »pulsiert«, sagte Tony. Ohne zu zögern griff er nach diesem Stein und nahm ihn am Ende des Rituals mit nach Hause.

Tony plante eine zweimonatige Reise durch das Land. Doch eine Woche vor der Abreise hatte er Probleme mit seinem Wagen. Die Mechanikerin erklärte ihm, daß die Motordichtungen kaputt seien, und riet ihm dringend, einen anderen Wagen zu nehmen; der Motor werde es sicher nicht mehr lange machen. Doch Tony ignorierte ihren Rat und fuhr los wie geplant. Im letzten Moment kam ihm der Gedanke: »Ich sollte wohl besser den Stein einstecken.«

In den Ausläufern der Sierra geschah dann, was geschehen mußte. Der Temperaturanzeiger des Wagens schnellte in den roten Bereich, Tony mußte an den Straßenrand fahren und die Nacht im Auto verbringen. Am nächsten Morgen erhielt er eine Botschaft von irgendwoher, von irgend jemand oder irgend etwas. Er vollführte über dem Motor ein spontanes Ritual mit dem Stein. Zwar kam er sich dabei ein wenig albern vor, doch ein innerer Impuls zwang ihn dazu. Am nächsten Morgen sprang der Motor wieder an, und obwohl Tony während der weiteren Reise immer wieder Probleme mit dem Wagen hatte, kam er doch heil damit zurück nach Hause.

Tony brachte den Wagen sofort in die Werkstatt, um die seit Monaten aufgeschobenen Reparaturen durchführen zu lassen. Die Mechanikerin sah ihn verblüfft an. »So etwas habe ich noch nie erlebt«, sagte sie. »Die Dichtungen sind völlig in Ordnung.« Sie traute weder ihren Augen noch Tonys Beteuerung, er habe den Wagen nirgendwo anders reparieren lassen.

Niemand kann entscheiden, ob Tonys Talisman, der Stein, den er sich ausgesucht hatte, oder das über dem Motor vollführte Ritual auf magische Weise die »Heilung« verursachte. Doch mystische Erfahrungen wie die von Val und Tony, bei denen Menschen sich innerlich dazu getrieben oder gar gezwungen fühlen, bestimmte Rituale zu vollführen, die dann auf dramatische Weise mit äußeren Ereignissen zusammenfallen, zeigen eine andere Möglichkeit auf, mit der Ganzheit in Kontakt zu kommen, mit dem Selbst, von dem wir ein Teil sind und das unserer Geschichte Form und Kohärenz verleiht.

Das Leben der Mystiker ist mit Geschichten von solch wundersamen Erlebnissen, wie wir sie im letzten Abschnitt geschildert haben, durchsetzt oder sogar vollständig strukturiert. In der Sprache der Theologie werden die Ereignisse im allgemeinen als Wunder bezeichnet, das heißt sie gelten als Zeichen für das direkte Eingreifen Gottes in die Geschichte der Menschen. Damit jemand von der römisch-katholischen Kirche als Heiliger anerkannt wird, muß er oder sie eine bestimmte Anzahl an Wundern gewirkt haben. Phänomene wie Heilungen, Bilokation (das gleichzeitige Erscheinen eines Menschen an zwei verschiedenen Orten) oder die physische Verwandlung von Gegenständen gehören zu dem üblichen Repertoire von Wundertaten, welche die Heiligkeit eines Menschen beweisen.

Im Gegensatz zu Geschichten über Heilungen bilden in manchen religiösen Traditionen Verwundung und Leiden den Kern der mystischen Synchronizität. Dies gilt für jene Männer und Frauen der christlichen Tradition, auf deren Körpern angeblich die Wunden Jesu Christi erschienen. Die sogenannten Stigmatisierten, angefangen beim heiligen Franz von Assisi, der während einer ekstatischen Erfahrung gegen Ende seines Lebens die Wundmale Christi empfing, sind in gewisser Hinsicht als lebende Beispiele der Synchronizität zu betrachten. Die physischen Wunden auf ihren Händen, Füßen und an der Seite des Körpers haben ihre Entsprechung in den Wunden des gekreuzigten Christus, wie sie im Neuen Testament beschrieben sind. Es ist einfach, derartige Geschichten als bloße Legenden abzutun, wenn sie aus dem Mittelalter stammen. Schwieriger ist es, jüngere, hervorragend dokumentierte Beispiele dieser besonderen Art von mystischer Erfahrung zu bestreiten wie das von Padre Pio aus Pietrelcina.

Francesco Forgione, 1887 in einer kleinen, süditalienischen Stadt geboren, war nach allem, was man hörte, ein besonders frommer Mann, selbst für die damalige Zeit und Umgebung. Er wurde Priester und ließ bald eine außergewöhnliche religiöse Hingabe erkennen. Im Jahr 1918, nach einer Feier zum Gedenken daran, wie der heilige Franz von Assisi die Wundmale empfangen hatte, erwachte Padre Pio, wie Forgione als Priester mittlerweile hieß, am darauffolgenden Morgen aus einem ekstatischen Zustand der Vereinigung mit Gott. Er fand sich auf dem Fußboden auf der Chorempore wieder und blutete stark an den Händen, Füßen und an den Seiten seines Körpers. Zudem verspürte er große Schmerzen. Die Wunden heilten in den folgenden fünfzig Jahren seines Lebens nicht mehr ab.

Mystiker und mystische Erfahrungen wecken bei Gläubigen wie bei Nichtgläubigen heftige Reaktionen. Gegner der Kirche werfen der organisierten Religion vor, die Kirche mache sich mystische Erfahrungen dieser Art zunutze und fördere sie, um ihren Anspruch auf die höchste Wahrheit zu untermauern. Tatsächlich bringt die institutionelle Hierarchie der römisch-katholischen Kirche mystischen Erfahrungen wie dem Erscheinen der Jungfrau Maria, spontanen Heilungen und Phänomenen wie Wundmalen eine außerordentlich große Skepsis oder sogar Ablehnung entgegen. Teilweise fürchtet sie, sie könnte durch Manipulationen in Mißkredit geraten oder vertrauensselige Gläubige könnten in spiritueller, finanzieller oder psychologischer Hinsicht betrogen werden. Teilweise rührt die Ablehnung auch von der generellen Furcht aller Bürokraten her, wenn sie mit irrationalen Herausforderungen ihrer Autorität konfrontiert werden. Insofern glauben religiöse Menschen möglicherweise nicht stärker an die Realität mystischer Phänomene als der harte Kern der ungläubigen Rationalisten.

Nachdem Padre Pios Wunden erschienen waren, die während seines ganzen langen Lebens weder durch eine medizinische Behandlung geheilt noch durch eine psychologische Untersuchung erklärt werden konnten, stellten ihn seine eigenen Vorgesetzten sozusagen unter Hausarrest: Sie untersagten ihm, sich in der Öffentlichkeit zu zeigen, die Messe zu lesen oder regelmäßigen gesellschaftlichen Umgang mit Menschen außerhalb eines kleinen, engen Kreises zu pflegen. Dennoch gewann er, wie man sich gut vorstellen kann, zahlreiche Anhänger, und die Zahl der Geschichten über von ihm bewirkte Heilungen, über Visionen, die er verwirrten und bedürftigen Menschen zuteil werden ließ und über die Weisheit seiner Lehren wurde binnen kürzester Zeit Legion. Da Padre Pio im 20. Jahrhundert lebte, wurde seine Geschichte mit der Gründlichkeit der modernen Wissenschaft untersucht. Es läßt sich natürlich darüber streiten, ob seine Wundmale eine psychische, spirituelle, mystische oder physische Ursache hatten, ob er sie sich womöglich sogar selbst zugefügt hatte. Ebenso läßt sich darüber streiten, ob er ein Heiliger oder ein Hysteriker war. Doch ein Element in Padre Pios Geschichte ist über jeden Zweifel erhaben: Seine Wunden waren echt.

Während meiner Zeit an der High-School entstand eine sehr enge Freundschaft zwischen mir und Vince, dem Kapitän des Fußballteams der Schule. Von Padre Pio hatte ich bis dahin nie etwas gehört. Vinces Eltern stammten aus Pietrelcina und hatten Padre Pio persönlich gekannt. Ich selbst komme aus einer durch und durch protestantischen Familie mit nüchterner, amerikanisch geprägter Mentalität. Somit wußte ich nichts von Mystikern und schon gar nicht von Padre Pio, außer daß Vince von ihm getauft worden war und daß er ein Stück Schorf von einer Wunde Padre Pios in seinem Geldbeutel bei sich trug. Ich fand die Tatsache, daß Vince diesen Schorf mit sich herumtrug, äußerst seltsam, und die meisten Teenager in New Jersey wären vermutlich der gleichen Ansicht gewesen. Doch der süditalienische Katholizismus war damals, wie gesagt, eine fremde Welt für mich, von Mystikern, Heiligen, Wundmalen, Wundern und Heilungen hatte ich keine Ahnung.

Vince und ich blieben auch im College Freunde. Eine Woche vor meiner Abreise nach Italien, wo ich ein Jahr lang studieren wollte, gingen wir gemeinsam zur Messe in eine Kirche nahe seines Wohnheims bei der Universität von Pennsylvania. Es war eine Frühmesse, in der riesigen Kirche herrschte gähnende Leere. Wir saßen, von Einsamkeit umgeben, genau in der Mitte der Kirche. Dreimal während des Gottesdienstes stieg mir der überwältigende Duft von Rosen in die Nase: einmal während der Predigt, einmal während der Wandlung der Hostie, und einmal während des Dankgebets am Ende der Messe. Es war ein eigentümlicher, sehr penetranter Geruch, wie von verwelkten Rosen. Und sehr intensiv. Er kam in Wellen über mich. Ich sah mich um und stellte fest, daß in der Kirche nirgendwo Rosen standen. Es waren keine Frauen in der Nähe, von Parfüm stammte der Geruch also auch nicht. Und es stieg kein Weihrauch auf.

Auf unserem Weg zurück in Vinces Zimmer im Wohnheim fragte er mich: »Hast du heute in der Kirche etwas Eigenartiges gerochen?«

»Ja, allerdings«, antwortete ich. Doch bevor ich ihm sagen konnte, was ich gerochen hatte, unterbrach er mich.

»Erzähl mir nichts darüber, okay? Aber wenn du heute abend nach Hause gehst, schau bitte bei meinen Eltern vorbei und sage ihnen, du hättest in der Messe heute etwas gerochen.«

Verwundert tat ich, um was er mich gebeten hatte. Ich ging am Abend zu Vinces Eltern und sagte, ich hätte in der Kirche etwas gerochen. Vinces Vater beschrieb mir zu meinem Erstaunen genau, was ich gerochen hatte: »Ein sehr intensiver Rosenduft. Dreimal, nach der Predigt, während der Wandlung und am Ende des Gottesdienstes.«

Ich war völlig perplex und schaute ihn wohl ziemlich entgeistert an, als ich sagte: »Das stimmt. Genauso war es. Woher wissen Sie das?«

Er blieb ganz ruhig und nüchtern und lächelte über meine Verwirrung. »Du hast den Geist Padre Pios gerochen, der heute, kurz vor deiner Abreise nach Italien, bei euch beiden war. Er gewährte deiner Reise und eurer Freundschaft seinen Segen.«

Tatsächlich spielte, wie ich später herausfand, der Duft von Rosen im Zusammenhang mit Padre Pio eine herausragende Rolle. Meine eigene Erfahrung dieses Phänomens, eine Art mystische Erfahrung, die mir zuteil wurde, ohne daß ich mir dessen bewußt war, fällt mit Sicherheit in den Bereich der bisher behandelten mystischen Synchronizitäten. Allerdings verläuft die Synchronizität hier in umgekehrter Richtung: Ein einzigartiges äußeres Ereignis fiel im Verlauf meines Lebens auf bedeutsame Weise mit einer inneren emotionalen Situation zusammen. Dies erzeugte in mir eine Einstellung zu derartigen Phänomenen, die sich vollkommen von jener unterschied, mit der ich in meinem religiösen Umfeld aufgewachsen war. Im Gegensatz zu früher war ich nun offen für das Geheimnisvolle und Unerklärliche. Obwohl ich das Ereignis mittlerweile aus der Sicht eines überzeugten Agnostikers betrachte und die Koinzidenz nicht mit einer solchen Gewißheit wie Vinces Vater religiös interpretieren würde, habe ich die Geschichte bereits vielen Menschen erzählt, ebenso wie Val, Stuart und Juanita ihre Geschichten erzählten. Dies zeigt, was für eine Bedeutung derartige Koinzidenzen in unserem Leben für uns annehmen können.

Wenn Weltanschauungen zusammenprallen: Sind Wunder synchronistisch?

Bei der Geschichte von Padre Pio drängt sich eine Frage auf, die mir schon oft gestellt wurde, gewöhnlich von gläubigen Menschen: »Sind Wunder Beispiele für Synchronizitäten?« Obwohl die Antwort erneut einer eingehenden Erörterung von Begriffen und Prämissen bedarf, halte ich sie für sehr wichtig, wenn wir auf Phänomene, die generell als ein Teil der religiösen oder heiligen Geschichten einer Kultur oder eines Menschen betrachtet werden, ein psychologisches Konzept wie das der Synchronizität anwenden.

Zunächst sollten wir uns klarmachen, was der Begriff »Wunder«, der im alltäglichen Gespräch oftmals ganz unterschiedlich verwendet wird, eigentlich bedeutet. Er leitet sich von dem lateinischen Verb *mirari* ab, was soviel heißt wie »verwundert betrachten«. In seiner allgemeinsten Bedeutung bezeichnet ein Wunder all das, was unser Erstaunen hervorruft. In diesem weiten Sinne könnte man alle außergewöhnlichen Phänomene, die uns in Erstaunen versetzen – Luciano Pavarottis hohes C, das faszinierende Purpur eines herbstlichen Sonnenuntergangs oder die Tatsache, daß die Chicago Cubs die Baseball-Weltmeisterschaft gewonnen haben – als Wunder bezeichnen. Im religiösen Kontext hat der Begriff »Wunder« eine genauer umrissene Bedeutung, er wird auf Ereignisse angewandt, die in der physischen Welt normalerweise unmöglich sind, durch das Eingreifen Gottes jedoch tatsächlich geschahen: Gott teilte das Rote Meer für die Israeliten, Jesus von Nazareth verwandelte auf der Hochzeit in Kanaa Wasser in Wein, und Padre Pio heilte einen Mann von einer Krankheit, die alle medizinischen Autoritäten für unheilbar erklärt hatten.

Wie bereits erwähnt bei der Erörterung der Frage, woher die Bedeutung kommt und wer der Autor unserer Geschichten ist, bezeichnet der Begriff »Wunder« in diesem engeren religiösen Sinne ein Ereignis, das aus religiöser Sicht eigentlich nicht »akausal« ist. Denn schließlich ist Gott die Ursache der Wunder. Doch der Begriff »akausal«, so wie wir ihn für die Synchronizität verwendet haben, bezieht sich auf menschliche Ursachen und Absichten, auf Ereignisse, welche die betreffende Person selbst nicht verursacht haben kann und auch nicht beabsichtigt hat. Die Explosion von Stephens Auto, die dazu führte, daß er einen Job als Kameramann erhielt, hatte offensichtlich eine Ursache – der Kühler des Wagens hatte eine undichte Stelle, der Ölstand war niedrig und so weiter. Wenn wir den koinzidenten Charakter des Ereignisses bemerken und es als eine akausale Begebenheit bezeichnen, machen wir damit implizit die Aussage, daß Stephen selbst das Ereignis nicht wollte und daß er nicht bewußt und absichtlich Schritte unternahm, um es zu verursachen.

Mit diesem Verständnis des Begriffs »akausal« erkennen wir, daß es sich bei Wundern aus menschlicher Sicht tatsächlich um akausale Ereignisse handelt. Indem wir ihre Ursache göttlichen Mächten jenseits des menschlichen Vorstellungsvermögens oder der menschlichen Kontrolle zuschreiben, *definieren* wir Wunder als akausal. Andernfalls wären sie schlichtweg »Magie«: eine Kausalität, die empirisch nicht nachweisbar ist. Wenn wir es mit Magie versuchen, stecken wir vielleicht Nadeln in eine Figur, die unseren Chef darstellen soll, in der Absicht, ihn damit zu töten. Wenn er tatsächlich stirbt, sehen wir in unserer eigenen bewußten magischen Handlung die Ursache für seinen Tod, auch wenn wir unseren Glauben, daß wir die Ursache dafür sind, auf keine rationalen, empirischen oder sichtbaren Gründe stützen können. Bei der Magie bewirken *wir*, daß das Unmögliche durch eine okkulte Art der Kausalität geschieht, durch Kräfte und Mächte, die für die meisten Menschen unsichtbar sind, die sich Magier jedoch für ihre Zwecke zunutze machen können.

In Glaubenssystemen wie dem Christentum, dem Judentum oder dem Islam sind Wunder jedoch das Gegenteil von Magie. Denn unabhängig davon, ob wir Ziegen opfern, zum heiligen Judas beten oder jemandem Gutes oder Schlechtes wünschen, Wunder geschehen einzig und allein durch das

Eingreifen des gnädigen Gottes. Ganz gleich, welche Handlungen wir unternommen haben – Gebete, Opfer und dergleichen –, sie sollen uns lediglich darauf vorbereiten, die Gnade zu empfangen, die Gott, Allah, der Große Geist oder der Odem der Schöpfung uns zuteil werden läßt, und zwar in Form eines Ereignisses, das aus menschlicher Sicht unmöglich ist. Gott hat unsere Gebete durch seine Gnade erhört, und nicht weil wir zum heiligen Judas gebetet, ein Lamm auf dem Altar im Tempel geopfert haben oder siebenmal um die Kaaba in Mekka herumgelaufen sind. Wunder stellen somit in doppelter Hinsicht akausale Ereignisse dar: Erstens weil ihre physischen Ursachen nicht ermittelt werden können, und zweitens weil sie nicht von *uns* verursacht werden.

Kehren wir zu unserer Ausgangsfrage zurück: Sind Wunder nun synchronistisch oder nicht? Wir können die Frage bejahen, auch wenn ein Wunder für religiöse Menschen eine vollkommen andere Bedeutung haben wird als für Ungläubige. Wir müssen nur den Unterschied erkennen zwischen meiner Reaktion auf den Rosenduft in der leeren Kirche und der Reaktion der Eltern meines Freundes Vincent. Herr und Frau Mandato betrachteten meine verblüffende Erfahrung als ein Wunder und interpretierten sie auf die übliche religiöse Art und Weise: daß Gott durch den Geist Padre Pios an jenem Tag in der Kirche bei uns war. Ich kann diese irrationale Erfahrung jedoch mittlerweile als real annehmen, indem ich sie aus dem Blickwinkel dessen betrachte, was sie mir bedeutete, in subjektiver, emotionaler und symbolischer Hinsicht. Ich kann, ohne allgemeingültige Aussagen über die objektive Wirklichkeit zu machen, das Ereignis als synchronistisch bezeichnen – als eine Koinzidenz, deren Bedeutung darin lag, daß sie meine bisherige, sehr pragmatische religiöse Einstellung veränderte. Aufgrund der Koinzidenz öffnete ich mich der Möglichkeit, daß Gott auf geheimnisvolle Weise in meinem Leben wirkte. Die überraschende Heilung von Juanitas Händen bedeutet für sie und ihren verblüfften Arzt jeweils etwas ganz anderes. In beiden Fällen besitzt das Ereignis als eine akausale Begebenheit emotionale und symbolische Relevanz, doch die Bedeutung ist unterschiedlich.

Drehen wir die Frage einmal um und stellen sie so: Sind Synchronizitäten Wunder? Wiederum können wir sie bejahen, allerdings mit der Einschränkung, daß sie nur für die Menschen Wunder sind, die aufgrund ihrer religiösen Überzeugung das Wirken Gottes in dieser besonderen Episode ihres Lebens erkennen. Eine Koinzidenz als Wunder zu bezeichnen heißt, das Ereignis auf religiöse Weise zu deuten. Wir können ein synchronistisches Ereignis übernatürlichen Charakters auch als gewöhnliches Naturphänomen deuten, was seit dem Beginn der modernen Naturwissenschaft zu einem beliebten Zeitvertreib geworden ist – der Stern von Bethlehem war auf eine ungewöhnliche Planetenkonjunktion zurückzuführen, der Zug der Israeliten durch das Rote Meer wurde durch eine klimatisch bedingte Dürre und unberechenbare Windverhältnisse ermöglicht, die das Flachwasser wegbliesen, und so weiter. In jedem Fall müssen wir die subjektive Bedeutung berücksichtigen, welche die Begebenheit für die Menschen hat, die sie als ein zufälliges, aber transformatives Ereignis in ihrer Lebensgeschichte erlebten. Manchen erscheint der Begriff »Wunder« besonders gut geeignet, um die Bedeutung zu beschreiben. Andere wiederum wählen den Begriff »Synchronizität«, weil dadurch weder eine bestimmte theologische Haltung ausgedrückt noch das Ereignis als ein bloßes Naturphänomen ungewöhnlicher Art abgetan wird.

Wahrsagen: Sinnvolles Glück und bedeutsamer Zufall

Mystische Erfahrungen, wie wir sie bislang behandelt haben, scheinen den Menschen einfach zu widerfahren, häufig ohne daß sie es wollen und bisweilen, wie in meinem Fall, ohne daß sie sich dessen bewußt sind. Doch im Bereich der Spiritualität und der Religion wurde das Konzept der Synchronizität in allen Epochen und Kulturen häufig sinnvoll angewendet. Praktisch alle Menschen auf der ganzen Welt machen sich dieses Konzept zunutze, wenn sie annehmen, daß äußere Ereignisse und innere Erfahrungen auf bedeutungsvolle Weise zusammenfallen können. Es eröffnet ihnen Möglichkeiten der spirituellen Orientierung und erlaubt ihnen, die Geschichten ihrer Seelen zu entdecken.

Nachdem wir bislang die akausale Natur der Synchronizität so sehr betont haben, könnte die Idee der Weissagung, das heißt eine aktive und intentionale Verwendung synchronistischer Ereignisse, möglicherweise als Widerspruch erscheinen: Wie kann man ein definitionsgemäß zufälliges Ereignis gezielt einsetzen? Eine Möglichkeit – meines Erachtens eine schlechte – besteht darin, kausale Denkweisen in Weissagungen mit einzubeziehen. In diesem Fall wird die Weissagung mehr oder weniger wie eine stereotype Wahrsagerei anmuten: Karten, Teeblätter, eine Kristallkugel oder ein Los sollen uns bestimmte zukünftige Ereignisse offenbaren, uns sagen, welche Zahlen wir am Samstag im Lotto ankreuzen und auf welches Pferd wir setzen sollen, welcher unserer Verehrer am erfolgreichsten sein wird und darum der beste Heiratskandidat ist. Eine derart materialistische, konkretistische Einstellung zur Weissagung mit den Mitteln der Mystik basiert auf der Annahme, daß die Kausalitätskette für alle Zeiten unveränderlich ist – *diese* Ursache wird mit Bestimmtheit *jene* Wirkung erzielen – und daß wir, wenn wir die Ursachen und Wirkungen im voraus kennen, in der Lage sind, eine weitere »Wirkung« selbst zu »verursachen«, das heißt im Lotto zu gewinnen, Millionär zu werden, glücklich zu sein.

So verbreitet, ja allgegenwärtig diese Haltung auch sein mag (die modernen Menschen sind in dieser Hinsicht nicht wesentlich anders als die alten Römer und Griechen, die von Orakeln und Geisterbeschwörungen bisweilen auf dieselbe materialistische Weise Gebrauch machten wie die heutigen Buchmacher), es gibt auch eine weniger krasse und dafür bedeutsamere Auffassung von der Synchronizität. Alle Methoden der Weissagung setzen voraus, daß der Zufall bedeutsam *sein kann*, er ist es nicht immer und mit Bestimmtheit. Und wenn er bedeutsam ist, dann gilt das im allgemeinen eher im Hinblick auf die spirituelle Entwicklung eines Menschen und nicht so sehr für die Reihenfolge der Pferde beim Rennen am folgenden Tag. Bei dieser Auffassung von Weissagung geht es nicht um Vorhersage, sondern um Erforschung. Und wenn wir uns die zahlreichen Methoden der Weissagung quer durch die Epochen und Kulturen ansehen, stellen wir fest, daß sie eine unendliche Vielfalt aufweisen – von vertraut und alltäglich bis hin zu esoterisch und kompliziert.

Manche Methoden der Weissagung sind originell oder gar skurril, denken wir nur an das im zweiten Kapitel zitierte Beispiel von Sharons Großmutter, die auf die Mitteilungskraft einer Apfelschale vertraute. Andere Methoden sind ganz individuell, wie Lisas Umgang mit den Waldtieren, aus deren Bewegungen sie Antworten auf Fragen ableitete, die sie zu der Zeit beschäftigten. Sie können so ausgefeilt sein wie die Astrologie mit der Annahme, daß die Konstellation der Sterne zu bestimmten Zeiten im Leben eines Menschen bedeutungsvoll ist.

Und dann gibt es noch Methoden, die explizit spiritueller oder philosophischer Natur sind, etwa das Werfen der Stäbchen, das darüber entscheiden soll, welche Passage wir im Buch der chinesischen Weisheit, *I Ging* oder »Buch der Wandlungen«, lesen sollen, oder der weitverbreitete christliche Brauch, die Bibel an einer beliebigen Stelle aufzuschlagen und die Worte zu lesen, die einem als erste ins Auge fallen. Beides impliziert freilich die Manipulation materieller Gegenstände. In der Tat beruhen einige Methoden der Weissagung ausschließlich auf derartigen Manipulationen und Untersuchungen, bei denen wir Botschaften in der Materie selbst erkennen: Vor der Zeit des Römischen Reiches untersuchten etruskische Geisterbeschwörer auf der italienischen Halbinsel die Lebern von Hühnern. Sie sahen in der Oberflächenstruktur und der Form des Organs Omen für die Zukunft und wichtige Hinweise für die Gegenwart, ebenso wie uns heute der Kaffeesatz auf dem Grund einer Tasse Auskunft über die Zukunft oder die Ordnung des Universums zu einem bestimmten Zeitpunkt geben soll.

Mehrere symbolische Methoden, die von Bildern und Zeichen Gebrauch machen, haben lange, ehrwürdige Traditionen, so etwa die nordischen Runen. Bei der Weissagung mit Runen werden willkürlich verschiedene Runensteine ausgewählt und auf ihre Bedeutung befragt. In dieselbe Kategorie der symbolischen Methoden gehört das Tarot, eine der wichtigsten Formen der Weissagung in der westlichen Welt, dessen Geschichte manche bis in das alte Ägypten zurückdatieren, das jedoch aller Wahrscheinlichkeit nach im europäischen Mittelalter seinen Ursprung hat. Die Tatsache, daß Psychologen schockiert wären, würde man den Rorschachtest mit seinen Tintenklecksen oder den Thematischen Apperzeptionstest mit seinen sinnfreien Zeichnungen als die modernen Nachfahren des Tarot bezeichnen, ändert nichts an dem Prinzip, das hinter symbolischen Methoden der Weissagung steckt: Wenn wir einer äußeren Wirklichkeit begegnen – einem Tintenklecks, einem Bild, einer symbolischen Karte, einer Hühnerleber, einer beliebigen Textpassage oder einem Muster in der Natur –, können wir unserer inneren spirituellen Wirklichkeit besser begegnen und sie erkennen.

Warum ist das so? Warum funktioniert die Weissagung? Warum haben die Menschen zu allen Zeiten und überall auf der Welt derartige Methoden entwickelt und davon Gebrauch gemacht? Erneut werden Menschen, die an eine objektive Gottheit glauben, sagen, dies sei deshalb so, weil Gott oder die Götter uns durch äußere Muster, Gegenstände und Symbole Botschaften senden. Doch wenn wir einmal von derartigen ontologischen Behauptungen absehen und uns ganz auf den Bereich der menschlichen Erfahrungen konzentrieren, erkennen wir, daß Methoden der Weissagung uns ermöglichen, genau dieselben Fähigkeiten anzuwenden, von denen wir Gebrauch machen, wenn wir ein Kunstwerk schaffen, Prosa schreiben oder unser Leben als ein sinnvolles Ganzes deuten. Wenn wir bei unserer Annäherung an die äußere Wirklichkeit annehmen, daß eine Bedeutung möglich ist, erkennen wir dem Archetyp des Selbst die Fähigkeit zu, sich zu manifestieren, und zwar nicht äußerlich und kausal, sondern subjektiv und symbolisch. Der einzige Unterschied zwischen der Weissagung und den anderen synchronistischen Ereignissen, die wir bisher erörtert haben, besteht darin, daß letztere uns oftmals überraschen und uns eine Kohärenz unserer Geschichten vor Augen führen, die uns nicht bewußt war. Bei der Weissagung hingegen öffnen wir uns ganz gezielt und in voller Absicht der Bedeutung, mit der wir durch die willkürlichen Muster der Karten, der Runen, des Kaffeesatzes, der Stengel von Schafgarben und der Münzen konfrontiert werden.

Dies gilt etwa für die sehr ausgefeilte Methode, mit der die chinesischen Mönche von Kueiyuan den Abt als Oberhaupt ihrer Gemeinschaft auswählen. Holmes Welch und Robert Aziz haben sie so beschrieben: Die Mönche wählen ihren Abt, indem sie unter Hunderten von Namen den Kandidaten auslosen: Nach einem Gebet und einem Ritual holt ein älteres Mitglied der Gemeinschaft mit Hilfe von Eßstäbchen einen Namen aus einer Metallröhre. Und derjenige, dessen Name dreimal nacheinander gezogen wird – aus Hunderten möglicher Namen –, wird zum Abt ernannt. Es ist ein sehr zeitaufwendiges Verfahren, denn die Mönche ziehen so lange Namen, bis einer tatsächlich dreimal aufgetaucht ist. Wie man sich leicht vorstellen kann, fällt die Entscheidung bisweilen auf einen Kandidaten, den die Gemeinschaft zunächst als unpassend oder problematisch betrachtet. Doch selbst wenn hin und wieder als ungeeignet angesehene Kandidaten gewählt wurden, scheint die Methode insgesamt trotzdem stets funktioniert zu haben: »Minderwertige« Kandidaten erwiesen sich zur Überraschung aller als fähige Führer. Dies zeigt die Eleganz dieser Methode, bei der reiner Zufall – frei von menschlichen Einflüssen wie

Vorurteilen, Neid, Groll und Ehrgeiz – der Gemeinschaft eine bessere Führung beschert, als ein Sterblicher es je vermöchte.*

Dieses Beispiel einer »bewußten Synchronizität« ist uns sehr hilfreich bei unserer Untersuchung, welche Bedingungen gegeben sein müssen, damit ein Zufall zu einer Erkenntnis führen und Bedeutung erhalten kann. Zunächst einmal müssen wir wie die Mönche in Kueiyuan ernst nehmen, was uns präsentiert wird. Wie Marie, die ihren Traum nicht in Frage stellte, nachdem sie um Orientierung gebeten hatte, müssen wir, wenn wir eine Methode der Weissagung anwenden, der Antwort, die uns angeboten wird, Beachtung schenken. Synchronizität relativiert stets das Ich, und es ist durchaus möglich, daß wir das zufällige oder bewußte synchronistische Ergebnis einer Weissagung zunächst nicht akzeptieren wollen oder noch nicht erkennen können.

Zudem müssen wir bedenken, daß das Ergebnis subjektiver Natur sein wird und im Bereich der inneren Bedeutung unserer Lebensgeschichte anzusiedeln ist. Es wird sich also kaum im profansten Sinne physisch oder materiell manifestieren. Meiner Erfahrung nach gehen viele Menschen bei der Beschäftigung mit Methoden der Weissagung davon aus, daß sie eine Auskunft erhalten, was sie tun sollen, so als wäre das Muster der Tarotkarten oder der Sterne ein zu entschlüsselnder Geheimcode, durch den ein expliziter, handlungsorientierter Vorschlag gemacht würde – gewissermaßen als enthielten die Tarotkarten oder die Sterne einen Rezeptor, der eine äußere Bedeutung wie eine Radiobotschaft empfinge. Wenn wir erkennen, wie in unserem Leben Bedeutung zustande kommt, nämlich von innen nach außen und nicht von außen nach innen, durch die Fähigkeit unseres Selbst, die unterschiedlichen Teile unseres Lebens zu einer kohärenten, symbolreichen Erzählung zusammenzufügen,

* Robert Aziz, C. G. *Jung's Psychology of Religion and Synchronicity*, Albany, New York 1990, S. 153 f.

dann bietet uns das zufällige Muster eine Gelegenheit, die Bedeutung dessen zu untersuchen, was in diesem bestimmten Moment bereits existiert. Dagegen sagt es nichts über zukünftige Ereignisse aus.

In der Zufälligkeit liegt der wesentliche Unterschied zwischen projektiven psychologischen Tests und traditionellen Methoden der Weissagung. Tests wie der Rorschachtest oder der TAT wurden standardisiert, die Muster sind immer dieselben. Das ermöglicht Vergleiche zwischen verschiedenen Personen sowie das Sammeln und Ordnen von Daten zur psychologischen Verfassung bestimmter Personengruppen. Bei der Weissagung hingegen sind die durch Sterne, Tarotkarten, Stäbchen oder den Kaffeesatz erzeugten Muster völlig unterschiedlich und jedesmal neu. Dies bedeutet, daß es sich bei der Weissagung um einen individuellen Prozeß handelt, der so einzigartig ist wie eine Geschichte oder ein Kunstwerk und nicht reproduziert werden kann.

Meine Patientin Bobbie, deren Geschichte ich in der Einleitung erzählt habe, erhielt von ihrem Ehemann auf synchronistische Weise einen Satz Tarotkarten. Sie benutzte die Karten zunächst mit der typischen Einstellung und erwartete konkrete Antworten von ihnen. Schließlich stellte sie fest, daß sie nach und nach offener wurde und mehr geneigt war, den Dingen auf den Grund zu gehen. Sie erzählte mir von einem merkwürdigen Erlebnis, das ihr offenbar half, ihre Einstellung zu ändern: Sie hatte die Tarotkarten um einen Hinweis gebeten, wie sie sich in einer bestimmten Situation verhalten solle. Bobbie verwendete damals ein ganz einfaches Muster mit fünf zu einem Kreuz ausgelegten Karten. Dieses Muster hatte sie in einem Traum gesehen: Die obere Karte symbolisierte die Dinge, derer sie sich in der entsprechenden Situation bewußt war, die untere Karte jene, derer sie sich nicht bewußt war. Die beiden Karten rechts und links repräsentierten den Konflikt in der Situation, die mittlere Karte die Lösung des Konflikts.

Nachdem Bobbie die Karten befragt hatte, war sie mit ihrer Antwort gar nicht zufrieden – die Karten und ihre Symbole schienen ihr zu sagen, sie solle überhaupt nichts tun. Sie zeigten durchweg Bilder von Menschen, die nur dasaßen und Situationen betrachteten. Bobbie meinte, daß sie in ihrer Situation handeln mußte, und beschloß, diesem Muster keine Beachtung zu schenken, sondern ein neues zu legen in der Hoffnung, eine zweite Deutung würde ihr eine bessere Antwort geben.

Bobbie legte die Karten erneut und stellte zu ihrem Erstaunen fest, daß alle Karten verkehrt herum erschienen, das heißt von ihr abgewandt, so als wollten sie nicht zu ihr sprechen. Als sie mir von dem Vorfall erzählte, kam sie sich gleichermaßen töricht und erleuchtet vor. Wir zogen beide dieselbe Schlußfolgerung: Da Bobbie die Botschaft des ersten Kartenmusters ignoriert hatte, reagierte das zweite Muster auf Bobbies Widerwillen, sich das anzuhören, was ihr bereits mitgeteilt worden war.

Bei synchronistischen Ereignissen wie diesem hat es beinahe den Anschein, als besäßen die Karten einen eigenen Willen, als wären sie beleidigt gewesen. Es ist jedoch durchaus möglich, einem Zufallsereignis Beachtung zu schenken und ihm eine Bedeutung zuzuschreiben, ohne es auf diese anthropomorphe Weise zu interpretieren. Auch hier ist das Beispiel der Mönche aufschlußreich: Wenn ein Abt gewählt wurde, der ihren Vorstellungen in keinster Weise entspricht, fangen sie nicht etwa noch einmal ganz von vorne an, bis der »Zufall« ihnen schließlich jemanden beschert, der geeigneter erscheint. Statt dessen nehmen sie an, daß das Zufallsereignis eine Bedeutung hat; damit bewegen sie sich in einem Prozeß der inneren, spirituellen Erforschung.

Bisweilen erscheinen derartige Methoden der Weissagung ebenso »prognostisch« wie einige der im vorigen Kapitel erörterten Träume. Und es kann eine große psychologische Herausforderung sein, solche Koinzidenzen als Beispiele einer inneren Bedeutung anstatt als »Wahrsagerei« zu betrachten. Ungeachtet meines Interesses an der Synchronizität bin auch ich nicht gegen die ständige Versuchung gefeit, auf die

Geschichte meines Lebens eine rückwirkende Kausalität anzuwenden.

Am letzten Abend eines Urlaubs, den ich mit Freunden in Italien verbrachte, ging ich zusammen mit meinem besten College-Freund Michael aus Jux zu einer Kartenlegerin. Diese Art der Kartenleserei war für mich neu. Wir fragten sie: »Was birgt die Zukunft im Hinblick auf unsere Freundschaft?« Die Frau, bekleidet mit einem nachgemachten Zigeunerturban und den dazugehörigen Accessoires, drehte eine Karte nach der anderen um und legte sie aufeinander, bis sie nach ungefähr einem Dutzend Karten innehielt. Sie zog drei Karten heraus und prophezeite mit der für Touristen wie uns bestimmten Dramatik: »Eine Frau wird zwischen euch treten.«

Eine solche Prophezeiung konnten wir nicht ernst nehmen. Erstens klang es wie eine Art Standardweissagung, die auf zwei befreundete Männer immer paßte. Allerdings sind wir beide homosexuell, und die Wahrscheinlichkeit, daß eine Frau zwischen uns treten würde, war sehr gering. Zweitens sah es ganz danach aus, als hätte die Frau die Karten einfach so lange gemischt, bis sie zwei Karten mit männlichen Figuren fand, die durch eine Karte mit einer weiblichen Figur getrennt waren. Dies sollte ihre Prophezeiung wohl stützen und uns beweisen, daß unser Schicksal in den Karten stand. Wir lachten und verschwendeten keinen weiteren Gedanken daran.

Michael wollte am darauffolgenden Tag am frühen Nachmittag nach Hause zurückfliegen. Ich traf mich am Vormittag mit dem Besitzer des Weinguts, wo wir alle gewohnt hatten, um mir die anderen Häuser auf dem Grundstück anzusehen. Das Grundstück war nicht sehr groß, und ich würde rechtzeitig zurückkehren, um Michael zum Flughafen von Pisa zu fahren, der etwa eine Stunde entfernt lag. Das Schicksal machte uns jedoch einen Strich durch die Rechnung: Der Wagen, den die Gutsverwalterin Benedetta steuerte, hatte weit draußen auf dem Gelände eine Panne, und als ich endlich zurück war, hatte sich Michael aus Angst, das

Flugzeug zu verpassen, bereits auf den Weg gemacht. Doch ich dachte mir immer noch nichts dabei, und am Abend telefonierten wir miteinander.

Michael ging nach Deutschland, und ich kehrte in die Vereinigten Staaten zurück. Ein Jahr später starb Michael. Somit war die Geschichte, die uns die Kartenlegerin an jenem Abend in Florenz erzählt hatte, die Geschichte, die wir tatsächlich lebten: An unserem letzten Tag in Italien *trat* tatsächlich eine Frau zwischen mich und meinen Freund. Und jener Abend in Florenz war das letzte Mal, daß ich Michael lebendig sah. Ich hatte keine Gelegenheit, mich von ihm zu verabschieden, eine Frau war zwischen uns getreten.

Wie wir gesehen haben, kann die Bedeutung synchronistischer Ereignisse immer erst nach dem Eintreten des Ereignisses erkannt und gewürdigt werden. Noch erschütternder als die Tatsache, daß sich die Prophezeiung der Kartenlegerin erfüllt hatte, war für mich in diesem Fall die Intensität der Koinzidenz, die unerwartete Art und Weise, wie mein bester Freund und ich uns für immer voneinander verabschiedeten. Diese Episode ist seitdem zu einem festen Bestandteil meiner Geschichte geworden. Die Prophezeiung selbst war damals irrelevant. Denn schließlich konnte sich keiner von uns vorstellen, daß sie tatsächlich eintreffen würde. Die Bedeutung der Koinzidenz liegt einzig und allein in den Auswirkungen, welche die nachfolgenden Ereignisse auf mich hatten. Das Entscheidende bei einer Weissagung sind somit nicht die Prophezeiungen oder Offenbarungen, die Zeichen oder Vorzeichen. Was zählt, ist vielmehr die Tatsache, daß wir durch die Fähigkeit, die Ganzheit unseres Lebens zu erkennen – das Selbst –, innere und äußere Aspekte unseres Lebens in eine Beziehung zueinander setzen können. Und so wird die Geschichte unseres Lebens gleichzeitig für uns und von uns geschrieben.

Synchronizität und eine Psychologie unserer heiligen Geschichten

Wie wir in diesem Kapitel gesehen haben, prallen in den Geschichten über Synchronizitäten im spirituellen Leben der Menschen drei unterschiedliche Weltsichten aufeinander. Die Vertreter der einen halten an Rationalität, Naturwissenschaft und Kausalität fest. Sie tun derartige Geschichten als »Mythen« ab, bestreiten ihren Wirklichkeitscharakter und setzen sie mit Märchen und sonstigen unterhaltsamen Produkten der Phantasie gleich: Die Ereignisse sind nicht geschehen und konnten gar nicht geschehen. Die Verfechter der zweiten Weltsicht gehen von der objektiven Realität Gottes aus und nennen solche Ereignisse ebenfalls »Mythen«. Doch sie verwenden den Begriff im positiven Sinne, im Sinne einer »heiligen Geschichte«, deren Realitätscharakter unbedingt anerkannt werden muß: Die Ereignisse sind geschehen, und zwar durch den Willen Gottes, und ihre Bedeutung ist religiöser Natur. Der dritte Standpunkt, von dem aus derartige Synchronizitäten betrachtet werden können, ist jener der Psychologie. In diesem Fall wird darauf verzichtet, Partei zu ergreifen, und man beschränkt sich darauf, die Bedeutung solcher »Mythen« für die Menschen hervorzuheben: Koinzidenzen dieser Art treten tatsächlich auf, und sie haben eine Bedeutung.

Um scheinbar einfache Fragen über bedeutsame Koinzidenzen beantworten zu können, müssen wir deshalb verstehen, welche Voraussetzungen den Fragen zugrunde liegen, und einige Zeit darauf verwenden, uns Klarheit über die Begriffe und Prämissen zu verschaffen. Unabhängig von unserer Betrachtungsweise zeigen mir die hier angeführten Beispiele von Synchronizitäten im spirituellen und religiösen Leben der Menschen, die innersten und heiligsten Bestandteile unserer Lebensgeschichten, daß unsere Fähigkeit, Bedeutungen zu erkennen, unser Dasein zu einer einzigartigen, einheitlichen Geschichte macht. Die Bedeutung gestaltet unser Leben zu einer kohärenten Erzählung. Bei synchronistischen, bedeutungsvollen Ereignissen treten wir in Kontakt mit dem Autor, einem höheren Selbst, auf das wir uns wie die Menschen, deren Geschichten wir in diesem Kapitel gehört haben, bei unserer Suche nach Orientierung, Inspiration und Ganzheit verlassen können.

6

Jede Geschichte hat einen Anfang und ein Ende: Synchronizität und Fragen von Leben und Tod

Die linden Lüfte sind erwacht,
Sie säuseln und weben Tag und Nacht,
Sie schaffen an allen Enden.
O frischer Duft, o neuer Klang!
Nun, armes Herze, sei nicht bang!
Nun muß sich alles, alles wenden.

Die Welt wird schöner mit jedem Tag,
Man weiß nicht, was noch werden mag,
Das Blühen will nicht enden.
Es blüht das fernste, tiefste Tal:
Nun, armes Herz, vergiß der Qual!
Nun muß sich alles, alles wenden.

Ludwig Uhland, *Frühlingsglaube*

Von den vier am Anfang dieses Buchs beschriebenen Merkmalen der Synchronizität beeinflußt eines den Verlauf unserer Lebensgeschichte ganz besonders stark: die Tatsache, daß sich solche Koinzidenzen immer in Übergangsphasen ereignen. Bisher haben wir überwiegend *Geschichten im Leben* von Menschen behandelt – wen sie lieben, was sie arbeiten, wie sie sich weiterentwickeln, was sie glauben. In diesem letzten Kapitel beschäftigen wir uns mit der *Lebensgeschichte* im umfassenden Sinn und mit synchronistischen Ereignissen an den beiden wichtigsten Übergangspunkten jedes Lebens: bei der Geburt und beim Tod.

Daß die Geburt und der Tod den universalen Rahmen unserer Lebensgeschichten bilden, muß nicht eigens betont werden. Hervorzuheben ist im Lichte unserer bisherigen Feststellungen zur Synchronizität bestenfalls die Tatsache, daß die Übergänge ins und aus dem Dasein, die wir alle durchleben, für uns eine sehr wichtige symbolische Bedeutung haben. Theologen und Religionswissenschaftler betrachten den archetypischen Kreislauf von Geburt, Tod und Wiedergeburt nicht umsonst als den Kern aller religiösen Rituale, die sich im Verlaufe der Menschheitsgeschichte in den verschiedenen Kulturen herausgebildet haben. Die symbolischen Aspekte von Geburt und Tod werden allzuoft übersehen, dabei beeinflussen sie, wie in den bereits erzählten Geschichten deutlich wurde, im Grunde jede Übergangsphase unseres Lebens, da wir im Verlaufe unseres Daseins viele kleine Tode sterben und immer wieder neu geboren werden.

In diesem letzten Kapitel werden wir uns jenen speziellen Geschichten zuwenden, die man unsere Autobiographien nennen könnte, und wir werden uns dabei insbesondere auf den Anfang und das Ende konzentrieren. Nach den vielen Geschichten, die wir bereits gehört haben, wird es sicher kaum noch jemanden überraschen, daß auch die Geburt und der Tod von synchronistischen Phänomenen begleitet sein können. Und wie nicht anders zu erwarten, machen auch Synchronizitäten dieser Art uns bewußt, daß die Geschichten, die wir leben, einen Zusammenhang haben und in ein größeres Ganzes eingebettet sind.

In Zeiten, in denen wir uns mit den konkreten Tatsachen von Geburt und Tod auseinandersetzen, ereignen sich oft Synchronizitäten und lassen uns die tiefe Symbolik dieser Übergänge erkennen. In den nun folgenden Geschichten über Schwangerschaft, Geburt, Tod und Verlust erinnerten bedeutsame Zufälle die Betroffenen an etwas, was die archetypischen Bilder der religiösen Rituale und Mythen schon immer enthielten: daß unser Leben ein Kreislauf von Geburt, Tod und Wiedergeburt ist und daß sich, wie in dem eingangs zitierten Gedicht von Ludwig Uhland, alles wenden muß.

Zur gegebenen Zeit: Schwangerschaft, Geburt und Synchronizität

Vor knapp dreißig Jahren veröffentlichte eine Jungianische Analytikerin aus London namens Mary Williams im *Journal of Analytical Psychology* einen Artikel mit der Fallgeschichte einer Patientin, die viele thematische Parallelen zu den Geschichten aufweist, die mir Frauen über ihre Schwangerschaft erzählten. Der Zeitpunkt der Empfängnis, die Begleitumstände der Schwangerschaft und der Geburt, die emotionalen Reaktionen der Frauen auf diese zentrale Erfahrung stehen so oft mit synchronistischen Phänomenen in Zusammenhang, daß man nach einer Weile aufhört, sich über die Häufung solcher Koinzidenzen zu wundern und regelrecht auf das Unerwartete wartet.

Die Frau in Mary Williams' Fallgeschichte begab sich in therapeutische Behandlung, weil sie ein schwer gestörtes Verhältnis zu ihrer Weiblichkeit hatte. Sie war achtunddreißig, verheiratet und litt unter Frigidität und Weinkrämpfen. Ihrer Schilderung nach hatten die Symptome um die Zeit der ersten Menstruation begonnen, auf die ihre Mutter wie auf eine Katastrophe reagierte. Sie war ein von einer dominanten Mutter und Tanten erzogenes Einzelkind, und obwohl sie ihren Mann ohne rechte Überzeugung geheiratet hatte, schien er sie als eine »gute Mutter für seine Kinder« zu betrachten.

Für die Patientin war es eindeutig höchste Zeit, ihr Leben und ihre Einstellung zu sich selbst zu ändern. In dieser Übergangsphase hatte sie einen Traum, der auf ähnliche Weise prophetisch und ermutigend war wie viele andere, mit denen wir uns bereits beschäftigt haben. Sie schilderte ihn folgendermaßen:

»Ich war in einem Raum wie diesem [dem der Therapeutin]. Auf einmal hörte ich einen Schlag. Ein Bild in einem braunen Mahagoni-Rahmen war von der Wand gefallen. Als ich hinging, um es zu betrachten, fiel die Leinwand heraus. Das Bild sah aus wie viele ineinandergeschobene Schachteln. Eine nach der anderen kam mir entgegen. Und dann erblickte ich ganz tief drinnen eine Babypuppe. Sie streckte mir die Hände entgegen und schien mich anzulächeln.«

Nach einem alten englischen Aberglauben kündigt ein von der Wand fallendes Bild einen bevorstehenden Todesfall an. So rätselte die Patientin, was die Todesprophezeiung in Verbindung mit der angedeuteten Möglichkeit einer bestehenden Schwangerschaft – die »tief drinnen« verborgene Babypuppe mit den ausgestreckten Ärmchen – wohl bedeuten könnte. Mary Williams berichtet über die Synchronizitäten, die sich nach dem Traum im Leben dieser Frau ereigneten:

»Der erste Anhaltspunkt für den ›prophetischen‹ Charakter des Traums war der unerwartete Tod ihrer Mutter drei Wochen später. Die Patientin war vier Monate weg, da sie den Nachlaß regeln und sich um ihren Vater kümmern mußte. Als sie wiederkam, schien sie schwanger zu sein (was ihr kurz darauf vom Arzt bestätigt wurde). Sie hatte nicht mit der Möglichkeit gerechnet, da sie weiterhin Monatsblutungen gehabt hatte, die allerdings anders gewesen waren als sonst… Die mysteriösen Weinkrämpfe hörten auf. Ihre Reaktion auf die Schwangerschaft war ambivalent. Sie freute sich sehr, hegte jedoch gleichzeitig einen Groll gegen das Schicksal, das sie in diese Situation gebracht hatte, bevor sie sich dazu bereit fühlte.

Damit waren die Synchronizitäten jedoch noch nicht zu Ende. Ihr Arzt machte sich Sorgen, weil der Kopf des Fötus zum berechneten Termin noch nicht in das Becken eingetreten war, und schickte sie zu einem Spezialisten. Zwischen dem von ihm genannten [Geburts-]Termin und dem, den sein Kollege errechnete, lagen ungefähr sechs Wochen, was die Patientin in Panik versetzte, da sie viele Vorbereitungen treffen mußte… Sie wandte sich ratsuchend an die Analytikerin, die, ohne sich dessen bewußt zu werden, in die Rolle eines Orakels geriet, den Tag des Traumes als Tag der Empfängnis ansetzte, zweihundertachtzig Tage dazurechnete und die Antwort gab [wann das Kind geboren werden würde]. Sie kam auf einen Termin, der drei Wochen nach dem des Arztes und drei Wochen vor dem des Spezialisten lag. Doch das Orakel schien sich getäuscht zu haben, denn an dem vorhergesagten Tag geschah nichts. Drei Wochen später wurde die Frau zur Geburtseinleitung in ein Krankenhaus gebracht. Zu dieser Zeit ließ die Größe des Fötus im Vergleich zur Größe der Geburtswege einen Kaiserschnitt angeraten erscheinen. Das Baby, ein prächtiger Junge, zeigte leichte Anzeichen einer Übertragung; anhand seines Zustands wurde das Traumdatum als Tag der Empfängnis bestätigt.

Wir können nicht klären, was die Wehen aufhielt, doch zwei weitere bedeutsame Zufälle sollen noch erwähnt werden. Die Mutter der Patientin starb drei Wochen nach dem Traum, und das Baby wurde drei Wochen zu spät geboren. Hatte die Patientin unbewußt die beiden Ereignisse zeitlich miteinander gleichgesetzt? Und dann bemerkte sie noch: ›Kaiserschnitt-Babies sehen wie Puppen aus, überhaupt nicht wie Neugeborene!‹ Auch dadurch wurden die äußere und die innere Realität auf bedeutsame Weise miteinander verknüpft. Psychologisch gesehen waren das Kind und das neue Selbst für sie damals offenbar noch nicht real genug.

Zwei Monate später brachte die Mutter ihr Kind mit. Man sah ihr deutlich an, daß es für sie inzwischen eine Realität geworden war. Ihr Haushalt bestand nun aus ihr und drei Männern: ihrem Vater, ihrem Mann und ihrem Sohn. Verglichen mit ihrer früheren familiären Situation war das eine vollkommen neue Konstellation [denn sie stammte ja aus einer von Frauen dominierten Familie].«*

Der Traum dieser Patientin von einem Baby koinzidierte also nicht nur mit dem Beginn der Schwangerschaft, sondern noch mit einem weiteren äußeren Ereignis: dem Tod ihrer

* Mary Williams, »An Example of Synchronicity«, *Journal of Analytical Psychology*, Bd. 2, Nr. 1 (1957), S. 93 f.

Mutter. Doch am meisten verblüfft an dieser Geschichte das synchronistische Timing der Schwangerschaft: Mit dem Tod ihrer Mutter endete die ungesunde emotionale Beziehung, die Hauptursache der Probleme, wegen der die Patientin sich in psychoanalytische Behandlung begeben hatte. Danach begriff sie, »empfing« sie die Erkenntnis, daß sie eine reife, erwachsene Frau war und selbst Mutter sein konnte.

Judy, eine Bekannte von mir, erzählte mir eine ganz ähnliche Geschichte. Auch bei ihr fiel die erste Schwangerschaft auf synchronistische Weise mit dem Tod ihrer Mutter zusammen. »Ich hatte eine ganze Zeitlang versucht, durch künstliche Befruchtung schwanger zu werden, nichts schien zu klappen. Ich unterwarf mich allen möglichen Behandlungen, doch bekanntlich werden die Erfolgschancen immer geringer, je länger die Behandlung dauert. Das heißt, wenn es beim ersten, zweiten und dritten Mal nicht funktioniert hat, dann sinkt die Wahrscheinlichkeit, daß weitere Versuche mit fruchtbarkeitsfördernden Medikamenten klappen. Die Sache wurde also immer aussichtsloser, und ich wußte das. Mein damaliger Arzt sagte mir offen, die Chancen, ein gesundes Kind zu bekommen, stünden unter diesen Umständen ungefähr 20 zu 1. Trotzdem beschloß ich, noch einen Zyklus lang Medikamente zu nehmen. Sollte dieser letzte Versuch wieder scheitern, würde ich mich damit abfinden, daß ich nicht schwanger werden konnte.

In der Zwischenzeit war meine Mutter schwer erkrankt, was mich zusätzlich belastete. Zu dem Streß, den dieser letzte Befruchtungsversuch, die Medikamente und die Planung des Ganzen für mich bedeuteten, kam noch die Sorge um meine Mutter. Dann starb meine Mutter; ihr Tod traf mich nicht unerwartet, doch kann man auf so etwas überhaupt vorbereitet sein? Beim nächsten Eisprung nach ihrem Tod wurde ich schwanger, und meine Schwester ebenfalls.«

In Judys Geschichte besteht dieselbe Verbindung zwischen Geburt und Tod wie in Mary Williams' Geschichte über den prognostischen Traum ihrer Patientin (wenn auch kein emotionaler Konflikt wie bei Williams' Patientin). Und sie macht ebenfalls deutlich, daß der Zeitpunkt einer Schwangerschaft ein bedeutsamer Zufall sein kann. Natürlich steckt in solchen Geschichten die Symbolik, daß eine Generation stirbt, um der nächsten Platz zu machen. Diese Vorstellung kennen wir aus vielen Mythen und Märchen aus der ganzen Welt, in denen eine Verbindung zwischen Geburt und Tod hergestellt wird: Der ältere König oder die ältere Königin müssen entthront, getötet oder aus dem Wege geräumt werden, um dem Land zu neuer Kreativität und Fruchtbarkeit zu verhelfen. Die synchronistischen Geschichten, die Geburt und Tod so eng miteinander verknüpfen, zeigen, wie oft sich die Wahrheit der Geschichten, die Menschen leben, in der Dichtung widergespiegelt findet.

Das Element des Timings, die Tatsache, daß es in einer entscheidenden Lebensphase auf synchronistische Weise zu einer Schwangerschaft kommen kann, wird auch in der folgenden Geschichte von Marie deutlich, deren Traum von einer Stelle in einer Fruchtbarkeitsklinik ich bereits im vierten Kapitel zitiert habe.

»Mein Mann Mark und ich versuchten ungefähr zwei Jahre lang, ein Kind zu bekommen. Da Mark damals seinen Magister machte, lebten wir in dieser Zeit hauptsächlich von meinem Gehalt, das hinten und vorne nicht reichte. Doch trotz unserer finanziellen Probleme wußten wir, daß es Zeit für ein Kind war, und wir wollten es. Es klappte schließlich ausgerechnet in dem Monat, in dem Mark einen guten Posten bekam. Allerdings wußte ich zu diesem Zeitpunkt noch gar nicht, daß ich schwanger war. Wir freuten uns riesig über seinen Job, und eine Woche später – wohlgemerkt nach zwei Jahren vergeblicher Bemühungen – wurde mir mitgeteilt, daß ich ein Kind erwartete. Es klappte also genau zu der Zeit, als unsere finanziellen Probleme gelöst waren und ich einer Schwangerschaft gelassen entgegensehen konnte.«

Man könnte zwar argumentieren, daß eine Schwangerschaft ein kausales Ereignis, eine Sache von Ursache und Wirkung, ist – ein Spermium trifft auf eine Eizelle, es kommt zu einer Befruchtung –, doch Maries Geschichte illustriert, daß eine Schwangerschaft in Wirklichkeit ein Zufallsereignis ist. Das zeigen die frustrierenden Erfahrungen vieler Paare, die sich sehnlichst Kinder wünschen, aber keine bekommen, und die vielen Unwägbarkeiten, die eine gezielte Geburtenkontrolle auch heute noch erheblich erschweren. Trotz der erstaunlichen Möglichkeiten der modernen Medizin ist es nach wie vor eine so ungewisse Sache, ob eine Frau schwanger wird oder nicht, daß das Zustandekommen einer Schwangerschaft ein höchst bedeutsamer Zufall im Leben eines Paares sein kann. Aufgrund des besonderen Timings von Maries Schwangerschaft konnte sie sich unbeschwert auf ihr Kind freuen, denn sie wurde genau zu der Zeit schwanger, als belastende äußere Probleme wegfielen.

Auch die Sorgen, die meine Freundin Jacqueline sich wegen ihres zweiten Kindes machte, wurden auf ungewöhnliche und synchronistische Weise zerstreut, so daß sie ihre Schwangerschaft ganz entspannt erleben konnte. Da ihr erstes Kind, ein prächtiges kleines Mädchen, mit einem ererbten genetischen Defekt zur Welt gekommen war, hatten sie und ihr Mann beschlossen, auf weitere Kinder zu verzichten, das Risiko schien ihnen einfach zu groß. So erfüllte sie die Feststellung, daß sie wieder schwanger war, mit mindestens ebensoviel Sorge wie Freude. Jacqueline erzählt ihre Geschichte so:

»Nichts konnte mir meine Ängste wegen dieser Schwangerschaft nehmen. Natürlich versuchte ich, mir keine Sorgen zu machen, doch es gelang mir einfach nicht. So ging ich, als ich ungefähr im fünften Monat war, an einem Freitag zusammen mit meinem Mann zu einer Ultraschalluntersuchung, um mich zu vergewissern, daß alles in Ordnung war. Spätabends sah ich mir im Bett noch einmal die Aufnahmen vom kleinen Joseph in meinem Bauch an. Da stellte ich plötzlich fest, daß wir ihn zwar eine volle Stunde lang betrachtet und die Bilder auf Video aufgezeichnet hatten, doch daß ich in dieser ganzen Zeit kein einziges Mal die Arme oder Hände des Babies gesehen hatte. Entsetzt schreckte ich hoch und erzählte es meinem Mann, der mich natürlich beruhigte. Ich kam mir zwar lächerlich vor, aber ich machte mir das ganze Wochenende über Sorgen, daß ich womöglich ein Kind ohne Arme oder Hände zur Welt bringen würde. Auch meine Freundinnen versicherten mir immer wieder, wenn den Ärzten etwas Ungewöhnliches aufgefallen wäre, hätten sie es mir bestimmt gesagt, und so weiter. Ich nickte und tat so, als sei ich schon ruhiger, doch insgeheim dachte ich: ›Sie wissen es nicht. Es könnte passieren. Es ist schließlich schon passiert.‹

Obwohl ich höchst beunruhigt war, zwang ich mich zur Geduld und rief erst am Montag meinen Arzt an. Ich bat ihn, telefonisch beim Krankenhaus in Erfahrung zu bringen, ob die Ergebnisse meiner Ultraschalluntersuchung normal waren, und mir sofort Bescheid zu geben. Er rief gleich zurück – er verhielt sich einfach großartig – und sagte: ›Es tut mir wirklich leid, daß Sie sich deswegen das ganze Wochenende über Sorgen gemacht haben. Sie hätten mich anrufen sollen. Ihre Ultraschalluntersuchung am Freitag hat deswegen so lange gedauert, weil Sie eine ungewöhnlich geformte Gebärmutter haben, die sich alle ansehen wollten. Doch das Baby ist gesund. Wissen Sie was? Ich habe heute ein neues Ultraschallgerät bekommen, das gerade aufgebaut wird, und brauche jemanden, damit ich mich mit seinen Funktionen vertraut machen kann. Kommen Sie doch einfach her! Dann können Sie sich den Kleinen noch einmal in aller Ruhe anschauen und sich vergewissern, daß mit ihm alles in Ordnung ist.‹

Ich ging also noch am selben Tag hin, um eine zweite Ultraschalluntersuchung vornehmen zu lassen, und wie ich so mit diesem Ding auf meinem Bauch den Bildschirm betrachte und denke ›Hoffentlich ist alles in Ordnung! Hoffentlich ist er okay!‹, sehe ich, wie er in meinem Bauch den Daumen und den Zeigefinger aneinanderlegt und mir ein Okay-Zeichen gibt! Ich bin einfach sprachlos, und mein Arzt bricht in schallendes Gelächter aus: ›Sehen Sie, er teilt seiner Mami mit, daß alles in Ordnung ist.‹

Ich weiß, Babies machen diese Handbewegung, sie ist ein Reflex. Doch das Zeichen war deshalb synchronistisch – um diesen Begriff zu gebrauchen –, weil ich es genau in dem Augenblick erhielt, als ich inbrünstig dachte: ›Hoffentlich ist er okay.‹ Darum war es für mich so wunderbar! Ich habe sogar ein Bild von diesem Augenblick, in dem Joseph das Okay-Zeichen machte – ein Abzug vom Videoband des Ultraschallgeräts. Von da an war ich ganz entspannt. Ich wußte, daß er gesund zur Welt kommen würde, und so war es dann auch.«

Interessant an dieser Geschichte ist nicht nur, auf welche Weise Jacquelines durchaus begründete Ängste zerstreut wurden, sondern auch, daß selbst der Arzt den synchronistischen Charakter der Geste ihres ungeborenen Kindes sofort erkannte und sie darauf hinwies – ein bißchen wie Jung in der Geschichte mit dem Skarabäus. Auch wenn es sich mit Reflexen erklären läßt, *daß* das Baby diese Handbewegung machte, hat das Ereignis aufgrund des Timings und der besonderen Bedeutung in der Geschichte von Jacquelines Familie einen zentralen Platz.

Synchronistische Ereignisse werden oft Bestandteil der Geschichte, die eine Familie von sich erzählt, ihrer privaten Familienchronik sozusagen. Für Reina erwiesen sich ihre Intuitionen hinsichtlich des Geburtstermins als synchronistische Warnungen, tatsächlich ging es um Leben und Tod. Sie erzählte ihre Geschichte mit so viel Pathos, wie oft Legenden oder Mythen vorgetragen werden:

»Drei Wochen vor meinem errechneten Entbindungstermin zelteten wir zusammen mit zwei anderen Paaren auf einer Insel. Einer unserer Freunde war Arzt. Wir wollten ungefähr eine Woche dortbleiben, doch ich dachte die ganze Zeit: ›Reina, irgend etwas stimmt nicht.‹ Ich ließ mich von dem Arzt, der dabei war, untersuchen, und die Freunde versicherten mir immer wieder, daß bestimmt alles in Ordnung sei. Aber ich wurde das Gefühl einfach nicht los. So packten mein Mann und ich eines frühen Morgens unsere Sachen und paddelten zurück. Wir gelangten ohne Zwischenfälle nach Hause. Bob, mein Mann, ist wirklich sehr ruhig und geduldig. Er sagte immer wieder, daß alles schon gutgehen werde, daß ich mich einfach entspannen solle, daß kein Grund zur Sorge bestehe. Doch ich wußte, daß etwas nicht stimmte. Ich spürte es einfach.

Ich wartete bis zum nächsten Tag. Bob war nicht da. Er war mit den beiden anderen Kindern auf dem Spielplatz. Und so beschloß ich kurzerhand, alleine ins Krankenhaus zu fahren. Das schien mir das beste zu sein. Ich hinterließ ihm eine Nachricht, die so beiläufig wie möglich klingen sollte: ›Ich fahre kurz ins Krankenhaus. Bin in einer Stunde wieder zurück.‹ Im Krankenhaus bat ich die diensthabende Ärztin, meinen Arzt zu rufen, doch sie fragte mich erst einmal aus, um mich besser einschätzen zu können: ‹Warum glauben Sie denn, daß etwas nicht stimmt? Stehen Sie unter Drogen? Haben Sie Alkoholprobleme?‹ Und so weiter. Ich verneinte natürlich all diese Fragen. Da meinte sie: ›Dann hat das wohl Zeit bis morgen früh.‹ Nun wurde ich ungeduldig. ›Nein, bitte rufen sie jetzt gleich meinen Arzt‹, drängte ich sie, und das tat sie Gott sei Dank dann auch. Mein Arzt sagte zu ihr: ›Wenn Reina hier ist, dann hat sie sicher gute Gründe.‹ Ich mußte noch ein wenig warten, und dann untersuchten sie mich mit einem tragbaren Ultraschallgerät. Die Ergebnisse waren ziemlich dürftig, und so behielten sie mich zur Beobachtung über Nacht da.

Am nächsten Tag untersuchten sie mich noch einmal, und dabei stellte sich heraus, daß tatsächlich etwas nicht stimmte. Sie leiteten die Wehen ein, und meine Tochter wurde geboren. Sie hatte die Nabelschnur um den Hals gewickelt – nicht einmal, sondern gleich zweimal, was sehr ungewöhnlich ist – und hätte sich in meinem Bauch erwürgt, wenn ich später gekommen wäre. Es überrascht mich heute noch, wie unbeirrbar ich damals meinem Gefühl folgte. Es hatte einen Grund. Und du kennst ja die Theorie, daß die Geburtserfahrung Menschen später beeinflußt: Meine Tochter Katie weigert sich bis heute, Rollkragenpullis zu tragen.« Reina ließ sich nicht beirren, und ihr Gefühl, daß ihrem Baby Gefahr drohte – obwohl sie unmöglich wissen konnte, in welcher Lage es sich befand – wurde ihr später auf synchronistische Weise bestätigt.

Das Timing der Ereignisse ist nicht das einzige synchronistische Element in Geschichten über Empfängnis und Geburt. In der folgenden, noch dramatischeren Geschichte vom Traum meiner Freundin Gail geht es ebenfalls um Vorahnungen im Zusammenhang mit der Geburt. Da Gails erste Schwangerschaft ohne jegliche Komplikationen verlaufen war, bereiteten sie und ihr Mann sich »wie alle guten Hippies« – um ihre Worte zu gebrauchen – voller Zuversicht auf eine Hausgeburt mit einer Hebamme vor.

So schien der sehr lebendige und detaillierte Traum über die Geburt ihres Sohnes, den sie kurz vor dem Einsetzen der Wehen hatte, eher ein Ausdruck unbewußter Ängste zu sein als eine ernstzunehmende Warnung: Gail träumte, daß Sam nach der Geburt nicht atmete, daß sie die Hebamme beiseite drängen mußte, um ihn selbst von Mund zu Mund zu beatmen, weil die Nabelschnur nicht mehr gearbeitet hatte, daß er blau anlief und schließlich in dem Augenblick zu atmen begann, in dem ihr Mann ihn anfaßte. Da Gail nicht zu den Menschen gehört, die solche Träume einfach ignorieren, war sie auf der Hut, als die Wehen einsetzten, und tatsächlich traf alles genau so ein, wie sie es geträumt hatte. Sam atmete nach der Geburt nicht. Die sanften Methoden der Hebamme zeigten keinen Erfolg. Gail mußte sie wegschieben und Sam von Mund zu Mund beatmen, und zur großen Erleichterung aller tat er seinen ersten Atemzug in dem Augenblick, in dem sein Vater ihn zum ersten Mal berührte.

Gail erkannte intuitiv die innere, physische Situation und wußte, welche Maßnahmen zu ergreifen waren. Ihre Geschichte zeigt, wieviel leichter das Leben sein kann, wenn man die Möglichkeit mit einbezieht, daß innere Bilder tatsächlich ihre Entsprechung in äußeren Ereignissen finden können. »Ich verspürte keine Angst, als es geschah, denn ich hatte es ja vorher schon geträumt. Alles verlief genau so, wie ich es vor mir gesehen hatte, und ich tat, was ich tun mußte.« Gails Bereitschaft, sich mit der Möglichkeit auseinanderzusetzen, daß der Traum eine unerwartet komplizierte Geburt ankündigen und sogar auf synchronistische Weise die Ereignisse während der Entbindung vorwegnehmen könnte, half ihr, ihrem Sohn das Leben zu retten.

Schwangerschaften und Geburten ereignen sich zu ihrer eigenen Zeit, ungeachtet unserer bewußten Wünsche, Hoffnungen, Bemühungen und Vorstellungen. Wir können uns zwar ein Kind wünschen und alles nur Erdenkliche tun, um eines zu bekommen, doch ob es letztendlich klappt oder nicht, liegt nicht in unserer Entscheidung. Und selbst wenn es zu einer Schwangerschaft kommt, wenn der Arzt einer Frau bestätigt, daß und wann das erstaunliche Ereignis der Befruchtung stattgefunden hat, kann er ihr nur einen ungefähren Geburtstermin nennen; wann oder wie das Baby auf die Welt kommt, können wir ebenfalls nicht selbst bestimmen. Deshalb gibt es meiner Meinung nach kein Ereignis, auf das die Bezeichnung »synchronistisch« besser paßt als auf eine Schwangerschaft und eine Geburt: Eines von Millionen Spermien trifft zufällig auf ein bestimmtes Ei, und aus diesem Zufall heraus, über den wir keine Macht haben, entsteht alles Leben. Ist das nicht die bedeutsamste Koinzidenz, die wir erleben können?

Warum wir die Kinder haben, die wir haben: Synchronistische Lektionen

Ob eine Schwangerschaft zustande kommt, ist Zufall, und wann und wie ein Kind zur Welt kommt, entzieht sich in den meisten Fällen unserer bewußten Kontrolle. Doch die Synchronizitäten, die wir als Eltern erleben können, enden nicht mit der Geburt unserer Kinder. Für viele Eltern hat das Zusammentreffen ihrer Persönlichkeit mit der ihres Kindes ebenfalls bedeutsame synchronistische Aspekte. Manche konfrontiert eine Synchronizität mit ihren eigenen egoistischen Wunschvorstellungen von Charakter und Werdegang ihres Kindes, anderen wird auf synchronistische Weise bestätigt, was in ihren eigenen Lebensgeschichten wichtig ist.

Eine Frau, die als Hebamme viele Geburten miterlebte, schilderte mir, wie das Kind ihrer Schwester Sally zur Welt kam. Ihre Geschichte führt uns vor Augen – wie so viele Synchronizitäten –, wie akausal die eigene psychische Haltung ist, und bringt uns zu der Frage, warum wir gerade Kinder mit ganz bestimmten Eigenschaften bekommen.

»Solomon, der Ehemann meiner Schwester Sally, wollte unbedingt einen Jungen, als Sofia unterwegs war. Er kommt aus Eritrea, in Nordafrika, und wuchs in einer Kultur auf, in der es außerordentlich wichtig ist, daß das erste Kind ein Sohn ist. So sprach Solomon die ganze Schwangerschaft über ständig von ›ihm‹, wenn er das Baby in Sallys Bauch meinte. Seine Einstellung war ganz klar: Er hatte entschieden, daß er einen Sohn wollte, also mußte es ein Junge werden. Schließlich war es soweit, die Wehen setzten ein. Wir hatten uns eigentlich auf eine Hausgeburt eingestellt, aber als die Wehen sich bedenklich lange hinzogen, fuhren wir doch lieber ins Krankenhaus. Aber das Baby kam einfach nicht. Schließlich beschlossen die Ärzte, Sally auf einen Kaiserschnitt vorzubereiten.

Da gab Solomon nach. Er legte seine Hand auf Sallys Bauch und sagte zu dem Baby: ›Okay, du darfst auch ein Mädchen sein.‹ Und genau in diesem Augenblick, nach all den heftigen, stundenlangen Wehen, kam sie heraus!«

Solomons Sinneswandel, die Änderung seiner inneren Einstellung zu einem weiblichen Erstgeborenen, fiel auf synchronistische Weise mit der Geburt seiner Tochter zusammen. In dieser Geschichte wurde ein werdender Vater mit der wahren Bedeutung der Erfahrung des Elternseins konfrontiert: Es geht um die Heiligkeit des Lebens und die Liebe zum Kind, nicht um dessen Geschlecht. Er begriff, daß Kinder nicht dazu da sind, die Vorstellungen unseres Ichs von einem perfekten Leben zu erfüllen. Die Geburt seiner Tochter war ein synchronistisches Ereignis, das ihn lehrte, was Elternschaft bedeutet. Dagegen erlebte die von dominanten Frauen erzogene Patientin aus Mary Williams' Geschichte die Geburt ihres Sohnes, nach der sie zum ersten Mal von lauter Männern umgeben war, als ein synchronistisches Ereignis, das ihr half, ihr seelisches Gleichgewicht wiederzuerlangen, indem es ihr Erfahrungen mit dem männlichen Geschlecht ermöglichte, die sie nie machen konnte, aber bitter nötig hatte.

Um solche Synchronizitäten besser zu verstehen, müssen wir uns vor Augen halten, warum es für Solomon und für Mary Williams' Patientin eine besondere Bedeutung hatte, daß sie die Kinder bekamen, die sie bekamen. Setzen sich denn nicht alle Eltern mit den besonderen Eigenschaften ihrer Kinder auseinander? Haben denn nicht alle Eltern das Bedürfnis, ihre Kinder zu lieben? Ist es wirklich so erstaunlich, daß Solomon seine Tochter schließlich genauso liebte, wie er einen Sohn geliebt hätte? Hätte Mary Williams' Patientin in ihrer Familiensituation nicht auch dann eine Bedeutung gesehen, wenn sie lauter Mädchen bekommen hätte? Solche Überlegungen haben zwar einiges für sich und mögen auf viele, vielleicht sogar auf die meisten Eltern zutreffen, aber der wichtigste Aspekt gerade *dieser* Geschichten bleibt außer acht.

Für Solomon und Mary Williams' Patientin hatte das Geschlecht ihres Kindes eine synchronistische Bedeutung, weil ihre eigene Geschichte in bestimmter Weise damit verknüpft war: Daß der eine ein Mädchen bekam und die andere einen Jungen, war ein Zufall, der ihnen eine subjektive Wahrheit über ihr Leben enthüllte. Ohne die synchronistische Erfahrung, wenn Solomon Vater eines Sohnes geworden wäre und Mary Williams' Patientin lauter Töchter zur Welt gebracht hätte, wäre ihre Geschichte vollkommen anders verlaufen – was natürlich für alle in diesem Buch geschilderten Fallbeispiele gilt. Solomon und Mary Williams' Patientin erlebten, was bei allen bedeutsamen Koinzidenzen geschieht:

Ihr Ich wurde mit einem Zufallsereignis konfrontiert, dessen symbolische und emotionale Bedeutung ihr Leben veränderte. Und eine Geburt, die Entstehung neuen Lebens, ist ein ganz besonderes Ereignis, das uns mehr als alle anderen dazu herausfordert, zu akzeptieren, was uns widerfährt, und uns mit der Bedeutung des Erlebten auseinanderzusetzen. Für Eltern, deren Erziehung, Persönlichkeit oder Lebensgeschichte solch einer aufgeschlossenen Haltung im Wege stehen, hat es manchmal eine synchronistische Bedeutung, was für ein Kind sie bekommen.

Meine Patientin Helen entschloß sich in einer Übergangsphase zu einer Therapie. Ihr ausgesprochen introvertiertes Dasein als Buchhalterin befriedigte sie nicht mehr. Sie wünschte sich eine interessantere Arbeit mit besseren Verdienstmöglichkeiten und versuchte sich daher seit kurzem als Immobilienmaklerin. Während der Sitzungen kamen wir zwangsläufig auch auf die Beziehungen zu ihrer Familie zu sprechen. Besonders aufschlußreich waren für mich Äußerungen über ihre bereits erwachsene Tochter Hannah, zu der sie offensichtlich ein sehr schwieriges Verhältnis hatte. »Wir verstehen uns einfach nicht«, sagte sie. »Ich hatte von Anfang an große Probleme mit ihr. Sie war schon als kleines Mädchen schwierig. Sie war sehr lebhaft, provozierte uns ständig, um zu sehen, wie weit sie gehen konnte, und brauchte sehr viel Aufmerksamkeit. Mein Mann ist lockerer als ich, und er hatte immer ein besseres Verhältnis zu Hannah.«

Als Therapeut sammelte ich natürlich all diese Informationen, um sie gegebenenfalls später zu verwenden. Bald erkannte ich, worin Helens Hauptproblem bestand: Sie mußte extravertierter werden und die Schwierigkeiten überwinden, die sie damit hatte, aus sich herauszugehen, sich durchzusetzen und selbstbestimmt zu handeln; nur so konnte sie als Immobilienmaklerin Erfolg haben. Doch nicht ich, sondern ihr Ehemann sagte die Worte, die sie als ein transformatives, synchronistisches Ereignis empfand. Als sie ihm eines Tages von einer Sitzung erzählte, bei der ich mit ihr über Introversion und Extraversion gesprochen hatte, bemerkte er: »Das hört sich so an, als solltest du bei Hannah Unterricht nehmen.« In diesem Augenblick gelangte Helen zu einer wichtigen, synchronistischen Erkenntnis.

»Ich war sprachlos. Mein Leben lang hatte ich solche Schwierigkeiten mit Hannah gehabt. Ich liebte sie natürlich, wie wohl jede Mutter ihr Kind liebt, doch ich habe sie nie wirklich verstanden, und es fiel mir weiß Gott schwer, sie als Persönlichkeit zu respektieren. Als mein Mann das zu mir sagte, fügte es sich für mich wie ein Puzzle zusammen: Das war's. Bei Hannah konnte ich finden, was ich brauchte. Von ihr konnte ich genau das lernen, was ich an diesem Punkt meines Lebens lernen mußte.«

Helen war erst fähig zu erkennen, daß die Persönlichkeit ihrer Tochter, mit der sie so lange nicht zurechtgekommen war, eine Bedeutung für sie hatte, als ihr in einem Augenblick synchronistischen Verstehens bewußt wurde, daß sie genau die Fähigkeiten entwickeln mußte, die ihre Tochter besaß – eine Koinzidenz, die ihr Leben und das ihrer Tochter entscheidend verändern sollte. Mit meiner vollen Unterstützung begann Helen von da an Hannah zu »konsultieren«, wenn sie unsicher war, wie sie sich in bestimmten Situationen verhalten sollte, und mit der Zeit schloß sich die Kluft zwischen Mutter und Tochter.

Von einer solchen kompensatorischen Synchronizität handelt auch die folgende Geschichte meines Kollegen Jack. Sein Vater versuchte ihn zu dem Sohn zu erziehen, den er sich vorstellte – mit weitreichenden, katastrophalen Folgen. Jacks Vater war sein Leben lang ein Sportfanatiker, und er hatte beschlossen, daß sein einziger Sohn Berufssportler werden sollte – komme was da wolle. So wuchs Jack in einer regelrechten Trainingslager-Atmosphäre auf. Für seinen Vater zählten nur sportliche Leistungen, nur leider besaß Jack so gut wie keine sportlichen Talente. Daß das Ich seines Vaters mit Jacks Unsportlichkeit konfrontiert wurde, war eine Synchronizität, die im Gegensatz zu den oben geschilderten keine positiven

Auswirkungen hatte, sondern von Jack als ein Fluch empfunden wurde. Die Kindheitserfahrungen – der Groll gegen seinen Vater und die Auflehnung gegen dessen Erziehungsmethoden – verfolgten ihn fast sein ganzes Leben lang. So reagierte er zum Beispiel ausgesprochen gereizt auf Ratschläge und Vorschriften aller Art. Seine Trotzhaltung half ihm immerhin, ein sehr erfolgreiches Unternehmen aufzubauen, so hinderlich und problematisch sie in anderen Bereichen seines Lebens auch gewesen sein mag.

Dann bekam Jack selbst einen Sohn, und der Zufall wollte es, daß er Jacks verhaßtem Vater nicht nur äußerlich ähnelte, sondern zu allem Überfluß auch noch dessen Begeisterung für Sport geerbt zu haben schien. »Es heißt ja, daß solche Dinge eine Generation überspringen und dann später wieder durchbrechen«, sagte Jack eines Tages auf dem Weg zu einer Besprechung zu mir, als ich mich nach seiner Familie erkundigte. »Ich wollte nie wieder etwas mit Sport zu tun haben, weil ich früher Tag und Nacht damit gemartert worden bin, und nun lebe ich in einem Haus voller Baseballkarten, in dem jeden Montagabend Football angesagt ist. Er lädt seine Freunde ein, und dann hocken sie kreischend vor dem Fernseher, wie mein alter Herr. Das macht mich ganz verrückt.«

Ist das bloßer Zufall oder eine Synchronizität? Jack ist sich dieser zufälligen Parallele zwischen seinem Sohn und seinem Vater zwar bewußt, doch welche Bedeutung sie für ihn hat, welche Rolle sie in seinem Leben spielt, ist noch offen. Wir als Außenstehende mögen es bedeutsam finden, daß Jack durch seinen Sohn rein zufällig erneut mit der Sache konfrontiert wurde, vor der er sein Leben lang zu fliehen versucht hatte, doch wir sind nicht Jacks Biographen. Er muß seine Lebensgeschichte selber schreiben. Für ihn ist dieser verblüffende Zufall bisher nicht synchronistisch, da er noch keine tiefere Bedeutung darin erkennt.

Vielleicht finden die meisten Eltern solche zufälligen Ähnlichkeiten nicht sonderlich synchronistisch; schließlich gleichen Kinder oft ihren Eltern oder Großeltern, und zu was für Menschen sie sich entwickeln, hängt eher von kausalen Faktoren wie der Erziehung – davon, was wir tun oder nicht tun – als vom Zufall ab. Eltern, die nicht übermäßig egoistisch sind und weder hochfliegende Pläne noch große Probleme haben, fassen es nur selten als synchronistisch auf, daß ihre Kinder so sind, wie sie sind, da die Bedeutung, die ihre Kinder für ihr Leben haben, sich nicht aus einem zufälligen, schicksalhaften Ereignis ergibt, sondern aus ihrer sehr natürlichen Fähigkeit, die Kinder zu akzeptieren, zu lieben und zu verstehen. Aber nicht alle Eltern sind gleich, und die synchronistischen Erfahrungen, die viele mit ihren Kindern machen, sei es bei der Geburt oder später, ergeben den Stoff, aus dem die Literatur und das Leben sind. In solchen Augenblicken konfrontieren Kinder – die symbolische Zukunft all unserer Lebensgeschichten – die Eltern mit der Bedeutung ihrer bisherigen Lebensgeschichte und verhelfen ihnen auf diese Weise oft zu wichtigen Einsichten und innerem Wachstum.

Der Sterbeprozeß als Gegenstück zur Geburt: Synchronizität und der letzte Übergang

Die Überschrift zu den letzten Geschichten in unserem Buch lehnt sich an einen Vergleich an, den eine Freundin von mir einmal formulierte. Sie ist Krankenschwester in einer Sterbeklinik und hat schon sehr viele Menschen sterben sehen. Sie erlebte mit, wie Angehörige sich mit dem bevorstehenden Verlust auseinandersetzten, und wie Sterbende langsam Abschied von allem nahmen, was ihnen im Leben etwas bedeutet hatte. Aus ihren Äußerungen über das Sterben spricht viel Weisheit und Erfahrung. Daß auch ihr Vergleich des Sterbeprozesses mit dem Geburtsvorgang eine tiefe Wahrheit enthält, bestätigen die Geschichten von Menschen, die bereits engen Kontakt mit dem Tod hatten.

Das Sterben ist ein Prozeß der Loslösung, bei dem alle Verbindungen zur Welt – alle Freuden, Sorgen, Beziehungen und Verpflichtungen – aufgegeben werden. Auf Zeitpunkt und Verlauf haben wir wenig Einfluß, denn ähnlich wie eine Geburt hat auch der Tod seine eigene Zeit. So erkannte der im Kapitel über Träume erwähnte Patient, der sich das Leben zu nehmen versuchte, daß wir nicht gehen, wann wir wollen, sondern dann, wenn unsere Zeit gekommen ist. Das weiß jede Familie, die den Tod eines Angehörigen miterlebt hat, und das lehren uns unzählige Geschichten über synchronistische Vorfälle.

Die folgende Geschichte, die Linda mir über den letzten Tag ihrer Freundin Jane erzählte, ist das Gegenstück zu der Geschichte von Solomon, dem Vater aus Eritrea, der zuerst keine Tochter wollte und ihr in dem Augenblick, als er Frieden mit ihr schloß, gewissermaßen die Erlaubnis gab, auf die Welt zu kommen. Annie, die Tochter des Paares Linda und Jane, war erst zwei Jahre alt, als Janes Krebserkrankung das Endstadium erreichte. In der letzten Woche vor Janes Tod bemerkte Linda, die Jane pflegte, daß die kleine Annie Janes Zimmer bewußt mied, sie war jedoch klug genug, Annie zu nichts zu drängen. Als Jane ins Koma fiel, rief Linda ihre Freundinnen. Während sie sich spät in der Nacht zu einer gemeinsamen Zeremonie um das Sterbebett versammelten, hörten sie Annie, die in einem anderen Zimmer schlief, weinen.

Linda rechnete damit, daß Jane noch am selben Tag sterben würde, und da sie respektierte, daß Annie offensichtlich Abstand von Jane brauchte, schickte sie sie zu den Nachbarskindern hinüber. Als Jane immer schwerer atmete, wußte Linda, daß das Ende bevorstand. Sie kroch zu Jane ins Bett, um ihr ganz nah zu sein. Da hörte sie Annie hereinkommen. Zum ersten Mal seit über einer Woche wollte sie zu Jane. Sie legte sich zu ihnen ins Bett, und kaum eine Minute später starb Jane.

»Es war, als hätte Jane gewartet, bis Annie zu ihr kam, oder als hätte sie erst sterben dürfen, als Annie akzeptieren konnte, daß sie gehen mußte«, kommentierte Linda nachdenklich das rechtzeitige Erscheinen ihrer zweijährigen

Tochter. Bewegt fügte sie hinzu, es habe ihr sehr viel bedeutet, daß die ganze Familie beisammen war, als Jane ging.

Es gibt viele sogenannte abergläubische Vorstellungen über todverheißende Omen. Die Patientin aus der ersten Geschichte in diesem Kapitel wußte zum Beispiel, daß ein von der Wand fallendes Bild einen Todesfall in der nahen Verwandtschaft ankündigen soll, meine Großmutter hielt einen ins Haus fliegenden Vogel für ein ähnliches Vorzeichen. Eine veraltete deutsche Bezeichnung für Aberglauben ist »Superstition« (engl. »superstition«); die ursprüngliche wörtliche Bedeutung dieses aus dem Lateinischen stammenden Begriffs war »Überleben«, denn unter Superstition verstand man einen noch nicht ausgerotteten, sozusagen noch überlebenden Irrglauben. Mancher alte Volksglaube lebt bis heute in den Köpfen der Menschen weiter und erinnert an eine Zeit, in der synchronistische Ereignisse besser erkannt und verstanden wurden.

Jung erzählt eine ganze Reihe von Geschichten aus seinem Leben, in denen Vorahnungen auf synchronistische Weise durch nachfolgende Ereignisse bestätigt wurden. So hatte ihn zum Beispiel zur Zeit des Zweiten Weltkrieges während einer Zugfahrt »das Bild eines Ertrinkenden überfallen. Es war die Erinnerung an einen Unglücksfall im Militärdienst. Während der ganzen Fahrt kam ich nicht davon los.« Als er schließlich zu Hause eintraf, herrschte dort große Aufregung, da sein Enkel Adrian beinahe im See hinter dem Haus ertrunken wäre, und zwar genau zu der Zeit, als Jung im Zug »von den Erinnerungen überfallen« worden war. Ein anderes Mal träumte er von einem antik anmutenden Grab, aus dem eine Gestalt, die seiner Frau glich, emporschwebte. Am nächsten Morgen erfuhr er, daß in der Nacht eine Cousine seiner Frau gestorben war.

Besonders eindrucksvoll ist die ebenso amüsante wie unheimliche Geschichte von einem Traum Jungs im Jahr 1922, der auf den Tod seiner Mutter hinwies. Der Traum handelte von seinem Vater. »Seit seinem Tod, also seit 1896, hatte ich nie mehr von ihm geträumt. Nun erschien er wieder in einem Traum, wie wenn er von einer weiten Reise zurückgekehrt wäre. Er sah verjüngt aus und nicht väterlich autoritär. Ich ging mit ihm in meine Bibliothek und freute mich riesig, zu erfahren, wie es ihm ergangen sei. Ganz besonders freute ich mich darauf, ihm meine Frau und meine Kinder vorzustellen, ihm mein Haus zu zeigen... Aber ich sah sogleich, daß alles das nicht möglich war, denn mein Vater schien präokkupiert. Anscheinend wollte er etwas von mir. Das fühlte ich deutlich... Da sagte er mir, er möchte mich, da ich ja Psychologe sei, gern konsultieren, und zwar über Ehepsychologie. Ich machte mich bereit, ihm einen längeren Exkurs über die Komplikationen der Ehe zu geben, und daran bin ich erwacht. Ich konnte den Traum nicht recht verstehen, denn es kam mir nicht in den Sinn, daß er sich auf den Tod meiner Mutter beziehen könnte. Das wurde mir erst klar, als sie im Januar 1923 plötzlich starb.

Die Ehe meiner Eltern war kein glückhaftes Einvernehmen, sondern eine durch viele Schwierigkeiten belastete Geduldsprobe. Beide machten die für viele Ehepaare typischen Fehler. Aus meinem Traum hätte ich den Tod meiner Mutter voraussehen können: nach sechsundzwanzigjähriger Abwesenheit erkundigte sich mein Vater im Traum beim Psychologen nach den neuesten Einsichten und Erkenntnissen, Ehekomplikationen betreffend, da für ihn die Zeit gekommen war, das Problem wieder aufzunehmen. Er hatte in seinem zeitlosen Zustand offenbar keine besseren Einsichten erworben und mußte sich deshalb an den Lebenden wenden, der unter veränderten Zeitumständen einige neue Gesichtspunkte hatte gewinnen können.«*

Jung erzählt den Traum, als habe es sich um einen tatsächlichen Besuch aus dem Jenseits gehandelt. Daß er die Vision von seinem verstorbenen Vater in einem so beiläufigen Ton beschreibt – als hätte ein guter Bekannter überraschend bei

* Carl Gustav Jung, *Erinnerungen, Träume, Gedanken,* Olten 1971, S. 317f.

ihm vorbeigeschaut –, läßt erkennen, daß er mit der alltäglichen Außergewöhnlichkeit synchronistischer Ereignisse sehr vertraut war. Synchronistische Phänomene wie diese Vision, die Jung hinterher als einen Hinweis auf den Tod seiner Mutter verstand, ereignen sich vor allem dann, wenn unsere Geschichten oder die uns nahestehender Menschen sich ihrem Ende nähern.

Von Jungs geradezu selbstverständlichem Umgang mit Geistern war in den vielen Geschichten, die ich erzählt bekam, wenig zu spüren. Frances zum Beispiel war es ausgesprochen unheimlich, als zu einer Zeit, während ihr Mann im Krankenhaus mit dem Tode rang, ihr Lieblingsfoto von ihm und ihr an allen möglichem Plätzen in der Wohnung auftauchte, wo sie es nicht hingelegt hatte; dabei lebte sie damals allein und hatte niemanden einen Hausschlüssel gegeben. Am ersten Tag fand sie das Bild mit der Vorderseite nach unten auf dem Wohnzimmersofa und hatte keine Ahnung, wie es von seinem üblichen Platz auf dem Kaminsims dorthin gelangt war. Sie stellte es auf einen Beistelltisch neben dem Sofa, und als sie am nächsten Morgen ins Badezimmer ging, lag es im Waschbecken – wieder mit der Vorderseite nach unten. Am selben Tag stellte sie nach ihrer Rückkehr vom Krankenhaus fest, daß das Bild irgendwie vom Badezimmer in den Flur gekommen war, dort stand es mit der Vorderseite zur Wand in einer Ecke.

»Wenn es nur geschehen wäre, während ich schlief, dann hätte ich es mir damit erklären können, daß ich schlafwandelte oder etwas ähnliches«, sagte sie. »Ich war damals ganz durcheinander, weil Frank so schwer krank war, daß ich mit seinem Tod rechnen mußte. Es wäre schon denkbar gewesen, daß ich im Schlaf herumirrte oder das Bild geistesabwesend oder in einer Art Trance woanders hingelegt hätte. Doch ich konnte mir einfach nicht erklären, wie es während meiner Abwesenheit in der Wohnung herumwandern konnte. Nach Franks Tod rührte sich das Bild nicht mehr von der Stelle. Es steht jetzt wieder auf dem Kaminsims, unbeweglich wie ein Stein.«

Welche Wirkung hatte diese Serie unwahrscheinlicher und letztlich unerklärlicher Vorfälle auf Frances? Bei unserem Gespräch hatte ich den Eindruck, daß die Vorfälle ihr »begreiflich machten«, daß der Tod ihres Mannes eine unausweichliche Realität war, indem sie ihre Erlebnisse im Krankenhaus mit ihrem Leben in der Wohnung verknüpften, die sie viele Jahre lang mit ihrem Mann geteilt hatte. Wenn Gegenstände in der äußeren Welt sich offenbar im Zusammenhang mit erschütternden, leidvollen emotionalen Erfahrungen zu bewegen beginnen, dann macht diese synchronistische Verbindung die subjektive Wirklichkeit auf eine schmerzliche und unübersehbare Weise deutlich. Zugleich schien mir, daß diese sozusagen sichtbaren Auswirkungen des Sterbeprozesses in gewisser Weise tröstlich waren: Der Tod dieses Menschen war so bedeutsam, daß er solche erstaunlichen Phänomene hervorrief.

Synchronistische Erlebnisse bestätigen nicht selten bestimmte Volkssagen und abergläubische Vorstellungen über todverheißende Omen. So kann zum Beispiel das unerwartete Auftauchen von Tieren mit besonderen Merkmalen, die sie auf eine symbolische Weise mit dem Leben nach dem Tod verbinden, ein synchronistischer Hinweis auf einen Todesfall, eine Tragödie oder einen Verlust sein. Dabei kann es sich um Vögel handeln, die als fliegende Geschöpfe häufig mit dem Geist oder der Seele assoziiert werden, oder auch um schwarze Katzen oder Hunde, deren dunkle Farbe das Unsichtbare und Unbekannte symbolisiert.

Mein Freund Michael hatte vor seinem Tod vor sechs Jahren ein unheimliches Erlebnis. Er hatte es sich mit einem Buch am Wohnzimmerfenster in seiner Berliner Wohnung im dritten Stock eines Mietshauses gemütlich gemacht. Auf einmal ließ ihn ein lauter, dumpfer Schlag gegen die Hauswand hochschrecken. Er öffnete das Fenster und schaute in den Innenhof hinunter. Unten lag der kleine Körper einer Krähe, die noch ein paarmal matt mit den Flügeln schlug und dann verendete. Der Vorfall blieb Michael in Erinnerung, da es ihm ziemlich seltsam vorkam, daß eine Krähe ausgerechnet in diesem Innenhof voller Tauben den Tod fand. In der darauffolgenden Woche erhielt er einen Anruf von seiner Mutter: Sein jüngerer Bruder war am Morgen tot im Bett aufgefunden worden; die Todesursache war zu diesem Zeitpunkt nicht bekannt und konnte auch bei zwei anschließenden Autopsien nicht ermittelt werden. Im nachhinein sah Michael in der toten Krähe einen synchronistischen Hinweis auf den völlig unerwarteten Tod seines gesunden, vierundzwanzigjährigen Bruders. Bei einer synchronistischen Interpretation des Vorfalls ist jedoch nicht der vorausweisende Charakter entscheidend, sondern die subjektive Bedeutung für Michael. Seine Erfahrungen im Zusammenhang mit dem Tod seines Bruders veränderten seine Lebenseinstellung, da das in seine Geschichte integrierte Symbol der Krähe den späteren Ereignissen eine besondere Bedeutung verlieh.

Synchronizitäten im Augenblick des Todes sind so häufig, daß immer wieder Versuche unternommen werden, solche Phänomene kausal zu erklären: Das Bild von Frances und ihrem Mann könnte sich durch die Wohnung bewegt haben, weil sein Tod ihre »Lebensenergie« freisetzte; und daß Jungs Traum und Michaels Erlebnis spätere Ereignisse vorwegnahmen, könnte daran liegen, daß zwischen Familienmitgliedern besondere Verbindungen bestehen, die sie befähigen, zu spüren, was ein sterbender Angehöriger empfindet. Aus solchen Erklärungen heraus sind alle möglichen Gebräuche entstanden: Man öffnete die Fenster, damit die Seele hinausfliegen konnte, hielt neben dem Leichnam Wache, um sicherzustellen, daß er auf seiner Reise nicht gestört wurde, und so weiter.

Daß sich im Augenblick des Todes besonders häufig Synchronizitäten ereignen, steht außer Zweifel. Ob diese Phänomene nun von der Seele, von freigesetzter Energie oder anderen bisher unbekannten Faktoren ausgelöst werden, muß offen bleiben. Meine Großmutter, meine Mutter und meine Großtante versichern, daß beim Tod meiner Urgroßmutter ein strahlendes Licht aus einer unbekannten Quelle den Raum erleuchtet habe und verlöscht sei, als sie starb. Offenbar sah sie in diesem Augenblick Jesus von einem Kreuz in der Ecke des Zimmers herabsteigen, der sie mitnehmen wollte. Für alle Mitglieder meiner Familie, die den Tod meiner Urgroßmutter miterlebten, liegt die synchronistische Bedeutung dieser Erfahrung in dem überaus tröstlichen Gefühl, von Gott in diesem Augenblick ein Zeichen erhalten zu haben, daß meine Urgroßmutter in den Himmel gelangte.

Für Paul, einen skeptischen Philosophieprofessor aus meinem Bekanntenkreis, war das vorliegende Buch immer wieder Anlaß zu nachsichtiger Belustigung. Trotzdem steuerte auch er eine Geschichte bei. Ein an der Hodgkin-Krankheit leidender Freund von Paul, dessen Verfall Paul aus nächster Nähe miterlebte, da er ihn als Gärtner in seinem Haus beschäftigt hatte, wurde schließlich in eine Sterbeklinik gebracht. Paul wollte sich mit dem bevorstehenden Tod seines Freundes nicht auseinandersetzen und drückte sich lange davor, ihn zu besuchen. Doch mit der Zeit wurden seine Schuldgefühle immer größer, und schließlich nahm er seinen ganzen Mut zusammen und überwand seine Angst. Nach dem Besuch sagte die Schwester zu ihm, zunächst habe es zwar so ausgesehen, als hätte sein Freund nicht mehr lange zu leben, nun scheine es ihm aber wieder etwas besser zu gehen.

In der darauffolgenden Nacht hatte Paul im Halbschlaf eine traumartige Vision: Sein Freund kam ganz in Weiß gekleidet auf ihn zu und plauderte eine Weile mit ihm über dieses und jenes. Dann winkte er ihm zum Abschied zu und entschwand mit den Worten: »Bis später. Ich muß jetzt gehen.« Als Paul am nächsten Tag in der Klinik anrief, erfuhr er, daß sein Freund zu der Zeit in der Nacht gestorben war, als er von ihm geträumt hatte. Das war Pauls einzige derartige Erfahrung. Allerdings bemerkte ich, daß die Erinnerung an diese Geschichte die spöttische Skepsis etwas dämpfte, die er zunächst an den Tag gelegt hatte, als ich ihm erläuterte, wie ich und andere, die einen Beitrag zu diesem Buch leisteten, unsere Lebensgeschichten sehen.

Für manche Menschen sind synchronistische Erfahrungen im Zusammenhang mit dem Tod noch dramatischer, weil sie dabei sogar körperliche Symptome verspüren. Eine frühere Therapeutin von mir erzählte immer wieder, daß sie in der Nacht, als ihr Vater erstochen wurde, mit entsetzlichen Schmerzen im Rücken und in der Brust aufgewacht sei. Die Schmerzen waren so stark, daß nur ihre Sturheit sie abhielt, den Notarzt zu rufen. Als sie am nächsten Morgen erfuhr, was in der Nacht am anderen Ende Amerikas mit ihrem Vater geschehen war, begriff sie, was ihre nächtlichen Schmerzen zu bedeuten hatten. »Er und ich standen uns immer sehr nahe, und ich gelangte zu der Überzeugung, daß ich auf diese Weise eine Möglichkeit erhalten hatte, auch an seinem Tod teilzuhaben.«

All diese synchronistischen Erfahrungen, die mit dem Gesetz von Ursache und Wirkung nicht zu erklären sind, weisen eine wichtige symbolische Ähnlichkeit auf. So wie wir den Tod als einen Vorgang des Verlöschens und Auseinanderreißens, als Auflösung der uns vertrauten Welt erleben, so scheint auch die symbolische Bedeutung von Synchronizitäten wie den oben geschilderten in einer Art Auflösung oder Aufhebung der Gesetze zu liegen, die unsere Erfahrungen mit der Welt bei Tage bestimmen. Es ist, als würden die Naturgesetze während des Sterbeprozesses außer Kraft gesetzt, als seien Kausalität und Materie vorübergehend aufgehoben. Manchen Menschen flößt diese Aufhebung der Naturgesetze Furcht ein, doch für andere haben solche Koinzidenzen eine wichtige Bedeutung, denn in Augenblicken des Leids und der Hilflosigkeit bestätigen sie uns, wie tief wir mit den Menschen verbunden sind, die wir lieben und mit denen wir unser Leben geteilt haben. Manchmal hat es fast den Anschein, als würde die synchronistische Bedeutung der Koinzidenz das, was der Tod auseinandergerissen hat, wieder zusammenfügen oder zumindest den durch den Tod verursachten Verlust mildern.

Die Synchronizität der Kontinuität: Wenn der Tod nicht das Ende ist

Wer bereits einen geliebten Menschen durch den Tod verloren hat, weiß natürlich, daß unsere Verbindungen mit dem Tod nicht enden. Synchronistische Ereignisse scheinen uns manchmal diese Tatsache ins Gedächtnis zurückzurufen. Ich kann mich noch gut an ein viele Jahre zurückliegendes Gespräch erinnern, das ich während meiner Assistentenzeit mit einer Freundin führte, deren Schwester nach der Geburt ihres ersten Kindes gestorben war. Ich war damals sehr besorgt, weil meine Freundin keine Bestürzung über den allzu frühen Tod ihrer Schwester erkennen ließ, doch heute ist mir klar, daß ich zu jener Zeit unter der gefürchteten Krankheit litt, die angehende Therapeuten oft befällt: Ich hatte mich mit dem »Ich-weiß-alles«-Virus infiziert. Ich wußte so viel über Leid, Trauer und Verlust, aber alles nur aus Büchern und nicht durch eigene Erfahrungen. So war ich überzeugt, daß meine Freundin eine tiefe Wut über den Tod ihrer Schwester empfinden müsse, und wollte sie dazu bringen, ihre Wut zu zeigen. Sie erklärte mir zwar immer wieder, ihr Glaube habe ihr geholfen, mit der Tragödie fertigzuwerden, sie spüre, daß ihre Schwester die Welt verlassen habe, um bei Gott zu sein und daß Gott einen Plan mit ihr gehabt habe, den keiner von uns verstehen könne, doch all das bestärkte mich nur in meiner Überzeugung, daß sie ihre wahren Gefühle unterdrückte. Und so versuchte ich erst recht, ihre offensichtlich »verdrängte« Wut aus ihr herauszulocken. Das Ironische an dieser Situation war, daß ich gerade eine Prüfung für seelsorgerische Beratung abgelegt hatte und ein solch penetrantes Verhalten bei einem Kollegen schwer verurteilt hätte.

Schließlich riß meiner Freundin die Geduld. »Nun hör endlich auf damit«, sagte sie sichtlich verärgert. In dem Moment hörten wir beide ein lautes Knacken, beachteten es aber nicht weiter, da wir zu sehr damit beschäftigt waren, zu einem höflicheren Umgangston zurückzufinden. Erst als ich abends das Geschirr spülte, sah ich, was geschehen war: Der chinesische Teller, der zwischen uns auf dem Tisch gestanden hatte, war in der Mitte entzweigebrochen.

Der Vorfall läßt sich natürlich auf vielfältige Weise interpretieren. Zwei kausale Erklärungen könnten sein, daß die unterdrückte Wut meiner Freundin in dem Augenblick, als sie ihr Luft machte, den Teller mit ihrer »Energie« zerspringen ließ, oder daß sich in dem zerbrochenen Teller so etwas wie Lebenskraft der toten Schwester »manifestierte«. In synchronistischer Sicht war das Zerbrechen des Tellers für mich bedeutsam als ein unmißverständliches Zeichen für den Bruch in der Beziehung zwischen mir und meiner Freundin, der durch meine penetrante Besserwisserei entstanden war. Ich empfinde diesen Vorfall wegen der besonderen Verbindung von Tod, Gefühl, Symbolik und materieller Wirklichkeit jedenfalls als eine der unheimlichsten Synchronizitäten, die ich je erlebt habe.

Daß die symbolische Macht des Todes nach dem physischen Tod fortbesteht – manchmal noch ziemlich lange –, machte mir die Geschichte von Rachel bewußt. Sie erzählte mir, daß sie für den Tag, an dem der Tod ihres Mannes sich zum ersten Mal jährte, sehr bewußt eine ganz persönliche und private Gedenkzeremonie vorbereitet hatte. Obwohl viele verständnisvolle Freunde sie eingeladen hatten, den Tag und den Abend mit ihnen zu verbringen, dachte sie, es sei besser für sie, allein zu Hause zu bleiben und die geplante Zeremonie durchzuführen: Sie wollte sämtliche Fotoalben hervorholen und sie in aller Ruhe betrachten, dann wollte sie im ganzen Haus die Lichter löschen, Kerzen anzünden, fest an ihren Mann denken und sich vorstellen, er wäre in dieser Nacht bei ihr.

»Ich saß also da, das ganze Haus war dunkel; nur die Kerzen brannten, es war kurz vor sieben Uhr abends – um diese Zeit war er im Jahr davor gestorben. Plötzlich klingelte das Telefon neben mir. Ich hatte den Anrufbeantworter eingeschaltet, aber ich dachte, es könnte eine Freundin sein, und so hob ich ab. Da hörte ich am anderen Ende der Leitung diese sonderbare, schwache Stimme, wie ein Erwachsener, der wie ein kleiner Junge zu klingen versucht, wirklich unheimlich. Er fragte mich: ›Ist Steve da?‹ Ich war sprachlos, so schockiert, daß ich nicht einmal auf den Gedanken kam, daß es ein grausamer Scherz oder so etwas sein könnte. Ich sagte einfach nur ›Nein‹. Aber die Stimme war immer noch dran und fragte noch einmal, ganz ruhig: ›Ist Steve da?‹ ›Nein‹, wiederholte ich. ›Wer bist du? Was willst du?‹ Und darauf antwortete das kleine Kind: ›Ich hab' nur gedacht, Steve hätte vielleicht Lust, 'rüberzukommen und mit mir zu spielen.‹ Da war ich endlich sicher, daß ich tatsächlich ein kleines Kind am Apparat hatte und nicht irgendeinen Witzbold. Also sagte ich: ›Nein, Steve ist nicht da.‹ Und das kleine Kind fragte weiter: ›Bist du sicher? Wo ist er?‹ Da ich die Sache so unheimlich fand und ganz verstört war, sagte ich nur in einer Art Panik ›Steve ist tot‹ und legte den Hörer auf. Ich saß fassungslos da. Dann machte ich alle Lichter an, blies die Kerzen aus und rief Freunde an: ›Stellt das Essen warm. Ich komme rüber.‹ Erst später überlegte ich mir, daß ich vielleicht irgendeinem kleinen Kind irgendwo einen schlimmen Schock versetzt hatte, als ich sagte, sein Freund sei tot, doch es war einfach zu unheimlich, und ich konnte keinen klaren Gedanken fassen.«

Auf meine Frage, was sie von diesem seltsamen Vorfall halte, zuckte Rachel nur mit den Achseln und hob ratlos die Hände, um zum Ausdruck zu bringen, daß sie wirklich nicht wußte, was er bedeutete. »Ein paar Leute meinten, Steve könnte mich selbst angerufen haben, als ob es mir mit meiner Zeremonie gelungen wäre, seinen Geist heraufzubeschwören oder sowas, doch das glaube ich nicht. Aber wenn du meine Meinung unbedingt hören willst: Ich frage mich manchmal, ob dieser Vorfall nicht eher die Bedeutung hatte, daß ich an dem Abend nicht hätte alleinbleiben sollen. Hat Freud nicht gesagt, daß die unbewußte Absicht einer Handlung sich in ihrem Ergebnis enthüllt? Und wenn ich mir das Ergebnis anschaue, dann bestand es vor allem darin, daß ich meine kleine private Zeremonie abbrach und zu Freunden rannte, und vielleicht sollte ich genau das tun: meine Zeit mit den Lebenden verbringen, statt bei den Toten zu verweilen. Wenn es so war, dann hat der Vorfall wirklich seinen Zweck erfüllt.« Da ich Rachel kenne und weiß, wie wichtig ihr Freundeskreis in dieser Zeit der Trauer für sie war, vermute ich, daß die Unheimlichkeit des Vorfalls die Bedeutung, die er für sie hatte, zunächst verschleierte. Erst als ich nachhakte, konnte sie mir sagen, worin die Bedeutung bestand: Er bestätigte ihr, daß es Zeit für sie war, nach vorne zu schauen, und daß sie fähig war zu leben.

Solche synchronistischen Phänomene können sich angesichts des Todes ereignen, umgekehrt kann aber auch die Abwesenheit oder das Ausbleiben des Todes unter bestimmten, außergewöhnlichen Umständen bedeutsam und synchronistisch sein. Eine berühmte Geschichte dieser Art wurde 1950 zum ersten Mal im *Life*-Magazin und später auch andernorts berichtet. Sie handelt von einem Kirchenchor in der Kleinstadt Beatrice in Nebraska, der am 1. März um 19.20 Uhr zu einer Chorprobe in der Kirche erscheinen sollte. Doch alle Mitglieder des Chores – es waren insgesamt fünfzehn – kamen an diesem Abend aus unterschiedlichen Gründen zu spät. Die Familie des Pfarrers hatte Waschtag und wurde nicht rechtzeitig fertig, bei einem Chormitglied sprang der Wagen nicht an, ein anderes vergaß beim Radiohören die Zeit, eine Sängerin mußte noch Schularbeiten erledigen, und eine Mutter hatte Schwierigkeiten, ihre eingenickte Tochter zu wecken, so daß beide sich verspäteten. Jedes Chormitglied hatte einen Grund für seine Unpünktlichkeit. Doch daß zufällig alle den Beginn der Chorprobe verpaßten, erwies sich als ein großes Glück, denn wegen eines unerkannten Defekts im Heizungssystem explodierte um 19.25 Uhr die Kirche. Ein Mathematiker errechnete später, die Chance, daß diese ungewöhnliche Kette von Geschehnissen zustande kam, sei eins zu einer Million gewesen. Für die Chormitglieder lag ihre eigentliche Bedeutung indes nicht in der mathematischen Unwahrscheinlichkeit. In Interviews mit dem *Life*-Magazin fragten sie sich, ob die Synchronizität nicht ein »Akt Gottes« gewesen sei.*

Eine andere Geschichte, deren spiritueller Charakter eindeutiger ist, trug sich im 19. Jahrhundert zu. Der chinesische Mönch Hsu Yun stürzte auf dem Weg zu einem Kloster in einen Fluß und kam beinahe darin um; nachdem er sich mit letzter Kraft zu seinem Ziel geschleppt hatte, lag er meditierend da und wartete auf den Tod. Hsu Yun schreibt in seiner spirituellen Autobiographie:

»Ich erreichte einen Zustand so reiner Konzentration, daß ich nicht mehr wußte, daß ich einen Körper hatte. Nach etwas mehr als zwanzig Tagen waren all meine Leiden geheilt… Als ich eines Nachts, während ich mich von der Meditation ausruhte, die Augen öffnete, war da ein großes Strahlen, so hell wie Tageslicht. Ich konnte alles völlig durchschauen… In meinem ganzen Leben hatte ich noch nie eine solche Freude empfunden. Es war, als sei ich aus einem Traum erwacht. Ich dachte an die vielen Jahrzehnte der Wanderschaft, die vergangen waren, seit ich Mönch wurde… Wäre ich nicht ins Wasser gestürzt und sehr krank geworden, hätte ich nicht leichte und schwere Zeiten durchlebt, die mich vieles lehrten und mein Verständnis vertieften und veränderten, dann hätte ich mein Glück in diesem Leben vielleicht fast versäumt, und wie hätte dieser Tag dann je kommen können?«**

Interessant an diesen beiden Geschichten ist, daß die Chormitglieder aus Beatrice und Hsu Yun eine ähnliche Bedeutung darin sahen, daß sie am Leben geblieben waren. Ihr »Glück« hatte für sie einen spirituellen Grund; sie brachten es mit der göttlichen Vorsehung oder dem Wirken Gottes in ihrem Leben in Verbindung. Das synchronistische Erlebnis machte ihnen – so wie Rachel – die Kontinuität des Lebens

* Alan Vaughan, *Incredible Coincidence: The Baffling World of Synchronicity,* New York 1979, S. 167 f.

** Robert Aziz, *C. G. Jung's Psychology of Religion and Synchronicity,* Albany, New York 1990, S. 141 f.

bewußt und erwies sich als ein bedeutsamer und transformativer Augenblick. Manchmal lernen wir durch solche synchronistischen Konfrontationen mit dem Tod unser Leben neu schätzen, unabhängig davon, ob wir ihnen eine religiöse Bedeutung zuschreiben oder nicht.

Gedanken über die Tragödie und den Sinn des Leidens

Viele reagieren auf den »Was-wäre-gewesen-wenn«-Charakter der letzten beiden Geschichten, in denen ein bloßer Zufall Menschen das Leben rettete, mit Skepsis und spielen die Bedeutung solcher Erfahrungen herunter. Wie Voltaire in *Candide* Pangloss darüber philosophieren läßt, daß man nicht da wäre, wo man heute ist, wenn man nicht dies, das oder jenes getan hätte, sagte eine Frau, der ich eine dieser Geschichten erzählte: »Na und? Bei jedem Flugzeugabsturz gibt es jemanden, der die Maschine verpaßt hat. Das passiert jeden Tag.« Doch ich habe bereits mehrfach darauf hingewiesen, daß die Menschen, die solchen Ereignissen ihren synchronistischen Charakter absprechen, deren subjektive Bedeutung für die Betroffenen übersehen oder nicht wirklich erkennen. Für letztere ereignen sich solche Zufälle – durch die sie gerade noch dem Tod entronnen sind – *keineswegs* jeden Tag.

Die Tatsache, daß ich am Nachmittag des 17. Oktober 1989 zum ersten Mal seit dem Antritt meiner neuen Arbeitsstelle einen festen Sitzungstermin sausen ließ und so dem durch ein Erdbeben ausgelösten Einsturz der Brücke zwischen Oakland und San Francisco entging, war ein glücklicher synchronistischer Zufall und hatte für mich eine immense Bedeutung – das kann ich allen Skeptikern versichern. Der springende Punkt bei einer synchronistischen Geschichte – wenn wir zum Beispiel im nachhinein erkennen, daß wir durch einen puren Zufall von einer Katastrophe verschont blieben – ist, daß *wir* sie erlebt haben. In diesen Geschichten geht es nicht um nüchterne Daten, wer starb und wer am Leben blieb, sondern um die Art und Weise, wie der Tod, diese letzte Erfahrung, über die wir keine Kontrolle haben, uns die Bedeutung unseres Lebens für uns selbst und für uns nahestehende Menschen eindringlich bewußt machen kann.

Doch der Widerstand gegen solche Auslegungen von Ereignissen in unserem Leben, die manchmal durchaus banal sind, verrät nicht unbedingt einen Mangel an Mitgefühl, sondern kann auch durchaus begründeten moralischen Bedenken entspringen. Schließlich enden nicht alle Geschichten glücklich. Bei dem Erdbeben von 1989 starben Menschen, auch wenn ich am Leben blieb. Skeptiker wie Voltaire sind meiner Meinung nach nicht einfach nur starrsinnig, sondern nehmen eine dunkle Seite wahr, die in den Geschichten in diesem Buch nicht oder nur am Rande auftaucht, weil so viele glücklich ausgehen.

Das Ende so vieler Geschichten in diesem Buch erschien uns deshalb positiv, weil eine synchronistische Erfahrung *per definitionem* eine Bedeutung hat, und diese Erfahrung von Sinn vermittelt uns das Gefühl, daß unser Leben eine Ordnung hat und ein zusammenhängendes Ganzes darstellt. Doch eine Konfrontation mit dem Tod erinnert uns daran, daß unserem Leben eine Grenze gesetzt ist, vor der irgendwann jeder steht, daß unsere Lebensgeschichte kein Happy-End hat. Der Sterbeprozeß selbst ist eine sehr schmerzliche und verwirrende, oft qualvolle Erfahrung der Trennung und des Verlustes, so bedeutsam er letztlich auch sein mag.

Und diejenigen, die zurückbleiben, machen selbst eine Art Sterbeprozeß durch, da durch den Tod des geliebten Menschen ihr gewohntes Leben zerstört wird und alles wegfällt, was sie bisher mit ihm teilten: gemeinsame Werte, Gepflogenheiten und Freuden. Vielleicht malen wir uns in solchen Zeiten der Trauer immer wieder aus, was hätte sein können, und wünschen uns, dieses oder jenes gesagt oder getan zu haben, doch auch eine andere Einstellung zu dem, was wir mit dem betreffenden Menschen erlebt haben, kann den Schmerz über den Verlust nicht lindern.

Der Titel dieses Buchs, *Zufälle gibt es nicht*, hat etwas Hoffnungsvolles, denn er impliziert, daß nichts zufällig geschieht, daß alles bedeutsam sein kann. Doch Unfälle und Unglücke – Ereignisse, die wir fürchten und um jeden Preis zu vermeiden versuchen – sind schließlich auch Zufälle; und diese Zufälle kosten Menschen das Leben und verursachen großes Leid.

Wer darauf beharrt, daß es in dieser Welt sehr wohl Zufälle gibt und daß alle Menschen im Verlaufe ihres Lebens kleine und große Tragödien erleben, ist nicht einfach nur streitlustig, sondern hat recht. Manche begegnen der Liebe ihres Lebens nicht und reiten einsam der untergehenden Sonne entgegen. Viele machen kürzere oder längere Phasen der Entfremdung und der Isolation durch. Nicht alle üben eine Tätigkeit aus, zu der sie sich aufgrund besonderer Gaben und Fertigkeiten berufen fühlen; manche können vorhandene Talente aufgrund sozialer, wirtschaftlicher oder psychischer Hindernisse nicht entfalten. Einige unserer großen Träume und Pläne bleiben unverwirklicht. Wir erleben eine Krise, und hinter der dunklen Wolke ist kein synchronistischer Silberstreifen am Horizont zu erkennen: Wir gehen pleite, verlieren unsere Familie, erleiden einen Zusammenbruch. Wir können keine Kinder bekommen, oder unsere Kinder werden krank oder das zufällige Opfer einer Gewalttat. Die Menschen, die wir am meisten lieben, werden uns durch Krankheit, Krieg, Naturkatastrophen oder Unfälle genommen. Flugzeuge stürzen ab. Erdbeben, Stürme, Brände und Überschwemmungen zerstören alles, was uns etwas bedeutet. So wie kein Lebender dem Tod entgeht, so verläuft auch keine Lebensgeschichte ohne tragische Ereignisse, die Leid, Schmerz, Verlust und Trennung bedeuten.

Tragödien sind Geschichten besonderer Art, die Menschen immer schon erzählt haben. Wir im Westen erbten die klassische Form der Tragödie von den alten Griechen. Diese Dramen, die den Fall und die Zerstörung großer Männer und Frauen beschreiben, bildeten den Mittelpunkt aller ihrer religiösen Rituale: Durch die Aufführung der Geschichten bei

Festen zu Ehren der Götter wurden ihre Helden auf der Bühne zum Leben erweckt und ihre schrecklichen Schicksale mit einer rituellen Bedeutung versehen. Das Medium des Theaters ermöglichte es den Griechen, Ödipus' Selbsttäuschung, Antigones vergebliches Aufbegehren oder Orestes' selbstzerstörerische Rache mitzuerleben. Die Begriffe »Theater« und »Theologie« leiten sich beide von *theos,* dem griechischen Wort für »Gott« ab, und im antiken Griechenland galt die Tragödie nicht nur als eine Form der Unterhaltung, sondern als heilige Wahrheit.

Wir tun alles, um uns vor Trägodien zu schützen: Wir legen Sicherheitsgurte an, installieren Rauchmelder, absolvieren Selbstverteidigungskurse, bringen unseren Kindern bei, nein zu sagen, und beten um ein glückliches Schicksal. Warum, könnte man fragen, nahmen die alten Griechen an solch grausamen Riten teil? Etwa aus demselben Grund, aus dem wir uns im Kino Katastrophenfilme und im Fernsehen Nachrichtensendungen ansehen? Welche archetypische Faszination übt die Tragödie als eine besondere Art von Geschichte auf unsere Seele aus?

Die Antwort liegt meiner Meinung nach im religiösen Charakter der griechischen Tragödie. Die dargestellten Szenen der Zerstörung einzelner Menschen beschönigen, mildern oder beseitigen das Leiden zwar nicht, doch sie geben ihm einen Sinn und verleihen so einer universalen Wahrheit Form, die wir alle im Verlaufe unseres Lebens erfahren: daß Leid zwar unvermeidlich ist, aber zum Leben gehört und seinen Grund hat. Das war der Zweck der Tragödie im antiken Griechenland, und deshalb inszenieren wir diese alten Geschichten heute noch immer wieder aufs neue.

In diesem Buch haben wir das Leben als eine Geschichte betrachtet. Die Tragödie ist eine Form der Geschichte, die das Leiden in zusammenhängender Form und wahrheitsgetreu darstellt. Denn wir können nur dann eine Bedeutung im Leiden erkennen und verstehen, warum so viele unserer Geschichten kein Happy-End haben, wenn wir den Schmerz nicht ignorieren oder bagatellisieren, sondern uns der tragischen Dimension unserer dunkelsten Erfahrungen zuwenden und imstande sind, diesen Teil unserer Geschichte zu erzählen.

Viele Schwierigkeiten, mit denen sich die Menschen in den bisher geschilderten Geschichten auseinandersetzen mußten, tauchten auf, als ihr Ich mit einer Situation konfrontiert wurde, die sie nicht meistern konnten, weil sie sich ihrer Kontrolle entzog: Geschäfte platzten, Beziehungen endeten, private oder berufliche Zukunftspläne scheiterten an unüberwindbaren Hindernissen. Ich halte es für hilfreich, wenn wir uns nach all diesen persönlichen Geschichten auch mit Katastrophen von größeren, kaum faßbaren Dimensionen auseinandersetzen, um unsere Fähigkeit, dem Leiden einen Sinn zu geben, besser zu verstehen. Die traurige Erkenntnis aus der Geschichte des 20. Jahrhunderts ist, daß die rasante technische Entwicklung nicht mit vergleichbaren Fortschritten im menschlichen Bereich einherging und daß dieses Mißverhältnis einen Völkermord bisher unvorstellbaren Ausmaßes – den Holocaust – möglich machte. Massenvernichtungen überschatten zwar die gesamte Geschichte der Menschheit – selbst die Heilige Geschichte der Juden, der Hauptopfer des Rassenwahns der Nationalsozialisten, ist eine Geschichte fortgesetzter Unterdrückung und Unterjochung –, doch sie erreichten nie solche Dimensionen. Der Massenmord an sechs Millionen Menschen unter Beihilfe so vieler »zivilisierter« Nationen hat uns alle mit einer moralischen Frage konfrontiert, auf die es keine einfache Antwort gibt.

Ein besonders schwieriger Aspekt ist für den einzelnen, der sich mit solch einer Katastrophe auseinandersetzt, die absolute Willkür der Zerstörung, die Art und Weise, wie viele Millionen unschuldiger Menschen vernichtet wurden – nicht weil sie irgend etwas getan hatten, sondern einfach weil sie einer bestimmten Rasse angehörten. Der verabscheuungswürdige Wahnsinn des Holocaust ist für die nachfolgenden Generationen ein Fluch, da seine Irrationalität ihn fast unbegreiflich macht. Ist selbst nach solch einem Ereignis eine Wiederherstellung von Sinn möglich? Und wenn ja, wie?

William Styron schildert in seinem tragischen Roman *Sophies Entscheidung* mit beklemmender Genauigkeit die Geschichte einer Frau, die, nachdem sie während des Holocaust mit der Irrationalität ihres Leids konfrontiert worden war, in ihrem Leben keinen Sinn mehr finden konnte. Die Entscheidung, auf die sich der Titel des Buchs bezieht, ist ein Symbol für die Willkür des Leides: Sie wird mit ihren beiden Kindern in ein Konzentrationslager gebracht, wo ein Aufseher sie bei einer Selektion aus einer Laune heraus zwingt, zu entscheiden, welches ihrer Kinder am Leben bleiben darf und welches sterben muß. Das war keine Entscheidung, sondern eine Folter ohne einen rationalen Grund, und Styron beschreibt, wie der Vorfall die psychische Gesundheit der Frau für immer zerstört und es ihr unmöglich macht weiterzuleben.

Auch Elie Wiesel, der in *Die Nacht* seine Erfahrungen in den Konzentrationslagern beschrieb, war nicht in der Lage, in der Sinnlosigkeit des Holocaust irgendeine konventionelle religiöse oder philosophische Bedeutung zu erkennen. Ein Mithäftling in Buchenwald namens Akiba Drumer, der angesichts des Leids, von dem er sich umgeben sieht, seinen Glauben verliert, sagt schließlich: »Es ist aus. Gott ist nicht mehr mit uns.« Darauf streckt er dem Henker den Kopf hin, als die Selektion beginnt. Das Resultat von Wiesels Konfrontation mit der Angst und dem Entsetzen über das, was man ihm und seinem Volk antat, kann er nur im Widerspruch ausdrücken: »Gegen meinen Willen erhob sich ein Gebet in meinem Herzen zu jenem Gott, an den ich nicht mehr glaubte.«*

Das Grauen, das uns der Wahnsinn des Holocaust einflößt, die Unbegreiflichkeit solcher Verbrechen, schließt jedoch Reaktionen wie die des Schriftstellers Styron und die des Überlebenden Wiesel nicht aus. Und vielleicht ist das in

* Elie Wiesel, *Die Nacht*, Gütersloh 1980, S. 101 f.

solch einer Situation die einzig mögliche Reaktion: sich zu erinnern, was geschah, um wiederaufnehmend das Geschehene zu einer Geschichte zusammenzusetzen. Wenn wir die Geschichte unseres Leidens erzählen, erzählen wir die Geschichte unseres Lebens. Das Problem der Irrationalität solchen Leids, jeglichen Leids, können wir damit nicht lösen, dennoch kann das Erinnern und Erzählen die einzig richtige moralische Reaktion sein und der einzige Weg, dem Geschehenen einen Sinn zu geben. Das ist der Zweck der Tragödie: die Geschichte des Leidens zu erzählen und dadurch dem Leiden und der Erfahrung einer Zerstörung von Sinn eine Bedeutung zu verleihen.

Wir haben bereits erkannt, daß wir aufgrund unserer angeborenen Fähigkeit, Symbole zu benutzen und eine Geschichte zu erzählen, Zufallsereignisse als bedeutsam erleben können. Leid ist ebenfalls ein Zufallsereignis. Indem wir die Geschichte unseres Leidens erzählen, setzen wir das Chaos und die Zerrissenheit, die wir empfinden, in einen Zusammenhang, der uns helfen kann, die Erfahrung zu verarbeiten. Doch die Realität des Todes, ob es sich um den eigenen Tod oder den eines geliebten Menschen handelt, um den Tod von unschuldigen Menschen oder von Millionen gesichtsloser Opfer, verändert sich nicht, wenn wir unsere Geschichte erzählen. Was sich verändert, ist – wie bei synchronistischen Erfahrungen – unsere Einstellung zu dem tragischen Zufallsereignis, wenn wir seinen Platz in unserer Lebensgeschichte erkennen, wenn wir uns ins Gedächtnis zurückrufen, was damals geschah, und unsere Geschichten erzählen.

Wiedergeburt und der Kreislauf des Lebens

Nach diesem Abschnitt über den Tod und am Ende dieses Buchs drängen sich eine Reihe von Fragen förmlich auf: Was ist denn nun das Ende unserer Geschichte? *Gibt* es überhaupt ein Ende? Wir haben gesehen, daß synchronistische

Ereignisse im Zusammenhang mit dem Tod uns sehr oft helfen, die Kontinuität unseres Lebens zu erkennen. Doch unanfechtbare, empirische Beweise für ein Leben nach diesem Leben haben wir bisher nicht und werden wir vielleicht nie haben; aus unseren Geschichten wissen wir allerdings, daß Zyklen von Wachstum, Reife und Verfall unser Leben hier auf Erden bestimmen, das mit unserer Geburt beginnt und mit unserem Tod endet. Wir werden im Laufe unseres Lebens viele Male geboren und wiedergeboren und sterben viele kleine Tode, bevor wir das letzte Mal sterben. Doch selbst oder gerade in unseren dunkelsten Augenblicken kann ein synchronistisches Ereignis eintreten und uns einen Weg weisen, die Dunkelheit in eine Erfahrung von Wiedergeburt und neuem Leben umzuwandeln, in eine Chance, uns zu erinnern und ein weiteres Mal zu erzählen, wer wir sind.

Da ich schon unzählige seltsame Geschichten über verblüffende und bedeutsame Zufälle gehört (und nun erzählt) habe, würde ich Charlottes Geschichte nicht unbedingt als außergewöhnlich seltsam oder unwahrscheinlich bezeichnen. Sie blieb mir im Gedächtnis, weil sie ein perfektes Beispiel dafür ist, wie ein synchronistisches Ereignis uns zumindest etwas von dem zurückgeben kann, was wir durch den Tod verloren haben, und weil sie zeigt, daß eine Wiedergeburt von Sinn im Leben immer möglich ist.

Charlottes Sohn Todd, ein lebensprühender und unternehmungslustiger junger Student, wurde an Silvester in der Nähe seines Colleges von einem betrunkenen Autofahrer getötet. Da sein Körper bei dem Unfall schlimm zugerichtet worden war und der Schock und der Schmerz über seinen jähen Tod Charlotte völlig lähmten, brachte sie weder den Mut noch die Kraft auf, ihren toten Sohn noch einmal zu sehen. Ihr Ehemann war über diese Tragödie ebenfalls erschüttert, reagierte jedoch gefaßter. Er hielt es ebenfalls für besser, wenn Charlotte nicht mit der grausigen Realität konfrontiert wurde, die der Unfall geschaffen hatte, und so veranlaßte er, daß Todds Leichnam im verschlossenen Sarg aufgebahrt und anschließend verbrannt wurde.

Bei der Arbeit mit Trauernden habe ich immer wieder festgestellt, daß die Möglichkeit, den Verstorbenen noch einmal zu sehen – so schmerzlich und schrecklich dieses Abschiednehmen auch ist – es den Hinterbliebenen erleichtert, loszulassen und wieder nach vorne zu schauen. Charlottes Geschichte bestätigt das. »Ich hätte damals wirklich nichts anderes tun können; doch danach quälte mich monatelang das Bewußtsein, daß ich Todd nie wiedersehen würde. Es machte mir immer mehr zu schaffen, daß ich keine Gelegenheit hatte, mich von ihm zu verabschieden, daß mir der Mut gefehlt hatte, der Realität ins Auge zu sehen. Mein Mann tröstete mich immer wieder, sagte mir, daß ich das Richtige getan hätte, daß es besser sei, Todd so in Erinnerung zu behalten, wie er war. Doch ich konnte nur erwidern, daß mir immer deutlicher etwas fehlte. Manchmal saß ich nur da und schaute mir unsere Fotoalben an; ich betrachtete die vielen Bilder von unserer Familie und sagte mir: ›Es ist vorbei, Charlotte, endgültig vorbei. Todd ist nicht mehr da. Keine Erinnerungen mehr.‹

Meine Unfähigkeit, mein gewohntes Leben wiederaufzunehmen, zermürbte uns beide. Man hört ja immer wieder, daß Ehen nach dem Tod eines Kindes zerbrechen, aber wenn man es nicht selbst erlebt, kann man es sich nicht vorstellen. Jetzt, wo ich nach all den Jahren wieder darüber rede, ist mir klar, daß ich damals in meinem Schmerz gefangen war und für meinen Mann wirklich eine ziemliche Belastung gewesen sein muß.

Eines Tages, als ich wieder zu Hause weinend über den Fotoalben saß und mir wie immer wünschte, daß ich ihn wenigstens noch einmal sehen könnte, hörte ich den Postboten kommen. Ich ging zum Briefkasten und fand darin – einfach unglaublich – einen großen Manilapapierumschlag von Todd. Mir standen die Haare zu Berge, Schauer überliefen mich. Der Umschlag war ziemlich ramponiert, und als ich ihn mir genauer anschaute, sah ich, daß er genau an dem Tag aufgegeben worden war, an dem Todd getötet wurde, am 31. Dezember. In dem Umschlag steckten eine kurze

Nachricht von Todd und ein Stoß Fotos von unserem letzten gemeinsamen Weihnachtsfest. Er hatte sie entwickeln lassen und an dem Tag an mich abgeschickt, aber den Umschlag nicht richtig frankiert, so daß er zurückging und dann monatelang hin- und hergeschickt wurde.

Sie können sich meine Reaktion sicher vorstellen. Es war, als hätte das Universum mir das größte Geschenk gemacht, als würde mir gesagt: ›Schau, er ist immer noch da. Du kannst dein Leben fortsetzen. Für alle, die Todd kannten, bleibt er der, der er war. Sein Leben ist nicht vorbei. Er ist da. Er ist tot, doch auf eine Art lebt er weiter.‹ Zumindest verstand ich es so. Wirklich erstaunlich!« Charlotte schwieg eine ganze Weile – mit einem bittersüßen Lächeln auf dem Gesicht. »Ich weiß nicht, was mich aus diesem Zustand herausgerissen hätte, wenn ich nicht den Brief und die Bilder von ihm erhalten hätte und damit die Möglichkeit, ihn wiederzusehen. Danach wurde alles besser. Allerdings nie gut. Ich glaube nicht, daß man sich von so etwas je erholen kann, doch der Zufall mit den Bildern brachte seinen Tod und sein Leben für mich zusammen, so als würde ein Kreis sich schließen. Von da an war ich in der Lage, mein Leben fortzusetzen. Ich kann es immer noch nicht glauben …«

Wie Charlottes Geschichte über einen bedeutsamen Zufall veranschaulicht auch unsere letzte Geschichte den Zyklus von Geburt, Tod und Wiedergeburt. Sie wurde mir erzählt, als ich gerade die erste Hälfte dieses Kapitels über den Tod fertiggeschrieben hatte – ebenfalls ein synchronistischer Zufall. Während einer geschäftlichen Besprechung mit meiner literarischen Agentin Candice erzählte sie mir völlig unvermittelt, daß sie vor kurzem eine wunderschöne Synchronizität erlebt habe. Ihr Mann war im Jahr zuvor gestorben, genau in der Woche, in der wir gemeinsam das Konzept zu diesem Buch ausfeilten. Ohne ihn schien das abgelegene Haus in den Bergen, das sie zusammen bewohnt hatten, nicht mehr das richtige für sie zu sein. Sie habe sich dort nicht mehr zu Hause gefühlt, eröffnete sie ihre Geschichte.

Früher, als ihre Tochter noch klein war, hatten sie alle in einem anderen Haus gewohnt. Seit dem Tod ihres Mannes dachte sie oft an dieses andere Haus. Es war nichts Besonderes, klein, aber gemütlich und voll schöner Erinnerungen an bessere Zeiten. Sie hatten es nach ihrer Hochzeit angemietet; und als sie sich ein paar Jahre später ein Haus kaufen konnten, wandten sie sich an den Besitzer, doch der war damals nicht an einem Verkauf interessiert. So zogen sie in ein anderes Haus.

Auf einem Spaziergang mit ihrer inzwischen erwachsenen Tochter schwelgte Candice in Erinnerungen an das alte Haus und erzählte, daß es ihr immer ganz warm ums Herz wurde, wenn sie daran dachte, besonders seit sie Witwe war und das Gefühl hatte, eine Veränderung zu brauchen. Da hatte ihre Tochter den Einfall, einfach vorbeizufahren und sich das alte Haus anzusehen; seit ihrem Auszug vor fünfzehn Jahren waren sie nicht mehr dort gewesen. Schon von weitem sahen sie das Schild mit der Aufschrift »Zu verkaufen«. Sie freuten sich sehr, und als sie dann noch herausfanden, daß das Haus erst seit dem Vortag zum Verkauf stand, fanden sie den Zufall einfach unglaublich. Candice unterbreitete sofort ein Angebot und wurde mit dem Besitzer schnell handelseinig. Das Haus, das so viele schöne Erinnerungen barg, war plötzlich auf synchronistische Weise ihr Eigentum geworden. Nach einer langen Phase der Trauer erleichterte ihr dieser Zufall den Schritt in ein neues Leben – ein Schritt nach vorn, der in mancher Hinsicht auch eine Rückkehr in ein altes Leben war. So perfekt hätte Candice ihren Umzug nie planen und organisieren können. Synchronizitäten wie diese zeigen, daß selbst aus dem Tod neues Leben entstehen kann, nicht nur in einem mythischen Reich jenseits dieser Welt, sondern auch in unserem diesseitigen, tagtäglichen Leben.

Schlußbemerkung

Unser Leben ist voll von bedeutsamen Ereignissen, die wir absichtlich und bewußt herbeiführen: Wir gehen eine Beziehung mit einem Menschen ein, zu dem wir uns hingezogen fühlen; wir bewerben uns um eine Stelle, auf die wir immer gehofft haben; wir schreiben ein Buch, deuten einen Traum, geben unseren Kindern Namen und entscheiden, wie wir gerne sterben würden, wenn unsere Stunde gekommen ist. Solche Ereignisse sind nicht zufällig oder akausal, wir führen sie vielmehr in voller Absicht herbei.

Synchronistische Ereignisse konfrontieren uns durch ihren völlig zufälligen Charakter mit einer anderen Wahrheit über unser Leben, vor der viele von uns gewöhnlich die Augen verschließen: daß die Bedeutung unseres Lebens, die Handlung unserer Lebengeschichten, nicht einfach von dem bestimmt wird, was wir über uns wissen, sondern einen viel tieferen Ursprung hat, daß sie sich aus unserer angeborenen menschlichen Fähigkeit zur Symbolisierung ergibt, durch die wir Ganzheit erfahren können. So wie es viele literarische Genres gibt, gibt es auch viele verschiedene Arten von Synchronizitäten. Tatsächlich ist kein Lebensbereich vom Einfluß des Zufalls ausgeschlossen. Alle Geschichten, die ich erzählt habe, machen das mehr als deutlich. Entscheidend ist, was wir tun, wenn eine zufällige Wende der Ereignisse unser Leben umgestaltet und uns etwas Unerwartetes aufzeigt. Gehen wir achselzuckend über solche Zufälle hinweg und sprechen ihnen jegliche Bedeutung ab? Oder setzen wir uns mit dem, was wir in unserem Leben nicht verursacht oder geschaffen haben, aufgeschlossen, interessiert und ernsthaft auseinander?

Ich hoffe, daß dieses Buch und die vielen darin zitierten Geschichten aus dem wirklichen Leben Neugier und Interesse an den psychologischen, emotionalen und symbolischen Aspekten der zufälligen Ereignisse in unserem Leben geweckt haben, ob die Zufälle nun positiv oder negativ, schmerzlich oder glücklich, angenehm oder unangenehm sind. Mein Wunsch wäre, daß wir uns an die eine oder andere Geschichte erinnern, wenn uns das nächste Mal etwas Unerwartetes widerfährt – ein Telefonanruf, eine Begegnung, ein Traum, ein Glücksfall oder ein Unglück –, und uns nie der Möglichkeit verschließen, daß eine solche Koinzidenz, ein zufälliges Geschehnis, ein Wendepunkt in der Geschichte sein könnte, die wir tagtäglich leben. Denn wenn wir uns die Symbolik und die Bedeutung dessen, was uns widerfährt, bewußt machen, mit anderen Worten unsere Fähigkeit nutzen, Ganzheit zu erfahren, indem wir die verschiedenen Zufallsereignisse in unserem Leben in einen größeren Zusammenhang einordnen, dann erkennen wir, daß es in unseren Lebensgeschichten, ganz gleich wie deren Handlung verläuft, wo sie spielen und welche Haupt- und Nebenfiguren darin vorkommen, tatsächlich keine Zufälle gibt.

Danksagung

Jedes Buch hat seine eigene, mehr oder weniger komplizierte Entstehungsgeschichte, doch keines käme zustande, wenn der Mensch, dessen Name später auf dem Umschlag erscheint, bei seiner Arbeit nicht von vielen, vielen anderen Menschen tatkräftig unterstützt worden wäre. Ihnen allen ganz herzlichen Dank!

An erster Stelle danke ich meiner literarischen Agentin Candice Fuhrmann, die mir – nicht nur auf synchronistische Weise, sondern auch in bester Absicht – half, mir über das Konzept des Buches, das mich lange beschäftigte, klar zu werden. Herzlich danken möchte ich auch ihrem Assistenten Haden Blackwell, der sich um all die pragmatischen Details kümmerte, die bei der Vorbereitung und Veröffentlichung eines Buchs zu beachten sind – Details, von denen kaum ein Leser weiß, die für Autoren jedoch außerordentlich wichtig sind.

Zu Dank verpflichtet bin ich auch den Mitarbeitern von Riverhead, besonders Susan Petersen und Dolores McMullan, deren kluge Anmerkungen auf dem Manuskript mir halfen, dem Buch den letzten Schliff zu geben. Meiner Lektorin Cindy Spiegel möchte ich ebenfalls meinen Dank und meine Wertschätzung aussprechen; ihr Sachverstand, ihre Gründlichkeit und ihr Zuspruch waren genau das, was ich bei der wiederholten Überarbeitung brauchte. Ich schätze mich glücklich, daß ich Gelegenheit hatte, mit so ausgezeichneten Lektorinnen zusammenzuarbeiten, die ich auch als Therapeutinnen, Sprachlehrerinnen, Gesprächspartnerinnen und Freundinnen schätzen lernte. Cindy war all das in einer Person, und unsere vielen nachmittäglichen Diskussionen, von Angesicht zu Angesicht oder auf den Seitenrändern des Manuskripts, werden mir noch lange in angenehmer Erinnerung bleiben. Der Bekanntschaft mit ihr verdanke ich viele wertvolle Anregungen, durch die ich zu einer differenzierteren Auffassung von Synchronizität gelangte. Sie ist ein Juwel.

Den vielen Menschen, die sich die Zeit nahmen, mir ihre Geschichten zu erzählen, und meinen Patienten, die bereit waren, bei unserer gemeinsamen Arbeit gewonnene Erkenntnisse auch anderen zugute kommen zu lassen, bin ich ganz besonders dankbar. Ich fühle mich durch das Vertrauen, das sie mir entgegenbrachten, indem sie mir so intime und oft erstaunliche Geschichten aus ihrem Leben erzählten, geehrt und hoffe, daß es mir bei der Wiedergabe gelang, der Bedeutung, die diese Erfahrungen für sie hatten, gerecht zu werden.

Und zum Schluß natürlich *baci e abbracci* an die Menschen, die mein tägliches Leben mit mir teilen und mir Ausgeglichenheit, Zuversicht und ein Gefühl der Zusammengehörigkeit verleihen: an meine Eltern und meine Schwester Carolann, an Tanya, Jurgen, Padma, Freya und Nimbus, an die Ritrosanis, die Camptons, die Castillos und alle Mitglieder der Familie Schwartz, an Phil LaTona, der mir den älteren Bruder ersetzt, den ich nie hatte, und natürlich an meine eigene, mit Würde alternde Familie: Paul Schwartz, Bianca Neve und Minou.

Bibliographie

Adler, Gerhard, »Reflections on ›Chance‹, ›Fate‹, and Synchronicity«, *Psychological Perspectives*, Bd. 20, Nr. 1 (1989), S. 16–33.

Aziz, Robert, *C. G. Jung's Psychology of Religion and Synchronicity*, Albany, New York 1990.

Carty, Charles Mortimer, *Padre Pio: The Stigmatist*, Rockford, Illinois 1973.

Combs, Allan und Mark Holland, *Synchronicity: Science, Myth and the Trickster*, New York 1990.

Bolen, Jean Shinoda, *Tao der Psychologie. Sinnvolle Zufälle*, Basel 1989.

Fordham, Michael, »Reflections on the Archetypes and Synchronicity«, in: *New Developments in Analytical Psychology*, London 1957.

Franz, Marie-Louise von, *Wissen aus der Tiefe: Über Orakel und Synchronizität*, München 1987.

Freud, Sigmund, »Traum und Telepathie«, in: *Gesammelte Werke*, Bd. 13, Frankfurt/M. 1940.

– »Traum und Okkultismus«, in: *Gesammelte Werke*, Bd. 15, Frankfurt/M. 1940.

– »Die okkulte Bedeutung des Traumes«, in: *Gesammelte Werke*, Bd. 1, Frankfurt/M. 1952.

– »Psychoanalyse und Telepathie«, in: *Gesammelte Werke*, Bd. 17, Frankfurt/M. 1941.

Frey-Wehrlin, C. T., »Reflections on C. G. Jung's Concept of Synchronicity«, *Journal of Analytical Psychology*, Bd. 21, Nr. 1 (1976), S. 37–49.

Gordon, Rosemary, »Reflections on Jung's Concept of Synchronicity«, *Harvest*, August 1962.

Hopcke, Robert H., »Synchronicity in Analysis: Various Types and Their Various Roles for Patient and Analyst«, *Quadrant*, Bd. 21, Nr. 1 (1988), S. 54–64.

– »The Barker: A Synchronistic Event in Analysis«, *Journal of Analytical Psychology*, Bd. 35, Nr. 4 (1990), S. 459–473.

– »On the Threshold of Change: Symbolization and Transitional Space«, *Chiron*, 1991, S. 115–132.

I Ging. Das Buch der Wandlungen, Düsseldorf/Köln 1949.

Jaworski, Joseph, *Synchronicity: The Inner Path of Leadership*, San Francisco 1996.

Jung, C. G., »Synchronizität als ein Prinzip akausaler Zusammenhänge« in: *Gesammelte Werke*, Bd. 8, Olten 1967.

– »Ein astrologisches Experiment« in: *Gesammelte Werke*, Bd. 18/2, Olten 1981.

– »Vorwort zum I Ging«, in: *Gesammelte Werke*, Bd. 11, Olten 1963.

– »Briefe über Synchronizität«, in: *Gesammelte Werke*, Bd. 18/2, Olten 1981.

– »Über Okkultismus«, in: *Gesammelte Werke*, Bd. 18/1, Olten 1981.

– »Über Synchronizität«, in: *Gesammelte Werke*, Bd. 8, Olten 1967.

– *Erinnerungen, Träume, Gedanken*, Olten 1971.

Kelly, Sean, »A Trip Through Lower Town: Reflections on a Case of Double Synchronicity«, *Journal of Analytical Psychology*, Bd. 38, Nr. 2 (1993), S. 191–198.

Koestler, Arthur, *Die Wurzeln des Zufalls*, München 1972.

Kreutzer, Carolin S., »Synchronicity in Psychotherapy«, *Journal of Analytical Psychology*, Bd. 29, Nr. 4 (1984), S. 373–381.

Kundera, Milan, *Die unerträgliche Leichtigkeit des Seins*, München 1984.

Nichols, Sallie, *Die Psychologie des Tarot*, Interlaken 1984.

North, Carolyn, *Synchronicity: The Anatomy of Coincidence*, Berkeley, Kalifornien 1994.

Peat, David F., *Synchronizität: Die verborgene Ordnung*, München 1989.

Progoff, Ira, *Jung, Synchronicity and Human Destiny: Noncausal Dimensions of Human Experience*, New York 1973.

Sinetar, Marsha, *Do What You Love And The Money Will Follow*, New York 1987.

Styron, William, *Sophies Entscheidung*, München 1993.

Vaughan, Alan, *Incredible Coincidence: The Baffling World of Synchronicity*, New York 1979.

Voltaire, *Candide oder der Optimismus*, Frankfurt/M. 1963.

Wiesel, Elie, *Die Nacht*, Gütersloh 1980.

Wharton, Barbara, »Deintegration and Two Synchronistic Events«, *Journal of Analytical Psychology*, Bd. 31, Nr. 3 (1986), S. 281–285.

Williams, Mary, »An Example of Synchronicity«, *Journal of Analytical Psychology*, Bd. 2, Nr. 1 (1957), S. 93 ff.

– »The Poltergeist Man«, *Journal of Analytical Psychology*, Bd. 8, Nr. 2 (1963), S. 123–143.